LIRE UN BILAN,
C'EST SIMPLE !

LIRE UN BILAN, C'EST SIMPLE !

Jean-François Regnard

Chiron
ÉDITEUR

ISBN : 2-7027-1092-1

25, rue Monge • 75005 Paris

Sommaire

CHAPITRE 1

L'entreprise et ses comptes

Les comptes d'entreprise qui se présenteront devant vous pourront revêtir des formes bien distinctes.

Qu'il s'agisse des comptes CERFA (encore appelés liasses CERFA ou liasses fiscales), qu'il s'agisse du rapport annuel (publié par les entreprises cotées), qu'il s'agisse du rapport de l'expert-comptable ou encore d'une *tearsheet* téléchargée depuis Internet, ces diverses formes d'état financier proviennent d'une unique réalité : l'entreprise, analysée à partir d'un prisme comptable ; les différences de forme ne sont qu'apparentes.

Si la réalité de l'entreprise est unique et complexe, le bon sens universel de la comptabilité, connu et pratiqué de Moscou à Pékin, en passant par Londres ou Paris, permettra à l'analyste de se faire une idée de l'entreprise.

Car il en est des entreprises comme il en est des véhicules automobiles. L'objectif de cet ouvrage est de vous faire distinguer le tracto-pelle de la trottinette ou de la voiture de tourisme, indépendamment de l'origine des comptes.

Ne souriez pas et ne vous méprenez pas. Le bon sens est sans doute la qualité la plus partagée au monde ; j'ai toutefois appris, souvent à mes dépens, que si le monde économique est peuplé d'excellents techniciens, de managers prodigieux, de commerciaux fabuleux, ces acteurs ont souvent une méconnaissance économique profonde. Et, du Texas à la Moldavie, de la Bretagne à la plaine de Sofia, j'en ai vu enfourcher des tracto-pelles pour promener leur famille, comme j'en ai vu acquérir des voitures de tourisme pour creuser des tranchées. Il n'est qu'à relire les articles de la presse économique du printemps 2000 : on valorisait alors les entreprises de la « nouvelle » économie au nombre de pages consultées, ou au nombre de clicks émis. De telles lectures des comptes étaient largement aussi erronées que la confusion d'un tracto-pelle et d'une voiture de tourisme.

1- Des comptes : quels comptes ?

Chaque entreprise établit systématiquement un jeu de comptes parfois appelé « états financiers de synthèse ». Il est souvent abusivement appelé « bilan ». En effet, le bilan ne constitue qu'un des états financiers de synthèse parmi d'autres. Les trois états que sont le bilan, le compte de résultat et le tableau des flux (accompagnés de leurs annexes respectives), constituent le socle de l'information financière.

Il existe, en outre, plusieurs niveaux d'informations financières.

Le droit et la fiscalité déterminent, dans tous les pays, un niveau minimum en dessous duquel l'entreprise ne doit pas descendre. Les petites entreprises, qui n'ont de devoir de communication qu'envers le fisc et un unique ou quelques actionnaires, peuvent se contenter d'établir un bilan et un compte de résultat, là encore accompagnés de leurs annexes. À l'autre extrémité des exigences, les autorités boursières soumettent l'entreprise cotée à une information dont l'objectif est autant la largeur de l'information que la transparence. Faute de passer sous ces fourches caudines, l'autorité des marchés financiers peut suspendre la cotation de l'entreprise.

Les comptes sur les liasses CERFA

La vocation initiale des liasses CERFA, aimablement fournies par l'administration à l'entreprise qui n'a plus qu'à remplir les cases laissées en blanc, est avant tout fiscale. Ces liasses sont néanmoins devenues le pain quotidien des analystes de tout poil. Cet outil franco-français constitue un dénominateur commun à l'ensemble des entreprises, un dénominateur dont partent tous les fournisseurs d'informations : d'Infogreffe à Diane, la liasse CERFA est la matière première de base.
Les liasses CERFA ont une vingtaine de pages, dont certaines sont techniques. Pour se faire une première – et bonne – idée de l'entreprise, l'analyste pourra se concentrer d'abord sur :

- les pages 2 050 et 2 051, qui contiennent le bilan ;
- les pages 2 052 et 2 053, qui contiennent le compte de résultat ;
- les détails du bas du bilan dans l'annexe 8 (imprimé 2 057) ;
- quelques détails du compte de résultat dans l'annexe 11 (2 058-c).

Les extraits de compte de Standard and Poors

Standard and Poors, le fournisseur d'informations financières, fournit non seulement des analyses ultra détaillées, engagement par engagement des grandes entreprises cotées, mais aussi des « photographies » comme le *snapshot* ci-dessous, qui concerne Alcatel. S'il ne s'agit pas de comptes, au sens propre du terme, avec l'exhaustivité et la rigueur de la comptabilité, de tels extraits mettent en évidence une période de la vie de l'entreprise, avec ses heurs et malheurs.

STANDARD &POOR'S

NetAdvantage

Keyword Search

Home | Companies | Industries | Funds | Learning Center

Company Profile
- Overview
- Quote
- News
- Chart
- **Vital Statistics**
- Valuation
- Financials
- Corporate Actions
- Industry Information
- Competitors(All)
- Competitors(S&P Covered)
- Industry News

Stock Reports
- HTML
- PDF

Register

Industry Surveys
- HTML
- PDF

Sub-Industry Reviews

Select publication: Company Profile

Search by: Ticker

Printer Friendly

Alcatel ADS

28-Feb-05• NYSE Symbol **ALA**

Revenues (Million FF) for Fiscal Year Ending Dec.

	2004	2003	2002	2001	2000	1999
1Q	3,383	3,074	3,768	5,462	6,350	4,652
2Q	3,754	3,461	4,193	5,754	7,687	5,970
3Q	3,805	3,383	3,473	5,116	7,908	5,624
4Q	5,151	4,706	474.5	6,032	9,689	7,724
Year	16,574	15,641	17,418	22,602	31,408	23,982

Earnings Per Share (UD) for Fiscal Year Ending Dec.

	2006	2005	2004	2003	2002	2001
1Q		E0.10	0.12	-0.38	-0.63	0.16
2Q		E0.11	0.02	-0.59	-1.19	-2.33
3Q		E0.16	0.08	-0.24	-1.13	-0.45
4Q		E0.37	0.04	-0.49	-0.98	-1.14
Year	E0.90	E0.75	0.28	-1.84	-4.20	-3.86

Income Statement (Million EU).

	2003	2002	2001	2000	1999	1998
Net Inc.	-1944	-4745	-4963	1,324	644	2,340

Income Statement (Million EU).

	2003	2002	2001	2000	1999	1998
Net Inc.	-1944	-4745	-4963	1,324	644	2,340
Depr.	605	1,599	3,216	1,786	1,850	1,239
Int. Exp.	289	160	278	235	114	49.0
Eff. Tax Rate	NM	NM	NM	27%	25%	7.80%
Exp./Op. Revs.		0.0	0.0	0.0	0.0	0.0
Pretax Inc.	-1842	-4708	-3681	1,824	1,049	2,539
Oper. Inc.	937	283	922	3,512	2,653	1,812
Revs.	12,513	16,547	25,353	31,408	23,023	21,259

Other Financial Data (Million EU).

	2003	2002	2001	2000	1999	1998
Cash	6,269	6,109	5,013	3,060	3,595	3,813
Curr. Liab.			NA		NA	NA
LT Debt	4,410	4,687	5,879	5,578	3,478	2,318
% Ret. on Equity	NM	NM	NM	10.2	6.0	28.2
Total Cap.	10,832	13,338	15,728	20,373	15,473	12,669
Total Assets	21,132	25,880	36,549	42,978	34,206	29,640
% Net Inc.of Revs.	NM	NM	NM	4.2	2.8	11.0
% LT Debt of Cap.	40.7	35.1	37.4	27.4	22.5	18.3
Curr. Assets			24,650	26,294	19,443	18,163
Curr. Ratio			NA		NA	NA
Cash Flow	-1339	-3146	-1747	3,110	2,494	3,579
Cap. Exp.	253	450	1,748	1,834	1,224	1,012
% Ret. on Assets	NM	NM	NM	3.4	2.0	6.9
Common Equity	6,079	8,308	9,630	14,360	11,532	9,913
% Earn. on Net Prop.		1.00%	1.10%	1.10%	1.00%	0.90%

document 1

Les fiches Cofisem

Cofisem et son service Europafinance fournissent aussi des extraits de compte de sociétés cotées. Une information qui n'a pas la prétention d'être complète, mais d'être extrêmement synthétique : une seule page, qui permet souvent de poser les bonnes questions.

Delachaux

Construction mécanique

Second marché

Adresse
119 avenue Louis Roche
92230 Gennevilliers France
Téléphone : +33 (0)1 46 88 15 00
Fax : +33 (0)3 88 59 59 37
Internet : http://www.delachaux.fr

Interlocuteurs	
Président	François Delachaux
Directeur Général	Jean-Pierre Colliaut
Finances	Jean-Pierre Colliaut
Contact Actionnaires	François Delachaux
Contact Investisseurs	François Delachaux

Actionnariat	**% actions**
Sogrepar	66,56
Delachaux	0,54

Compte de résultat (**)	**12.03**	**12.02**	**12.01**	**12.00**	**12.99**
Chiffre d'affaires	255 189	279 881	329 962	262 052	196 867
Achats consommés	119 593	128 962	160 928	127 172	98 586
Frais de personnel	63 061	61 048	57 039	51 429	41 330
Résultat d'exploit.	18 578	29 553	52 600	39 399	20 949
Impôts	8 551	10 222	18 792	13 915	6 936
Résultat net	6 376	18 116	31 805	24 694	12 202
RN part du groupe	6 112	17 772	31 534	24 366	12 106
Bilan (**)	**12.03**	**12.02**	**12.01**	**12.00**	**12.99**
Immobilisations	264 175	47 424	43 709	42 144	39 820
dont survaleur	204 730	532	677	756	689
Actif circulant	212 802	207 458	210 816	178 128	119 367
dont disponibilités	43 715	56 544	48 279	41 494	14 868
Total de bilan	476 977	254 882	254 524	220 272	159 187
Capitaux propres	145 798	151 280	142 299	114 426	90 331
Dettes financières	231 721	29 881	26 536	19 041	16 797
Autres passifs	99 458	73 721	85 689	86 805	52 059
Bilan	**12.03**	**12.02**	**12.01**	**12.00**	**12.99**
RN/Capitaux propres	4	12	22	22	14
RN/CA	2	6	10	9	6
Frais de pers./CA	25	22	17	20	21
Effectif	2 158	1 600	1 432	1 358	1 165

Profil

Delachaux est un groupe industriel organisé en 6 divisions :

- ferroviaire (47,1% du CA) : soudure de rails et d'appareils de voies, électrification et entretien de voies ferrées, pose de systèmes de fixation de rails (notamment via Pandrol acquise en novembre 2003), etc. ;

- conductique (24%) : énergie (93% du CA de ce pôle; alimentation électrique d'engins mobiles) et câblerie (7% ; lignes de machines pour fabricants de câbles électriques ou de fibre optique) ;

document 1bis : une fiche Cofisem

Les comptes sur societe.com

S'il convient d'être coté pour avoir l'honneur d'être sous les projecteurs de Standard and Poors et de Cofisem, societe.com (www.societe.com) recense toutes les PME de France et de Navarre qui ont respecté l'obligation de dépôt de leurs comptes au greffe du tribunal de commerce. Ainsi, les millions d'entreprises françaises sont peu ou prou répertoriées par societe.com, qui fournit gratuitement l'aperçu d'un aperçu des comptes. Cela est parfois suffisant pour se faire une idée de l'ordre de grandeur de l'entreprise et du volume de son activité.

Voici par exemple, pour une société répertoriée comme « intermédiaire du commerce en machines, équipements industriels, navires et avions-511G », l'aperçu ci-après, dont vous avez vite fait de déduire que ce n'est pas la plus petite des PME (avec un chiffre d'affaires de près de 300 millions d'euros), ni la plus misérable (avec un résultat net de 10 % du chiffre d'affaires), même si la décroissance du résultat et le caractère négatif du fonds de roulement vous arrachent une larme.

MICROSOFT FRANCE
RCS Evry B 327 733 184

Comptes sociaux	Au 30-06-2003 12 mois - EU	▲▼ %	Au 30-06-2002 12 mois - EU
• Éléments bilantiels			
Situation nette	116.285.912	+ 32.82	87.551.634
Capitaux propres/situation nette	100.00 %	+ 32.82	100.00 %
Dettes bancaires et financières	797.487	+ 6726.05	11.683
Trésorerie	11.644.867	+ 57.14	7.410.566
Total bilan (tranches)	de 194.0 à 194.5 ME	+ 18.35	de 163.5 à 164.0 ME
• Éléments du compte de résultat			
Chiffre d'affaires (tranches)	de 264.6 à 264.7 ME	+ 12.10	de 236.1 à 236.2 ME
Marge commerciale	264.683.044	+ 12.10	236.115.389
Marge brute	264.683.044	+ 12.10	236.115.389
Valeur ajoutée	150.505.561	+ 12.90	133.310.901
EBE	49.761.821	+ 23.52	40.288.077
Résultat d'exploitation / CA	16.35 %	+ 23.25	14.87 %
Frais financiers (tranches)	Moins de 0.1 ME	-	Moins de 0.1 ME
RCAI / CA	17.78 %	+ 24.63	15.99 %
Résultat net / CA	10.10 %	- 21.40	14.40 %
• Éléments d'exploitation			
Capacité d'autofinancement	32.749.730	- 12.54	37.446.243
Fonds de roulement	- 803.236	-	14.802.934
Besoin en FDR	- 12.448.103	-	7.392.368
Effectif moyen (tranches)	de 1010 à 1020	+ 4.30	de 970 à 980

document 2

Les comptes sur Boursorama

Boursorama, le courtier en ligne filiale de la Société générale, fournit gracieusement à ce jour des extraits de compte sur les sociétés cotées sur les principaux marchés financiers du monde. Aussi n'y trouverez-vous pas la misérable petite PME de l'Essonne sur laquelle nous nous étions penchés. Par contre, nous y trouverons sans problème les extraits de compte, graphiques à l'appui, du leader mondial du *software*, qui ne semble visiblement pas être à l'agonie financière malgré la décroissance de son résultat...

MICROSOFT CORP (US5949181045 - MSFT) ➔ Liste ➔ Portef. virtuel

Cours Graphique Actualités Conseils Consensus **Profil** Warrants Forum

Informations générales Activité **Données Financières** Secteur Rapport Annuel

Compte de résultat

milliers EUR	**06/00**	**06/01**	**06/02**	**06/03**	**06/04**
Chiffre d'affaires	16 824 977	18 540 017	20 789 357	23 590 588	26 997 214
Coût des ventes	2 200 234	2 532 248	3 804 602	4 167 399	4 922 310
Frais de personnel	-	-	-	-	-
Résultat opérationnel	8 015 977	8 589 856	8 729 111	9 687 041	6 621 225
Impôts	3 557 607	2 788 038	2 700 087	3 468 923	2 952 213
Résultat net	6 904 866	5 384 051	5 738 053	7 324 098	5 986 514
RN part du groupe	6 904 866	5 384 051	5 738 053	7 324 098	5 986 514

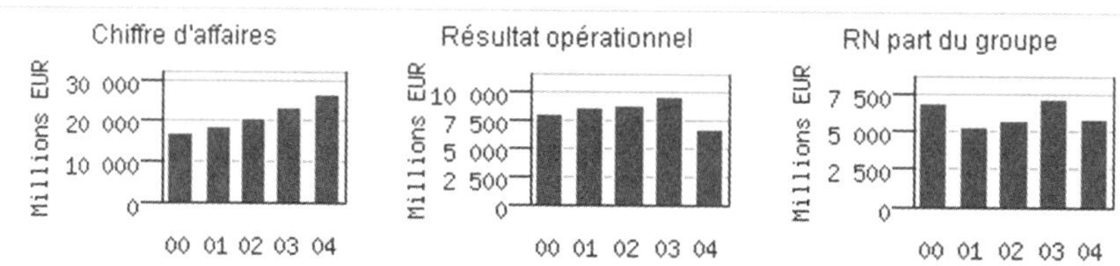

> Consensus de prévisions (bénéfices, dividendes)

Bilan

milliers EUR	**06/00**	**06/01**	**06/02**	**06/03**	**06/04**
Immobilisations	16 008 501	14 379 946	13 976 839	15 096 745	15 994 576
dont survaleur	-	-	1 045 148	2 292 582	2 283 054
Actif circulant	22 213 426	29 050 864	35 602 461	43 222 661	51 719 436
dont disponibilités	17 442 098	23 160 363	28 328 935	35 948 401	44 409 263
Total de bilan	38 221 928	43 430 811	49 579 301	58 319 406	67 714 012
Capitaux propres	30 319 553	34 659 190	38 243 915	44 722 954	54 840 954
Dettes financières	-	-	6 042 216	-	-
Autres passifs	7 902 374	8 771 621	5 293 169	13 596 452	12 873 057

document 3

2- Des comptes : pour qui ?

L'analyse des comptes n'est pas une spéculation intellectuelle gratuite et désintéressée. Elle a comme objectif de porter un jugement à partir d'une énorme quantité d'informations. Les comptes, données publiques, sont donc entre les mains de tous. Ils représentent l'information de base à partir de laquelle il est coutume de démarrer toute analyse économique de l'entreprise.

Les uns et les autres la regardent d'un œil biaisé par leurs propres objectifs et, dans notre doux pays, il faut bien reconnaître que l'entreprise commerciale a bon dos. Point de mire universel, elle est l'objet de la convoitise de chacun. Chacun analyse donc ses comptes dans l'espoir d'y découvrir comment son propre objectif (ou le plus souvent ses propres objectifs, souvent contradictoires) sur l'entreprise sera susceptible d'être atteint.

Que recherche à juste titre, l'actionnaire ? La rentabilité de son investissement, qui va se traduire soit par de gras dividendes, soit par de non moins grasses plus-values. Aussi n'est-il pas étonnant que l'actionnaire recherche avant tout la rentabilité et la liquidité de l'entreprise.

Que recherche le prêteur à court terme ? La liquidité à court terme. Point final. Et fi de la rentabilité ou de la solvabilité à long terme. Fi des plans tirés sur la comète.

Que recherche le prêteur à long terme ? La solvabilité à long terme. Qui passe par la rentabilité et une politique d'investissements extrêmement prudente (au moins jusqu'à la maturité de ses engagements) et des dividendes aussi maigres que possible.

Que cherche à déceler le client de l'entreprise ? La rentabilité. Car les clients se sentent très concernés par les comptes de leurs fournisseurs : une bonne rentabilité du fournisseur laisse le client penser que cette rentabilité existe à leurs dépens. Une mauvaise rentabilité aujourd'hui présage une augmentation des prix demain.

Que cherche à déceler le fournisseur de l'entreprise ? La rentabilité et la solvabilité. La rentabilité parce que lui, fournisseur en est à la base, à travers les prix qu'il pratique. Si son client est très rentable, il ne rechignera peut-être pas à acheter plus cher. Si son client est peu rentable, non seulement il deviendra peu solvable, mais risquera de rétablir sa propre rentabilité en écrasant les prix de ses fournisseurs. La solvabilité bien évidemment aussi, car puisqu'il est de coutume de payer ses fournisseurs à crédit, mieux vaut que son client nage dans les liquidités plutôt que dans le papier bleu.

Que cherchent les salariés, ces fournisseurs spéciaux de l'entreprise ? La rentabilité et la solvabilité. Car la rentabilité à court terme est le sésame des primes et autres bonus, alors que la rentabilité à long terme est la clé des évolutions de carrière et des salaires.

3- Des comptes : par qui ?

Ne vous laissez impressionner ni par l'attaché-case volumineux de l'auditeur, ni par le ton sentencieux de l'expert-comptable, ni par le discours assuré du dirigeant.

Je viens de citer les trois parties qui ont établi les comptes, au moins dans le cadre de la PME. Les grosses entreprises n'ont, en général, pas recours à un expert-comptable.

Le dirigeant

Premier responsable, c'est sous son autorité qu'est tenue la comptabilité quotidienne. Certes, ce n'est pas lui, théoriquement, qui établit les comptes : c'est le conseil d'administration (dans les sociétés anonymes) qui a cette prérogative.

Dans les faits, toutefois, les administrateurs sont nommés (et conservés) pour leur docilité à l'égard du président, dont le conseil entérine les décisions. Le président décide. Le conseil approuve. Le dirigeant établit donc les comptes.

Lorsqu'il n'est que salarié, par opposition au dirigeant propriétaire de l'entreprise, le président est l'un des nombreux serviteurs de l'entreprise, au même titre que les commerciaux, les secrétaires, les ingénieurs, les balayeurs. Je n'hésite pas à considérer Jean-François Dehecq et Ernest-Antoine Seillière comme mes serviteurs. Le dirigeant est – ou devrait être s'il ne l'est pas – au service de l'entreprise, donc des actionnaires. Et, bien entendu, pas l'inverse. Il peut[2] y avoir des conflits d'intérêt entre dirigeant et actionnaires si le dirigeant abuse de son pouvoir au détriment des actionnaires.

[2] Cette possibilité a d'ailleurs une fréquence qui est loin d'être marginale. Légion sont les chefs d'entreprise qui ont, dans un passé récent, abusé de leur position pour commettre des abus de biens sociaux, que ceux-ci aient été ou non découverts par la justice et réprimés.

Lorsque le dirigeant est actionnaire majoritaire, il y a moins de possibilité de conflit d'intérêt entre lui et les actionnaires, quoique les actionnaires minoritaires puissent parfois se plaindre d'abus de pouvoir des majoritaires.

Lorsqu'il est actionnaire à 99,9 %, plus de conflit possible entre dirigeant et actionnaires, sauf dans les cas de schizophrénie avancée...

L'expert-comptable

Bien qu'extérieur à l'entreprise, il joue un rôle de conseiller tout à fait primordial. Bien qu'il ne traite pas la comptabilité, c'est lui qui prend, ou conseille de prendre, telle option comptable plutôt que telle autre. Il est un fournisseur de services, au même titre que le plombier ou le fournisseur de stylos à bille.

Le commissaire aux comptes

C'est, lui aussi, un fournisseur de services. Mais pas au même titre que le plombier. Car, lorsqu'il certifie les comptes et leur sincérité, il engage sa propre responsabilité vis-à-vis des actionnaires et des tiers (salariés, fisc...). De plus, il n'établit pas les comptes, mais il les contrôle (*cf. infra*).

4- Des comptes : établis comment ?

À l'origine, un moine génial du nom de Paccioli mit au point un système révolutionnaire pour gérer son monastère. À partir d'une double écriture, il suivait à la fois le patrimoine et le bénéfice de sa communauté. La comptabilité en partie double était née. La logique est la matière première de la comptabilité et de la finance.

Vint ensuite la réglementation. Merci, Colbert ! Merci, Napoléon ! Merci, Bismarck, disent-ils de l'autre rive du Rhin. C'est sans doute en partie grâce à vous que les agents de l'administration et autres cadres des entreprises ne peuvent passer une journée sans se référer aux 1 500 pages du *Lefebvre* ou du *Lamy* pour vérifier, par exemple, s'il convient d'amortir à 20 % plutôt qu'à 25 % le dernier routeur qui s'est dévalorisé de 50 % depuis qu'il a été extrait de son carton d'emballage.

La régionalisation enfin. Bien que le bon sens soit universel, le dicton de Pascal, « Vérité en-deçà des Pyrénées, erreur au-delà », s'applique au domaine de la comptabilité autant qu'à tout autre. Ce qui est vrai en Catalogne ne l'est pas forcément en Cerdagne, et encore moins en Castille. Paradoxalement, le même actif acquis 100 il y a cinq ans par cinq filiales d'un même groupe vaudra 20 dans la filiale britannique, 30 dans la filiale allemande, 35 dans la filiale catalane, 40 dans la filiale castillane, et 50 en France.

Peut-on limiter au bon sens, aux particularités réglementaires et régionales les sources de la comptabilité ? Certes non. Rites, dogmes, tribalisme et roublardise jouent aussi leur rôle. Comme l'a remarqué Claude Riveline[3], « l'analyse des comptabilités en tant que rituels est très éclairante. La comptabilité française, par exemple, relève à n'en pas douter d'un rite agricole, avec son annualité et le privilège donné aux biens fonciers inscrits en haut du bilan ». Le monde de la gestion est une tribu, au même titre que le monde du football ou celui du tennis. Enfin, comme dans toute tribu, il y a des modes. Il y a eu la mode de la diversification. Nous connaissons aujourd'hui la mode du recentrage. Il y a eu la mode de l'endettement. Il y a celle du désendettement. Les chefs d'entreprise ne sont pas moins panurges que *l'homo sapiens* de base.

Le maquillage ou plutôt l'habillage du bilan fait partie de ces modes. Ainsi, le 26 janvier 1995, Elf-Aquitaine décide un jeu d'écriture (dans la tribu, ils appellent ceci « passer une provision ») de neuf milliards de francs. Le *Nouvel Économiste*[4] titre : « Courage ou habilité ? En mettant délibérément les comptes d'Elf dans le rouge... » Ces neuf milliards ne sortent pas d'un chapeau, et l'actionnaire contribuable que je suis ne manque pas de se demander comment ils avaient jusqu'à ce jour échappé à la perspicacité des précédents P-DG...

Si vous devez vous abstenir de prendre systématiquement le contre-pied des chiffres que vous voyez apparaître dans les comptes, vous devez cependant conserver en permanence un esprit critique. En effet, la comptabilité n'est pas une science exacte : ce n'est pas une vérité descendue du ciel. **Pratiquement, chaque grande écriture comptable est la conséquence d'une décision ou d'un choix politique**. Si ce choix ou cette décision avait été différent, l'enregistrement aurait pu concerner un autre compte, ou le même compte pour un autre montant.

3 Riveline C., « La gestion et les rites », *Annales des Mines*, décembre 1993.

4 *Nouvel Économiste*, n° 982, pp. 20 *et sq.*

La créativité comptable

Le même événement peut être traité comptablement de manière opposée. L'histoire récente de la nouvelle économie foisonne de cas de « créativité comptable ».

Ainsi, à tout seigneur tout honneur, commençons par AOL, le fournisseur d'accès Internet.

Le leader de l'Internet a dépensé en 1996, 1997 et 1998, des milliards de dollars en publicité (les CD-Rom que vous avez reçus en 28 exemplaires de chaque nouvelle version). Ces milliards auraient pu être considérés comme des dépenses venant diminuer le profit. Eh bien non. Dans un premier temps du moins, AOL a choisi de les considérer comme des investissements, renforçant ainsi son bilan de ces milliards de dollars « investis ».

Si AOL a survécu à de tels investissements, nombre de sociétés Internet n'ont pas eu le même bonheur, et ont coulé corps et biens avec, et en dépit, de magnifiques bilans sur lesquels figuraient indûment des campagnes de publicité télévisées achetées en *prime time*, à prix d'or, et de manière totalement inconsidérée.

Les normes IFRS

À compter du 1er janvier 2005, toutes les sociétés cotées européennes sont dans l'obligation d'adopter un nouveau référentiel comptable appelé « *International Accounting Standards* » (IAS) et « *International Financial Reporting Standards* » (IFRS). En fait, ces nouvelles pratiques et règles comptables sont pour l'essentiel issues d'une culture anglo-saxonne. Quarante et une normes ont été publiées à ce jour, complétées par de nombreux textes visant à interpréter les principes généralement admis. Il est possible de classer ces normes par types d'objectifs. On trouve :
- les normes cadres qui concernent la présentation, l'information, l'évaluation et la consolidation des états financiers ;
- les normes spécifiques propres au bilan et au compte de résultat ;
- les normes particulières liées à des métiers (établissements financiers et agriculture).

Si ce nouveau langage comptable doit être, dans un premier temps, appliqué uniquement aux comptes consolidés (comptes de groupe de sociétés), c'est l'ensemble du plan comptable général (comptes individuels ou comptes sociaux) qui risque d'être concerné prochainement par ces changements. Sans vouloir présager de l'avenir, il est vraisemblable que les bonnes vieilles liasses CERFA, qui constituaient notre pain quotidien, vont subir quelques *liftings*.

De réelles modifications vont voir le jour avec l'introduction, dans la comptabilité, de concepts financiers comme l'actualisation et la capitalisation, la généralisation des flux de trésorerie, la couverture systématique par les produits dérivés, etc. Cela va nous démarquer délibérément de la fiscalité. La finance entre de plain-pied dans la comptabilité.

Quatre éléments nouveaux caractérisent ce nouveau référentiel IAS/IFRS :

1. Une information beaucoup plus dense à fournir avec l'obligation de publier cinq documents financiers : un bilan, un compte de résultat, un tableau de flux de trésorerie, un tableau de variation des fonds propres et des notes annexes particulièrement riches. Le tableau des flux de trésorerie et le tableau de variation des capitaux propres sont particulièrement mis en avant avec la culture du *cash*, base de ce référentiel.

2. La priorité donnée à la réalité économique des transactions par rapport à l'apparence juridique des documents comptables. Par exemple, un bien loué en crédit-bail, qui n'apparaît pas dans le bilan en comptabilité française, sera enregistré dans le référentiel IFRS ; de même, les immeubles et bâtiments localisés dans des SCI seront repris dans la définition du bilan, etc. Cela devrait permettre d'obtenir une meilleure image de l'entreprise, et éviter les déconsolidations massives dont ont usé ces dernières années certains groupes cotés.

3. L'importance donnée au bilan par rapport au compte de résultat. Dans la logique d'application des normes internationales, les éléments d'actifs et de passifs sont examinés avant tous les autres. Ils doivent être identifiés, évalués, puis comptabilisés. Le compte de résultat n'apparaît que comme secondaire, et il reflète en partie des variations. Certaines charges et certains produits apparaissent alors comme les résidus des variations des actifs et des passifs du bilan. Par ailleurs, le compte de résultat est construit dans une logique de comptabilité analytique, avec la mise en avant de marges à différents niveaux.

4. Les normes IAS-IFRS sont orientées sur le futur alors que notre référentiel comptable français est construit à partir des événements passés. Par exemple, il est recommandé d'apprécier pour chaque actif les avantages économiques futurs qui justifient sa valeur. Ainsi, à l'enregistrement comptable basé sur le coût historique, il faut substituer une

évaluation basée sur des flux de trésorerie projetés. On introduit la notion d'évaluation à tous les niveaux avec un concept nouveau : la « juste valeur » ou *fair value* en anglais.

Les dilemmes comptables

Il faut bien reconnaître, à une moindre échelle, que la comptabilité, qui établit les états financiers, ne peut pas résoudre tous les problèmes et répondre à toutes les attentes. Le verre à moitié vide est bien à moitié plein.

Comment traiter comptablement une grosse réparation de votre voiture ?

Allez-vous considérer que vous n'êtes ni plus ni moins riche, ayant troqué quelques milliers d'euros contre une plus belle voiture ? Ou allez-vous simplement considérer que vous avez dépensé – donc diminué votre richesse – de quelques milliers d'euros ?

Les deux points de vue sont envisageables. N'oubliez pas, que dans les comptes que vous analyserez, certains auront opté pour la première solution (apparemment plus flatteuse), d'autres pour la seconde (apparemment plus réaliste).

5- De la réalité aux comptes

L'entreprise a un niveau de complexité qui n'est pas sans rappeler celui de la personne vivante, telle qu'on l'imaginait au milieu du XIXe siècle. Certes, elle n'est pas composée de cellules, de chair, de muscles, de sang, de nerfs. Elle n'en est pas moins le confluent des actions, des désirs, des contraintes d'un monde économique en perpétuelle ébullition, tiraillé entre ses dirigeants, ses actionnaires, ses banquiers, ses concurrents, ses clients, l'administration, les taux d'intérêts qui fluctuent, les devises qui ne sont pas moins instables...

Peut-on, en quelques tableaux de chiffres, décrire une entreprise ?

Lorsqu'on veut décrire une personne physique, il est de coutume d'énoncer les traits ou les chiffres marquants qui la caractérisent, tels que sa taille, sa corpulence, la couleur de ses yeux et de ses cheveux, sa manière de s'habiller, ses grands traits de caractère. A-t-on pour autant parfaitement décrit cette personne ? Certes pas.

Il en est de même pour l'entreprise. Pour la décrire, on citera quelques chiffres, mais pas n'importe lesquels, ni dans n'importe quel ordre. Les trois principaux états financiers permettront précisément de présenter l'entreprise.

Ces comptes ne constituent cependant qu'une des facettes de la réalité de l'entreprise.

Il arrive parfois que cette facette soit absolument atypique : on n'aurait aucune hésitation à qualifier d'obèse une personne qui mesurerait 1,50 m et pèserait 200 kg, de gravement cardiaque une personne dont le cœur battrait 200 coups à la minute, de manchot celui qui n'aurait qu'un bras. De même, pour l'entreprise, l'examen des comptes permet parfois de déceler immédiatement des handicaps analogues. Dans de tels cas, il n'est plus besoin de faire d'analyse.

En trois chiffres, l'entreprise peut être qualifiée.

Il n'est pas nécessaire, à l'heure où nous écrivons ces lignes, d'écrire trois volumes pour prédire que Microsoft devrait être en bonne santé financière au 31 décembre 2005 ; il suffit de constater sa trésorerie au 30 juin 2004 (61 milliards de dollars) et ses dépenses d'exploitation sur l'exercice 2003-2004 (27,8 milliards de dollars). Microsoft pourrait survivre pendant près de trois années sans faire un seul dollar de chiffre d'affaires. Avec ces deux seuls chiffres, on peut parier au moins dix milliards de dollars sur Microsoft. À l'autre extrême, nous avons été les témoins de modèles économiques qui portaient en eux le germe de leur déconfiture : de Boo.com à Air Liberté (avant sa reprise par British Airways), l'échec futur était patent et, là encore, il n'y avait pas besoin d'être grand clerc pour être Cassandre.

6- La vérité comptable ?

Avant toute chose, je n'hésiterai pas à briser quelques mythes. Dont celui de la vérité comptable. Hélas d'ailleurs. Car s'il peut y avoir de faux bilan, il ne saurait y en avoir de vrai, au sens mathématique du terme.

Je ne parlerai pas de faux bilan car, grâce au ciel, je n'en ai jamais vu[5], et ceux-ci appartiennent à un monde dans lequel je ne désire pas entrer. Cela dit, il ne saurait y avoir de vrai bilan. Pour la bonne raison que seule une minorité des données sont mathématiquement justes. Les autres ne représentent que des estimations basées sur le passé. Si vous vous sentez capable d'estimer au centime près, et de manière absolu-

[5] *Cf.* Cosson J., *Les Industriels de la fraude fiscale*, Paris, Seuil, 1974.

ment irréfutable, la valeur de votre voiture de milieu de gamme acquise 20 000 € il y a quatre ans, ou de votre studio de 40 m² situé sur la place de l'église de Coatréven, vous recevrez bientôt un prix Nobel. Dans le cas contraire, vous comprendrez pourquoi les règles comptables vous demandent d'établir des estimations conformes à la réglementation.

Les comptes que vous étudiez sont l'aboutissement d'une certaine logique. Ils ne sont pas l'aboutissement final d'une logique bourbakiste. Cette logique s'inscrit dans un cadre strict et les commissaires aux comptes sont là pour certifier que les comptes ont effectivement été établis dans ce cadre logique. Leur certificat ne veut pas dire que le bleu est plus joli que le rouge, ou que le jaune est parfait. Leur certificat atteste que c'est bien de la peinture qui a effectivement été posée sur la toile, elle-même fixée sur le bon cadre.

Rapport d'un commissaire aux comptes

« Rapport général des commissaires aux comptes sur les comptes annuels
« Exercice clos le 31 décembre 2000

« En exécution de la mission qui nous a été confiée par votre assemblée générale, nous vous présentons notre rapport relatif à l'exercice clos le 31 décembre 2000 sur :
– le contrôle des comptes annuels de la société X SA, établis en euros, tels qu'ils sont joints au présent rapport ;
– les vérifications spécifiques et les informations prévues par la loi.

« Les comptes annuels ont été arrêtés par le conseil d'administration. Il nous appartient donc, sur la base de notre audit, d'exprimer une opinion sur ces comptes.

« 1. Opinion sur les comptes annuels

« Nous avons effectué notre audit selon les normes de notre profession ; ces normes requièrent la mise en œuvre de diligences permettant d'obtenir l'assurance raisonnable que les comptes annuels ne comportent pas d'anomalies significatives. Un audit consiste à examiner, par sondages, les éléments probants justifiant les données contenues dans ces comptes. Il consiste également à apprécier les principes comptables suivis et les estimations significatives retenues par l'arrêté des comptes et à apprécier leur présentation d'ensemble. Nous estimons que nos contrôles fournissent une base raisonnable à l'opinion exprimée ci-après.

« Nous certifions que les comptes annuels sont réguliers et sincères, et donnent une image fidèle du résultat des opérations de l'exercice écoulé ainsi que de la situation financière et du patrimoine de la société à la fin de cet exercice.

« 2. Vérifications et informations spécifiques

« Nous avons également procédé, conformément aux normes de la profession, aux vérifications spécifiques prévues par la loi.

►►►

« Nous n'avons pas d'observation à formuler sur la sincérité et la concordance avec les comptes annuels des informations données dans le rapport de gestion du conseil d'administration, et dans les documents adressés aux actionnaires sur la situation financière et les comptes annuels.

« En application de la loi, nous nous sommes assurés que les diverses informations relatives à l'identité des détenteurs des droits de vote vous ont été communiquées dans le rapport de gestion. »

Comme vous pouvez le remarquer, le rapport général des commissaires aux comptes ne dit pas que les comptes sont justes mais que :
– les comptes ont été établis selon les principes généralement admis en France ;
– ils donnent une image fidèle de la situation comptable et financière de la société X.

On remarquera tout d'abord que le rapport utilise le terme aujourd'hui consacré de « généralement admis » et non un terme faisant référence au code général des Impôts, ce qui laisse une certaine marge de manœuvre.

De plus, comme le dit en filigrane le rapport du CAC, l'auditeur a effectué des tests afin de vérifier que les comptes publiés par la société étaient cohérents : en effet, comment voulez-vous, qu'une équipe d'auditeurs fraîchement émoulus d'une école de commerce puisse vérifier toutes les opérations qu'a enregistrées votre *staff* comptable au cours d'une année ? Ces derniers s'appuient sur des tests de contrôle interne, qu'ils ont réalisés afin de s'assurer du traitement comptable correct des opérations courantes et ainsi acquérir une certaine assurance quant aux procédures de contrôle mises en place par la société. C'est de cette confiance préalable qu'ils déduiront une marge d'erreur acceptable endessous de laquelle ils accepteront d'engager leur responsabilité (civile et pénale).

Pour vous donner une idée, cette marge d'erreur pour une société réalisant un chiffre d'affaires de 30 millions d'euros est aux alentours de 228 500 €. Ainsi l'auditeur que vous croyez très tatillon n'est pas à 228 500 € près...

Néanmoins, ce dernier étudie avec précision toutes les approximations que vous avez pu faire en établissant vos comptes annuels et, à cette fin, s'appuie sur des outils statistiques. En effet, qui est capable de déterminer (autrement que statistiquement) le coût d'un plan de restructuration, la somme à payer à un employé licencié qui a fait appel aux prud'hommes, le montant des sommes dûes qui ne seront jamais payées ? (Mettez vous à la place de SFR, croyez-vous qu'ils fassent une analyse de la possibilité de recouvrement client par client ? Ils estiment plutôt que, sur les trois dernières années, X % de leurs clients n'ayant pas honoré leurs dettes, cette année X % de leurs clients feront de même.)

Cette incertitude peut toucher des postes que ma grand-mère ne soupçonnerait jamais. Prenons, par exemple, les ventes. Vous pensez que le montant des ventes réalisées ne saurait être autrement que juste à partir du moment où toutes les ventes ont été comptabilisées. Trop simple !

Un seul exemple : le secteur de l'édition. Un éditeur vend des livres qu'il s'engage à reprendre s'ils ne sont pas vendus. Ainsi les éditeurs sont obligés d'établir des courbes de vente selon le type de livre, les lieux de distribution, la publication, etc., pour évaluer combien de livres vendus seront retournés.

Exemple

Prenons un exemple fictif afin d'illustrer le poids de cette évaluation sur votre résultat.

Vous êtes éditeur d'une revue nautique reconnue et vous décidez cette année, pour la première fois, de sortir un numéro spécial sur le Grand-Pavois de La Rochelle, deuxième salon nautique en France. En août 2001, vous décidez que vous allez produire 1 000 exemplaires et que vous les vendrez à 4,50 € pièce. Les coûts de fabrication sont de 2,25 € pièce. Les exemplaires sont achevés d'imprimer le 31 août 2001 et sont envoyés dans tous les kiosques à journaux de France afin que les clients puissent en profiter avant d'aller sur le salon.

À fin septembre, les kiosques n'ont pas encore retourné les exemplaires invendus. Vous ne connaîtrez le montant des ventes réelles que mi-novembre (les numéros spéciaux sont laissés en kiosques plus longtemps que des numéros normaux). Néanmoins, vous devez clôturer vos comptes rapidement car une armée d'auditeurs du fameux cabinet APDEK débarque la deuxième semaine d'octobre. Vous êtes donc obligés de faire une estimation de vos ventes de votre numéro spécial.

Faisons une petite simulation de ce que sera votre résultat en fonction du nombre d'exemplaires réellement vendus :

Nombre d'exemplaires fabriqués	1 000	1 000	1 000	1 000
% de retour estimé	15 %	20 %	25 %	30 %
Estimation du nombre d'exemplaires vendus	850	800	750	700
Ventes réelles (prix de vente × nombre d'exemplaires)	3 825	3 600	3 375	3 150
Coûts de fabrication (2,25 × 1000)	2 250	2 250	2 250	2 250
Coûts fixes	750	750	750	750
Résultat	825	600	375	150

►►►

Or personne n'est capable de savoir avec précision quel est le pourcentage de retour. Comme vous le voyez, l'impact sur le résultat de la société est loin d'être négligeable... Vous multipliez votre résultat par 2,5 si vous faites une estimation de 25 % au lieu de 30 %. Personne, à part madame Soleil, ne pourra vous donner tort ou raison.

Vous vous réjouissez car, bien que vous désiriez au plus refléter dans vos comptes la réalité de votre activité, vous vous dites que vous pourrez peut-être cacher un petit peu les résultats moyens de l'année en jouant sur le taux de retour (et ce, avec la bénédiction des auditeurs qui n'auront pas ou peu de moyens d'estimer ce taux de retour), et ainsi ne pas avoir à rendre trop de comptes à la maison mère, très exigeante au niveau des résultats.

Tout cela pour vous dire que même les garants de la vérité comptable que sont les auditeurs ne prétendent pas détenir la vérité, mais plus une idée de ce qu'ils estiment statistiquement proche de la vérité comptable.

Aussi, est-il préférable d'oublier la notion de vérité comptable.

7- Les liasses CERFA

Ce sont les documents pré-imprimés fournis par l'administration fiscale, que les entreprises remplissent chaque année en plusieurs exemplaires (*cf.* doc. 4 et 5).

L'un de ces exemplaires est destiné aux services fiscaux.

Un autre est destiné au greffe du tribunal de commerce de la circonscription où l'entreprise a son siège.

Éditées par la direction générale des impôts sous la référence DGI 2 050 et suivantes, elles rassemblent sur quinze pages, les chiffres fournis par l'entreprise à l'administration.

La forme des liasses fiscales est une matrice légale. Nous pourrions la qualifier de brute de fonderie. Ce type d'imprimé n'a rien de poétique. Contrairement au rapport annuel, la liasse fiscale ne comporte ni dessin, ni photo, ni caractères gras, ni couleurs. La liasse fiscale comporte au contraire une foule de lignes et de chiffres tapés avec une police de caractères droit sortie du clavier d'une machine à écrire probablement antédiluvienne, et sans doute non intégralement amortie, comptablement du moins.

Cette liasse fiscale est enregistrée par les greffes des tribunaux de commerce, qui, de leur côté, la fournissent à qui en fait la demande. La liasse fiscale est donc un document tout à fait officiel et parfaitement public.

Les documents 4 et 5 présentent les pages les plus significatives de la liasse CERFA de Bénéteau, le constructeur bien connu de bateau de plaisance.

Les comptes des sociétés anonymes sont **des documents publics à la disposition de tous**. Pour les obtenir, il suffit de les demander au greffe du tribunal de commerce : pour quelques euros, et moyennant quelques jours (ou semaines), vous pouvez ainsi, au moins théoriquement, vous procurer les comptes de toutes les entreprises que vous voulez étudier. Théoriquement, car certaines sociétés sont d'une discrétion maladive et, délibérément, omettent de remettre leurs comptes au greffe. Elles se mettent ainsi hors la loi et s'exposent à une amende !

04/08/2001 - CD RISK Bilan (CERFA)

ACTIF de Bénéteau aux		31/08/2000	31/08/1999	31/08/1998	31/08/1997
Capital souscrit non appelé	AA	0	0	0	0
Immobilisations incorporelles					
Frais d'établissement	AB	0	0	0	0
Amortissements et provisions	AC	0	0	0	0
Frais de recherche et développement	AD	0	0	0	0
Amortissements et provisions	AE	0	0	0	0
Concessions, brevets et droits similaires	AF	394	301	286	800
Amortissements et provisions	AG	329	266	259	792
Fonds commercial	AH	632	632	632	53
Amortissements et provisions	AI	573	9	1	0
Autres immobilisations incorporelles	AJ	768	629	637	556
Amortissements et provisions	AK	712	592	602	0
Avances et acomptes sur immobilisations incorp.	AL	0	0	0	0
Amortissements et provisions	AM	0	0	0	0
Immobilisations corporelles					
Terrains	AN	1 563	1 441	1 049	977
Amortissements et provisions	AO	397	388	372	365
Constructions	AP	17 090	14 928	13 278	13 306
Amortissements et provisions	AQ	11 389	10 912	10 427	10 119
Installations techniques et outillage industriel	AR	26 110	22 751	18 896	18 426
Amortissements et provisions	AS	18 921	16 935	14 680	14 363

►►►

Autres immobilisations corporelles	AT	4 320	3 988	3 333	3 023
Amortissements et provisions	AU	3 303	2 543	2 518	2 366
Immobilisations en cours	AV	5 091	2 305	1 123	655
Amortissements et provisions	AW	0	0	0	0
Avances et acomptes	AX	329	0	0	32
Amortissements et provisions	AY	0	0	0	0
Immobilisations financières					
Part. évaluées selon la méthode de mise en équ.	CS	0	0	0	0
Amortissements et provisions	CT	0	0	0	0
Autres participations	CU	35 595	12 149	10 308	8 683
Amortissements et provisions	CV	0	1 524	0	34
Créances rattachées à des participations	BB	1 339	4 437	580	1 460
Amortissements et provisions	BC	0	0	0	0
Autres titres immobilisés	BD	6 921	32	183	319
Amortissements et provisions	BE	28	28	177	175
Prêts	BF	674	210	0	8
Amortissements et provisions	BG	0	0	0	0
Autres immobilisations financières	BH	32	32	30	31
Amortissements et provisions	BI	0	0	0	0
Total de l'actif immobilisé (brut)	**BJ**	**100 858**	**63 835**	**50 335**	**48 329**
Total des amortissements sur immobilisations	**BK**	**35 651**	**33 195**	**29 036**	**28 213**
Stocks et encours					
Matières premières, approvisionements	BL	7 889	6 602	5 539	4 705
Amortissements et provisions	BM	1 158	1 325	1 685	434
En cours de production de biens	BN	5 707	4 588	0	2 613
Amortissements et provisions	BO	0	0	0	231
En cours de productions de services	BP	0	0	2 655	0
Amortissements et provisions	BQ	0	0	28	0
Produits intermédiaires et finis	BR	8 707	10 343	7 595	9 301
Amortissements et provisions	BS	1 212	1 480	1 241	1 850
Marchandises	BT	0	0	0	0
Amortissements et provisions	BU	0	0	0	0
Créances d'exploitation					
Avances et acomptes versés sur commandes	BV	270	163	200	131
Amortissements et provisions	BW	0	0	0	0
Clients et comptes rattachés	BX	16 319	14 410	13 396	12 932
Amortissements et provisions	BY	1 600	1 525	1 558	1 570
Autres créances	BZ	4 339	2 569	2 594	2 685
Amortissements et provisions	CA	698	786	699	774
Capital souscrit, appelé, non versé	CB	0	0	0	0
Amortissements et provisions	CC	0	0	0	0
Valeurs mobilières de placement	CD	43 717	33 560	24 916	5 365
Amortissements et provisions	CE	0	0	0	0
Disponibilités	CF	590	399	908	1 488
Amortissements et provisions	CG	0	0	0	0
Charges constatées d'avance	CH	951	1 130	766	649
Amortissements et provisions	CI	0	0	0	0
Total de l'actif circulant (brut)	**CJ**	**88 489**	**73 764**	**58 569**	**39 871**
Amortissements et provisions	**CK**	**4 668**	**5 116**	**5 211**	**4 860**
Comptes de régularisation					
Charges à répartir sur plusieurs exercices	CL	0	0	0	0
Primes de remboursement des obligations	CM	0	0	0	0
Ecart de conversion actif	CN	89	169	298	292
Total de l'actif (brut)	**CO**	**189 436**	**137 767**	**109 203**	**88 492**
Amortissements et provisions	**1A**	**40 319**	**38 311**	**34 247**	**33 073**

Page 1 / 1 - © Dun & Bradstreet / S & W, 2001

document 4

04/08/2001 - CD RISK Bilan (CERFA)

PASSIF de Bénéteau aux		31/08/2000	31/08/1999	31/08/1998	31/08/1997
Fonds propres et quasi fonds propres					
Capital social ou individuel	DA	1 329	1 305	1 305	1 305
Prime d'émission, de fusion, d'apport	DB	34 125	9 558	9 558	9 558
Ecarts de réévaluation	DC	0	0	0	0
Réserve légale	DD	130	130	130	130
Réserves statutaires ou contractuelles	DE	0	0	0	0
Réserves réglementées	DF	1 112	1 112	1 090	1 090
Autres réserves	DG	21 540	14 720	6 130	3 675
Report à nouveau	DH	4 114	2 289	2 214	2 214
Résultat de l'exercice	DI	21 885	14 519	13 049	2 977
Subventions d'investissement	DJ	282	343	404	466
Provisions réglementées	DK	1 713	953	325	0
Total des capitaux propres	**DL**	**86 230**	**44 930**	**34 206**	**21 415**
Produit des émissions de titres participatifs	DM	0	0	0	0
Avances conditionnées	DN	0	0	0	0
Total des autres fonds propres	**DO**	**0**	**0**	**0**	**0**
Provisions pour risques	DP	2 957	2 142	3 110	1 968
Provisions pour charges	DQ	1 111	1 525	757	0
Total des provisions pour risques et charges	**DR**	**4 068**	**3 666**	**3 868**	**1 968**
DETTES					
Dettes financières					
Emprunts obligataires convertibles	DS	0	0	0	0
Autres emprunts obligataires	DT	0	0	0	0
Emprunts et dettes auprès d'étab. de crédit	DU	25	177	316	7 874
Emprunts et dettes financières divers	DV	4 326	1 456	733	657
Dettes d'exploitation et diverses					
Avances et acomptes recus sur commandes en cour	DW	2 106	1 894	1 214	826
Dettes fournisseurs et comptes rattachés	DX	24 949	21 992	17 830	12 881
Dettes fiscales et sociales	DY	18 462	18 956	11 828	6 279
Dettes sur immobilisations et comptes rattachés	DZ	2 194	1 352	474	247
Autres dettes	EA	6 650	4 903	4 323	3 221
Produits constatés d'avance	EB	29	28	147	31
Total des dettes	**EC**	**58 739**	**50 758**	**36 864**	**32 015**
Ecart de conversion passif	ED	79	103	18	20
Total du passif	**EE**	**149 116**	**99 457**	**74 956**	**55 419**
Renvois du passif					
Ecart de réévaluation incorporé au capital	1B	0	0	0	0
Réserve spéciale de réévaluation (1959)	1C	0	0	0	0
Ecart de réévaluation libre	1D	0	0	0	0
Réserve de réévaluation	1E	0	0	0	0
Réserve réglementée des plus values à long terme	EF	1 112	1 112	0	1 091
Réserve des achats d'oeuvres d'artistes vivants	EJ	0	0	0	0
Dettes et produits const. d'avance à moins d'un an	EG	56 628	48 848	35 593	26 420
Concours banc. courants et soldes créd. de banques	EH	8	150	51	40
Emprunts participatifs	EI	0	0	0	0

document 5

8- Les rapports annuels

Parfois volumineux et magnifiques, ces documents sont le plus souvent imprimés sur du papier glacé. Les services de relations publiques exercent ainsi leurs talents de communication pour séduire la communauté financière. Dans ces rapports annuels, les photos en couleur et les graphiques en trois dimensions se disputent la une. Les dirigeants y apparaissent souriants et détendus, et multiplient au fil des pages, déclarations apaisantes et témoignages de satisfaction.

Ces discours, qui informent sur la société, n'ont pas le caractère absolu, froid et parfaitement objectif des chiffres financiers. Ils ne sont pas pour autant dénués de toute valeur informative. Le sérieux du groupe industriel Delachaux y apparaît au grand jour. Le luxe transpire des pages de celui de LVMH. La haute technologie transparaît dans le rapport SAGEM. *A contrario*, et au même titre, les rodomontades des dirigeants de Bandag et les déclarations fracassantes de Bernard Tapie lors de son introduction en Bourse auraient pu éveiller la méfiance des plus avisés.

À la fin du rapport annuel figurent les documents financiers. Nous revenons là à l'information purement financière telle que l'ont prévue les textes (droit commercial, Commission des opérations de Bourse). Plus de fantaisie ni d'expression artistique, les comptes publiés doivent être en conformité avec les principes comptables généralement admis en France et au plan international.

La forme des comptes présentés dans les rapports annuels peut varier d'une société à l'autre. Ainsi, le compte de résultat de Delachaux est présenté « à la britannique », alors que celui de la SAGEM est présenté de la manière la plus classique.

Les réviseurs et commissaires aux comptes ajoutent leur signature à ces comptes. Les premiers engagent leur responsabilité en certifiant la véracité des seconds. Leur attestation constitue pour l'analyste externe une garantie supplémentaire. En effet, les auditeurs engagent leur responsabilité non seulement civile et pénale, mais aussi leur responsabilité morale en attestant la sincérité des comptes d'une entreprise.

Pour les grands cabinets de commissariat aux comptes, la responsabilité morale est synonyme de valeur de fonds de commerce. Qui irait solliciter leurs services si leur nom était mêlé à un scandale financier ? Ou s'il était prouvé qu'ils se sont laissés abuser par les managers de telle ou telle société ? Les grandes affaires des années passées (Tapie, ENRON, Vivendi, la Bank of Credit and Commerce International – BCCI) ont littéralement ébranlé le monde feutré de la profession comptable, montrant à l'envi que cette profession n'était pas à la merci des plus habiles bateleurs. Souhaitons qu'elle en tire les conséquences, et renforce sa vigilance afin de fournir et de certifier des comptes « sincères et véritables ».

9- Quelle analyse pour quel analyste ?

Nombreux sont ceux qui devraient se sentir concernés par la lecture des comptes. En effet, dans les divers rôles de notre vie, nous sommes tour à tour, citoyens, actionnaires, banquiers, fournisseurs, clients, salariés. Actionnaires bien plus souvent que nous le croyons.

Les actionnaires

Même si seulement 10 % des Français détiennent un portefeuille d'actions, 100 % des Français devraient se sentir actionnaires. Ou se comporter en tant que tel vis-à-vis de ceux à qui ils ont délégué leur pouvoir économique.

En effet, dès qu'on délègue un pouvoir économique, on acquiert le droit de recevoir des comptes : le mandataire doit rendre des comptes à ceux qui l'ont mandaté. L'actionnariat ne constitue que l'un des cas de figure du « mandat de gestion ».

Le petit propriétaire d'un appartement devrait se considérer comme actionnaire de l'immeuble, et considérer le gérant dudit immeuble comme un dirigeant – sans oublier que chaque euro dépensé par le syndic sort en partie de sa poche ; que chaque euro investi par le syndic est en partie sorti de sa poche, et doit donc se concrétiser par la rentrée d'au moins un euro. Aussi, le syndic, « mandé », devra-t-il rendre des comptes sur les euros dépensés et sur les euros investis. Un bon syndic n'est pas forcément un syndic qui investit beaucoup. Bien au contraire.

L'électeur de Plounevez-Moëdec devrait se considérer comme actionnaire de sa commune, et considérer le maire comme un dirigeant, et le conseil municipal comme un conseil d'administration – sans oublier que chaque euro dépensé par le conseil municipal sort en partie de sa poche ; que chaque euro investi par le conseil municipal est en partie sorti de sa poche, et doit donc se concrétiser par la rentrée d'au moins un euro. Aussi le maire, mandé, devra-t-il rendre des comptes sur les euros dépensés et sur les euros investis. Un bon maire n'est pas forcément un maire qui investit beaucoup. Bien au contraire.

Le citoyen de Syldavie devrait se considérer comme actionnaire de Syldavie.Inc., et considérer le dirigeant syldave comme un dirigeant d'entreprise – sans oublier que chaque euro dépensé par le président syldave sort en partie de sa poche ; que chaque euro investi par le président syldave est en partie sorti de sa poche, et doit donc se concrétiser par la rentrée d'au moins un euro. Aussi, le président, mandé, devra-t-il rendre des comptes sur les euros dépensés et sur les euros investis. Un bon président n'est pas forcément un président qui investit beaucoup. Bien au contraire. (Pour les pays où le Premier ministre établit le budget, prendre le paragraphe précédent et remplacer président par « Premier ministre ».)

Ce qui est vrai pour les citoyens, co-propriétaires, etc., l'est bien sûr pour l'actionnaire de la société commerciale, qu'elle s'appelle Vivendi, Wendel Investissement ou Valéo. Tout euro dépensé par la société doit rapporter à l'actionnaire plus d'un euro. Tout euro investi par la société doit apporter, étalé dans le temps, plus d'un euro. Si un tel retour sur dépense ou sur investissement n'était pas possible, le devoir du dirigeant serait de reverser directement l'euro à l'actionnaire.

Il y a en France 60 millions d'actionnaires, par le biais des entreprises nationalisées ou publiques. Nous sommes donc tous concernés par les participations de l'État dans la SNCF, Renault, Air France, EDF ou AREVA. Certes, chacun d'entre nous n'est actionnaire que de façon très minoritaire. Mais, compte tenu de la valeur de ces entreprises qui se chiffre en dizaines de milliards de francs chacune, notre mise n'est pas nulle. De plus, citoyens de la société France, de la région Aquitaine (par exemple), ou de la ville de Bordeaux, nous sommes directement concernés par les heurs et malheurs de notre pays, de notre région, de notre ville, des services de leurs administrations, des sociétés ou associations dans lesquelles elles ont des participations[6].

Il serait souhaitable qu'à l'instar des sociétés qui publient des résultats par action, ces organismes publient des résultats par habitant ou par foyer. L'information économique serait plus parlante, et les citoyens-

[6] Il serait d'ailleurs souhaitable que les organismes publics et parapublics soient soumis à la même réglementation de publication des comptes que les sociétés privées.

actionnaires seraient mieux à même de juger. Ainsi, les deux affirmations qui suivent sont équivalentes :

	en MF	en M€
Subvention de la ville X (200 000 habitants) à « son » club de football	300	46

	en MF	en M€	en F par habitant	en F par foyer	en € par habitant	en € par foyer
Subvention de la ville X au club de football	300	46	1 500	6 000	915	3 659

De même, quand l'État, en notre nom, a fait une remise de dettes de douze milliards de francs à Renault, qui était alors nôtre, il s'agissait encore de près de 250 francs (12 milliards de francs par 55 millions de Français) qui allaient sortir de notre poche. Et lorsqu'il « a recapitalisé » Air France pour 20 milliards de francs, il s'agissait encore de 355 francs par citoyen, ou encore 1 200 francs par foyer, ou encore 5 000 francs par foyer acquittant l'impôt sur le revenu, qui ont été « investis ».

Nous nous sentons plus directement concernés par nos investissements directs que par les investissements gouvernementaux, effectués par l'État en notre nom. Les achats que nous faisons en Bourse, ou les participations que nous prenons dans les sociétés montées par nos parents, amis ou relations, nous préoccupent davantage que notre portefeuille d'actions d'État. Peut-être avons-nous tort. Jean-Pierre Pigasse et Jacqueline Beytout ont estimé la valeur du patrimoine géré en notre nom par les collectivités à « 1 000 milliards de milliards »[7]. Pas moins. Habitué des pays de l'Est, où pendant 40 ans les citoyens ont été actionnaires de la totalité de leurs entreprises, je frémis rétrospectivement à la pensée que notre patrimoine commun aurait pu subir le sort de ce qui fut le leur...

[7] Beytout J. & Pigasse J.-P., *Mille Milliards de milliards*, éditions Tsuru, 1993.

Mais quittons l'entreprise France, et revenons à nos entreprises que nous devrions pouvoir gérer plus facilement. Les attentes des actionnaires peuvent être de nature opposée.

Certains actionnaires ont investi pour obtenir des dividendes afin de compléter leurs revenus. Or, qui dit dividendes dit capacité bénéficiaire, faibles besoins d'investissement et possibilité d'emprunter. L'examen des comptes nous indiquera si ces conditions sont réunies.

D'autres, au contraire, ont investi pour faire des plus-values. Or qui dit plus-values, dit entreprise en croissance, marché en expansion, position concurrentielle forte, risque élevé. Là encore, l'examen des comptes permettra d'entrevoir si les plus-values espérées ont des chances de se concrétiser.

Quelles que soient les attentes, il est préférable de les exprimer sur une base par action, plutôt que pour leur montant global, dont l'ordre de grandeur est le plus souvent dépourvu de signification.

Les banquiers et prêteurs

Le banquier sollicité pour octroyer un crédit à l'entreprise est bien sûr essentiellement concerné par la faculté qu'a l'entreprise de faire face à ses engagements. Il évaluera cette capacité à partir du bilan, où figurent les engagements passés, et à partir du compte de résultat qui évalue les excédents dégagés par l'exploitation de l'entreprise.

Il aura tendance à voir d'un mauvais œil la distribution de dividendes qui affaiblit l'entreprise, dont il voudrait se réserver l'exclusivité du *cash-flow !* Ses aspirations seront souvent à l'opposé de celles des actionnaires.

Les fournisseurs

Il est de tradition, dans le monde économique occidental, de vendre à crédit. Aussi les fournisseurs sont-ils, *de facto*, les banquiers de leurs clients. Certes, ils prêtent à plus court terme que le banquier classique, généralement sur une période allant de un à trois mois. Cela dit, s'ils fournissent l'entreprise de manière régulière, ils font une série de prêts à court terme qui peuvent être qualifiés de *revolving* et se retrouvent donc banquiers permanents de leurs clients. La solvabilité de ces clients, analysée à partir du bilan est, pour eux, de première importance.

Les clients

Le client est roi. Il attend de son fournisseur des produits de qualité au meilleur prix et dans les meilleurs délais. Il est donc très directement concerné par la santé financière de son fournisseur.

Peut-on imaginer qu'une entreprise de vente par correspondance comme La Redoute, irait investir une page de son catalogue dans la promotion de produits fabriqués par SEB, si elle pensait que SEB allait déposer son bilan dans les six mois ?

Peut-on imaginer qu'une entreprise industrielle comme Renault irait investir dans un processus de montage d'un démarreur Valéo, si elle pensait que Valéo allait déposer son bilan dans les six mois ?

Le personnel

Chaque employé de l'entreprise doit se sentir concerné par la santé de l'entreprise. Santé instantanée, traduite par le bilan actuel. Mais aussi santé future qui proviendra de l'enrichissement de l'entreprise traduit dans les comptes de résultat.

Si le chiffre d'affaires de votre entreprise croît de 20 % par an et si ses résultats suivent la même progression, vous avez un avenir dans le cadre de cette société. Si, au contraire, le chiffre d'affaires stagne ou diminue, si les pertes s'accumulent, cherchez vite un autre employeur.

Si votre entreprise dégage un résultat net de 20 % du chiffre d'affaires et si les frais de personnel s'élèvent à 50 % du CA, votre comité d'entreprise peut envisager d'obtenir une augmentation globale du personnel. Si, au contraire, le résultat n'est que de 1 % du CA et les frais de personnel 60 % de ce même CA, les chances d'augmentation globale sont proches de zéro.

Les *stakeholders* de l'entreprise

Il est parfois fait référence aux divers publics que nous venons de citer sous le nom de *stakeholders*[8], par opposition aux actionnaires, les *stockholders*. Oui, tous ces *stakeholders* ont un enjeu dans l'entreprise et le dirigeant joue le rôle d'arbitre entre eux. L'un des moyens de les contenir (ou de les manipuler ?), lorsque la pression est trop forte réside, précisément dans le choix des grandes options comptables, avec leurs répercussions sur les comptes, sur lesquelles nous nous étendrons ultérieurement.

10- Où trouver des comptes ?

Aussi incroyable que cela puisse paraître, certaines entreprises gardent encore jalousement leurs comptes. Certaines sociétés font de la culture du secret une vertu première et C. Riveline remarque à juste titre qu'on n'en sait « guère plus aujourd'hui sur la marche des organisations que sur celle du corps humain au Moyen Âge. Si visibles que soient les entreprises, elles choisissent avec soin ce qu'elles donnent à voir, et ne laissent qu'exceptionnellement entrer des observateurs extérieurs »[9].

Ces secrets jalousement gardés sont non moins activement recherchés – à des fins de revente – par les sociétés de renseignements commerciaux qui publient sur papier, CD-Rom, site Internet ou Minitel, non seulement les comptes des entreprises, mais aussi des informations juridiques et commerciales, les filiations (noms des filiales, identités des sociétés mères), les débouchés commerciaux, les modalités de règlement de leurs créanciers...

En France, cependant, les comptes des entreprises commerciales sont théoriquement publics, standardisés et facilement accessibles à l'âge du Minitel, d'Internet, et des CD-Rom. La plupart des services précités ne se contentent pas de vous donner l'information de base, mais généralement des informations agrégées.

Aux États-Unis, demander des comptes à une société privée (c'est-à-dire qui n'appartient pas au public, ceci étant synonyme de non-coté en Bourse) équivaut à une privauté. Aussi dispose-t-on de beaucoup moins d'informations qu'en France. Par contre, la société « publique », c'est-à-dire cotée en bourse, doit passer sous les fourches caudines de son autorité boursière, qui sont réellement basses.

Les bons vieux CD-Rom de notre jeunesse disparaissent progressivement au profit des services online, accessibles (gratuitement ou non), par abonnement annuel, ou encore à la consultation.

8 En anglais : « qui a un enjeu dans ».

9 Riveline C., *op. cit.*

Des pistes

AMADEUS – comptes et bilans d'entreprises européennes : http ://www.bvedp.com

ASTREE – marketing et analyse géomarketing sur les principales entreprises françaises : www.cofacerating.fr/

CDPRO – informations sur les sociétés cotées à la Bourse de Paris : http ://www.cofisem.fr/content_fr/infos_cdrom_fr.html

CENTRALE DE BILANS – renseignements chiffrés sur le comportement des entreprises : http ://www.banque-france.fr/

DAFSALIENS – liens financiers et humains des premiers groupes français et des sociétés cotées : http ://www.dafsaliens.fr

DIANE – comptes sociaux et comptes consolidés des entreprises françaises avec un logiciel d'analyse financière : http ://www.cofacerating.fr

INFINANCIALS – répertoire d'entreprises, comptes et bilans, rapports annuels d'entreprises dans le monde : http ://www.infinancials.com/Eurofin/index.jsp

INFOGREFFE – http ://www.infogreffe.fr/

KOMPASS FRANCE – informations factuelles sur les entreprises françaises et leurs produits : http ://www.kompass.fr/

KOMPASS INTERNATIONAL – informations factuelles sur les entreprises du monde : http ://www.kompass.com/

THOMSON ANALYTICS – informations financières sur les sociétés cotées en bourse dans le monde entier : http ://analytics.thomsonib.com/

CHAPITRE

2 Premier regard sur le bilan et les comptes

Objectif

L'objectif du bilan est clair : mesurer la « richesse » de l'entreprise à un instant précis.

Méthode

Un inventaire de ce que l'entreprise possède : les actifs.

Un inventaire de ce que l'entreprise doit : les dettes.

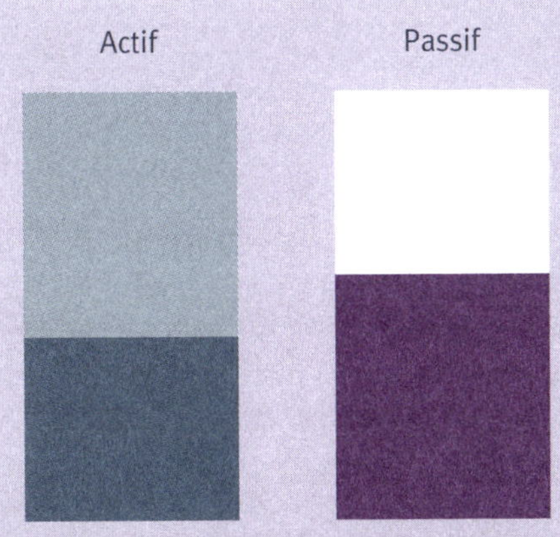

Groupe Air France

BILAN CONSOLIDÉ

En millions d'euros

ACTIF	2004	2003	2002
Immobilisations incorporelles	25	29	31
Immobilisations corporelles	5 614	5 883	5 850
dont immobilisations aéronautiques	4 343	4 709	4 642
Immobilisations financières	1 193	759	771
Actif immobilisé	**6 832**	**6 671**	**6652**
Stocks et encours	102	163	213
Créances d'exploitation dont :	1 869	1 674	1 629
Créances clients et comptes rattachés	1 581	1 362	1 335
Autres créances d'exploitation	288	311	294
Créances diverses	142	451	337
Valeurs mobilières de placement	1 413	989	1 347
Disponibilités	307	164	253
Actif circulant	**3 832**	**3 442**	**3 779**
Comptes de régularisation et assimilés	**409**	**424**	**469**
Total	**11 073**	**10 538**	**10 900**

Groupe Air France

Bilan consolidé (suite)

En millions d'euros

PASSIF	2004	2003	2002
Capital	1 868	1 868	1 868
Primes d'émission et de fusion	261	261	261
Réserves	415	649	635
Report à nouveau	0	0	0
Résultat de l'exercice	-453	-218	42
Provisions réglementées et subventions d'investissement	1 027	1 086	989
Total capitaux propres	**3 118**	**3 647**	**3 795**
Provisions pour risques et charges	1 244	822	795
Dettes financières	3 224	2 848	2 875
Dettes d'exploitation dont :	3 100	2 970	3 111
Dettes fournisseurs et comptes rattachés	1 190	1 317	1 342
Titres de transport émis et non utilisés	993	902	1 029
Autres dettes d'exploitation	918	751	740
Dettes diverses	118	36	104
Total dettes	**6 442**	**5 849**	**6 090**
Comptes de régularisation	**268**	**215**	**220**
Total	**11 073**	**10 538**	**10 900**

document 6 : bilan consolidé du groupe Air France

Vous avez sur la page de gauche les trois derniers bilans d'Air France, groupe de renommée internationale, dont vous êtes indirectement (*via* la participation de l'État) actionnaire. Et peut-être directement aussi.

Air France est non seulement une compagnie de transport aérien, mais aussi un des grands noms de la maintenance aéronautique. Air France est, à de nombreux titres, une entreprise de haute technologie.

Parmi ses savoir-faire, il est possible de mettre en avant la capacité de :
– piloter des flottes d'avions sur les continents (ce qui est plus complexe que piloter une barque dans le port de Ploumanac'h) ;
– remplir (de passagers et de fret) des avions avec des techniques sophistiquées de *Yield Management* (avec plus de succès que Sabena, Swissair et British Airways) ;
– rénover de vieux Boeing et des Airbus récents de sa propre flotte, mais aussi des flottes de ses confrères.

Voilà quelques-uns des métiers d'Air France. Air France est un groupe d'une grande complexité.

Pourtant, les trois bilans, extraits du rapport annuel 2001, semblent d'une grande simplicité. Trop simple, peut-être ? Bien plus simple en tout cas que les pages 1 et 2 de la liasse fiscale qui figurent pp. 25-27. Ces trois bilans sont des états de synthèse. Leur caractère synthétique est la preuve que les méthodes de Paccioli et Descartes (*Le Discours de la méthode* recommande en effet de rassembler en blocs homogènes les sous-parties d'un problème complexe) réunies permettent, d'un coup d'œil, de porter un jugement sur l'un des grands groupes mondiaux.

1- Le bilan à l'instant t

Un bilan est établi à une date donnée. Ce n'est ni le bilan d'une année d'exercice, ni le bilan d'une opération. Il ne traduit pas une différence entre des données au 1er janvier et les mêmes données au 31 décembre. C'est au contraire la photographie instantanée de l'entreprise au dernier jour de l'exercice.

Aussi, quand on parle de « bilan 2004 », commet-on une erreur de langage. Il n'y a pas de bilan 2004, mais un « bilan au 31/n/04 », comme il y a eu un bilan au 30/06/03, comme il y aurait un bilan à chaque instant si l'on se donnait la peine de l'établir. Encore devrait-on parler du bilan au 31 décembre à minuit, lui-même quelque peu différent du bilan de ce même jour à huit heures[1].

Vous avez sans doute remarqué, dans les bilans joints, que ce n'est pas seulement le bilan d'Air France au 31 mars 2004 qui vous est fourni, mais aussi :
- le bilan au 31 mars 2003 ;
- le bilan au 31 mars 2002 (colonne de droite).

Depuis la réforme du plan comptable, les états financiers des entreprises nous sont systématiquement fournis sur au moins deux années consécutives, afin que nous puissions nous faire une première idée de l'évolution de l'entreprise d'une année sur l'autre.

2- La forme des chiffres des comptes

Chacun sait que le comptable travaille au centime près[2]. En effet, une erreur portant sur un centime peut être la partie émergée d'un manque de rigueur aux dimensions dévastatrices. Ainsi, un centime de trop sur le résultat peut provenir d'une erreur de 1 million d'euros sur les ventes et de 1 million d'euros et 1 centime sur les coûts.

Cependant, dans le cadre de l'analyse des comptes d'une entreprise, il n'est plus question de parler en euros et en centimes.

S'il s'agit d'une petite entreprise, il convient de parler en milliers d'euros (parfois appelés k€, comme kiloeuros). Dans le cadre d'une moyenne entreprise, on utilise le million d'euros (parfois appelé M€). Pour les grosses entreprises, on raisonne en milliards d'euros (MM€).

En analyse financière (car c'est d'analyse financière dont nous parlons, au même titre que monsieur Jourdain faisait de la prose), on utilisera au maximum trois chiffres significatifs. C'est ainsi que nous serons assez précis en évaluant les dettes d'Air France à 8,6 MM€ au 31 mars 2001, alors que le solde comptable est de 8 558 623,44 €.

Dans la tradition comptable, surtout outre-Atlantique, il est de coutume de mettre entre parenthèses les chiffres négatifs, ou les chiffres à

---

[1] Aujourd'hui, à l'heure de l'informatique, il est possible d'établir un bilan instantané en appuyant sur un bouton, pour peu, bien entendu, que toutes les opérations aient été enregistrées.

[2] Ce qui n'empêche pas certains patrons de faire valser les milliards.

soustraire, plutôt que de les faire précéder du signe moins. On estime que les éléments de la colonne (2) sont plus parlants que ceux de la colonne (1).

	(1) Format arithmétique	(2) Format financier
Chiffre d'affaires	12 280	12.280
Dépenses d'exploitation	– 11 837	(11.837)
Résultat d'exploitation	443	443

Enfin, on a aussi l'habitude d'utiliser des virgules ou des points pour séparer les groupes de trois chiffres. Ces virgules séparatrices permettent de mieux visualiser l'ordre de grandeur du chiffre. Ainsi le graphisme de la colonne de droite est plus parlant que celui de la colonne de gauche.

3- Les composantes du bilan

De façon synthétique, le bilan comporte trois parties.

1. D'abord tous les **avoirs** de l'entreprise, pour lesquels le terme consacré est « actif » ou encore « élément d'actif ». Ces éléments d'actif sont rassemblés dans la partie du bilan qui s'appelle « actif » et qui est conventionnellement la partie gauche du bilan. Parfois on met cet actif en haut du bilan.

Ainsi, l'ensemble des actifs d'Air France au 31 mars 2001 est de 12,5 MM€.

2. Ensuite, il y a les **dettes** de l'entreprise (qui figurent traditionnellement en bas, à droite du bilan). Elles représentent l'ensemble des engagements de l'entreprise envers les tiers, c'est-à-dire ses fournisseurs, ses banquiers, le fisc, le personnel, et bien d'autres encore. Les sommes enregistrées en dettes constituent les montants qu'il conviendra de décaisser.

Soit la bagatelle de 8,6 MM€.

3. Enfin, il y a les **fonds propres** (FP), encore appelés capitaux propres. Que sont ces fonds propres ? La différence entre ce que l'en-

treprise a et ce que l'entreprise doit. On découvre ici l'égalité fondamentale, qui est une définition des FP :

FP = actifs – dettes

Dans le cas d'Air France, nous avons donc, au 31 mars 2001 :

Actifs (12,5 MM€) – dettes (8,6 MM€) = fonds propres = 3,9 MM€

Un regard synoptique de l'ensemble des chiffres de l'actif montre que :
- l'ensemble des actifs utilisés par l'entreprise a cru de 10,2 à 12,5 MM€. L'entreprise a donc été en expansion entre 1999 et 2001 ;
- l'ensemble des dettes a aussi cru (de 7,5 à 8,6 MM€) ;
- les dettes ayant cru moins fortement que les actifs, l'entreprise (donc ses actionnaires) s'est enrichie de 1,2 MM€, son patrimoine étant passé d'une valeur comptable de 2,7 à 3,9 MM€ ;
- la constatation du total du bilan donne une idée de la taille de l'entreprise : avec à sa disposition 12,5 MM€ au 31 mars 2001, Air France se situe résolument dans la cour des grands, sensiblement derrière British Airways, mais très loin devant Sabena ou AOM.

4- Égalité de l'actif et du passif

Quoi de plus naturel et intuitif que cette définition des fonds propres ? Faut-il des calculs longs et compliqués pour arriver à la conclusion que si on a 100 dans une poche (actifs), tout en s'étant engagé pour 60 (dettes), on vaut (on pèse, dirait un Américain) :

100 – 60 = 40

L'équation « FP = actifs – dettes » est donc un truisme, une tautologie, une évidence, une donnée du bon sens le plus primaire et le moins élaboré. Cette évidence ne s'applique d'ailleurs pas uniquement aux sociétés commerciales ou industrielles.

Cette équation s'applique à chacun d'entre nous. Si nous possédons vêtements, voitures, meubles, immeubles et liquidités, nous pouvons avoir en contrepartie des dettes et notre patrimoine est égal à la différence entre les uns et les autres. Cette équation vaut aussi pour toutes les personnes morales qui ne sont pas tenues d'établir un bilan, comme les communes, les conseils régionaux et les autres collectivités et associations financées par fonds publics qui gèrent en notre nom des patrimoines souvent considérables.

Traditionnellement, cette équation ne se présente pas sous cette forme dans le monde de la comptabilité et de la finance. On l'écrit plutôt d'une autre manière, parfaitement équivalente, qui est l'équation ci-dessous :

FP + dettes = actifs

Les deux termes à gauche du signe égal sont regroupés dans ce qui est convenu d'appeler le passif. Notez bien qu'il s'agit, là encore, d'un abus de langage. Les « fonds propres » ne sont pas, juridiquement en tout cas, un élément de passif. On a alors l'égalité de base :

Actif = passif

Cette égalité ne provient pas d'une longue suite de calculs. Il n'est besoin ni d'ordinateurs, ni d'expert-comptable pour aboutir à cette égalité, qui provient uniquement de la définition des fonds propres.

5- Liaison bilan/compte de résultat

Il est clair qu'il y a une relation entre le bilan et le compte de résultats. Cette relation est basée sur l'équation « FP = actifs – dettes ».

Cette équation est vraie à chaque instant. Elle peut donc se différencier dans le temps.

$$FP_{\text{à } t=0} = \text{actifs}_{\text{à } t=0} - \text{dettes}_{\text{à } t=0}$$

$$FP_{\text{à } t=1} = \text{actifs}_{\text{à } t=1} - \text{dettes}_{\text{à } t=1}$$

⇒ Variation de fonds propres = variations des actifs – variations des dettes

La variation des actifs est égale à la différence entre les actifs rentrés dans l'entreprise et ceux qui en sont sortis. Dans ces variations, il y a deux types de mouvement. Ceux qui ont un impact sur le niveau des fonds propres. Ceux qui n'en ont pas.

Les mouvements qui correspondent à un enrichissement des actionnaires (les ventes) et ceux qui correspondent à un appauvrissement des actionnaires sont rassemblés dans une même enveloppe, le compte de résultat. Le compte de résultat peut être considéré comme le détail des mouvements affectant les fonds propres.

Cette relation peut s'expliquer par analogie avec la baignoire, dont le niveau est celui des fonds propres – un bon vieux problème de baignoire comme nous en avons tant connu à l'école primaire.

Imaginez votre baignoire remplie d'eau, munie d'un robinet et d'une bonde de vidange. Le volume d'eau instantané contenu est analogue au volume instantané des fonds propres de l'entreprise.

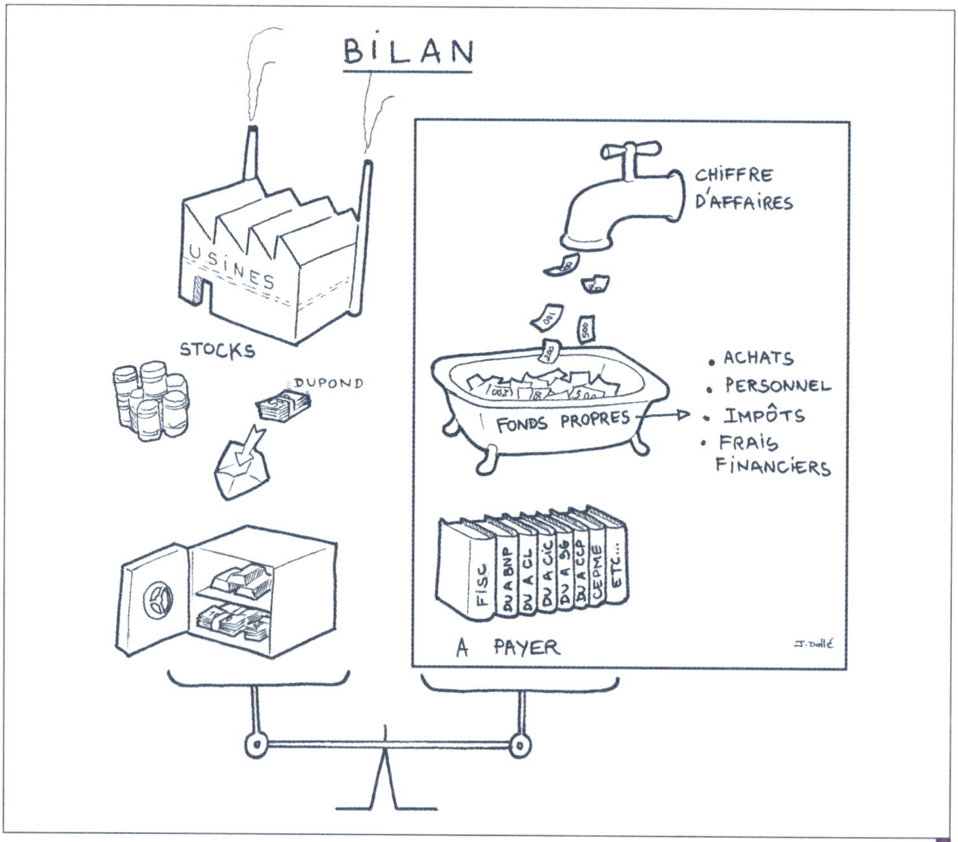

document 7

À l'instant t, les fonds propres sont au niveau FP, votre baignoire contient X litres. Au même instant, l'eau pénètre par le robinet largement ouvert et s'écoule simultanément par la bonde.

Donnons quelques précisions chiffrées sur notre problème.

À 10 h, il y a 200 l d'eau.

À 11 h, il y a 260 l d'eau.

On pourrait se contenter de citer ces chiffres, qui sont des données d'inventaire, donc bilantielles.

Cependant, on en dira plus en apportant les informations suivantes sur les flux :

- un débit entrant (par le robinet) de 2 l d'eau/min ;
- un écoulement (par la vidange) de 1 l/min.

On pourra dresser un tableau des flux d'eau dans la baignoire :

Volume versé entre 10 et 11 h	120 l
Volume écoulé entre 10 et 11 h	– 60 l
Augmentation du volume de l'eau entre 10 et 11 h	60 l

La résultante de ces deux constatations sera bien sûr une augmentation de 60 l/h. Il y avait *a priori* une infinité de manières de passer de 200 à 260 l. Nous savons maintenant que ce sont 120 l qui sont entrés, et non pas 60, ni 1 000, ni 2 000.

Il en est de même pour l'entreprise. Il faut savoir de combien les fonds propres augmentent ou diminuent.

L'eau du robinet peut être comparée au chiffre d'affaires (le montant des ventes). L'eau qui s'écoule peut être comparée au montant des dépenses.

La différence entre les deux, c'est le profit, qui se retrouve sur le bilan.

Quelques exemples de transaction

Analysons maintenant les conséquences de quelques événements sur le niveau d'eau dans la baignoire.

La vente

Quand l'entreprise vend, ses comptes clients se remplissent, donc ses actifs augmentent – les fonds propres aussi. Mais, simultanément, ses stocks se dégarnissent et le niveau des fonds propres baisse comme le niveau de l'eau. Cependant, la vente se faisant à un prix supérieur au coût de revient[3], il y aura plus d'eau à l'entrée qu'à la sortie, donc une élévation du niveau, se traduisant par un « enrichissement » de l'entreprise.

L'encaissement

Quand l'entreprise encaisse une créance de 100, il n'y a ni entrée, ni sortie d'eau ; le niveau est inchangé : un actif a diminué (le compte client), un autre a augmenté (le compte en banque). C'est comme si on avait pris de l'eau au fond de la baignoire pour la reverser en surface.

Le décaissement

Si l'entreprise utilise ces 100 pour rembourser une dette de 100, là encore, le niveau de l'eau ne bouge pas. Un actif diminue, la banque. Mais un élément de passif, la dette de 100, diminue du même montant.

Du bilan au compte de résultat

Alors que le bilan constate le niveau de l'eau à un instant donné, le compte de résultat enregistre :
- le volume d'eau qui est entré entre 10 et 11 h (comparable à l'augmentation des postes d'actifs) ;
- le volume d'eau écoulé sur la même période.

À la suite de ces enregistrements, il constate la variation du volume, égale au volume d'eau entré, diminué du volume d'eau sorti.

Cette différence entre les deux volumes s'ajoute au volume d'eau initialement contenu dans la baignoire, comme le profit gagné sur une année d'exploitation vient s'ajouter au montant initial des fonds propres au début de l'exercice.

3 Je profite de cette allusion pour signaler qu'il règne autour des prix de revient une immense escroquerie intellectuelle. Il est toujours possible de calculer un prix de revient ; mais ce prix de revient ne représente rien d'autre que le résultat d'un calcul et, en aucun cas, le coût d'un produit.

Vous allez sans doute me poser la question traditionnelle : « Pourquoi le résultat net figure-t-il au passif de l'entreprise ? » Il semble en effet paradoxal que le résultat de l'exercice soit considéré comme une dette. Il n'en est pas une au sens juridique du terme. Cependant, ce résultat ayant été dégagé au nom des actionnaires, à leurs risques, il est normal qu'il leur soit dû. D'où sa présence – temporaire – au passif de l'entreprise, dont il sortira lors de l'affectation des résultats.

L'immense majorité des chefs d'entreprise et des autres personnes mandatées ne devraient pas lire ces lignes, et considérer que le résultat est une dette envers les actionnaires et/ou envers ceux qui les ont mandatés. Et que cette dette doit être réglée, dans les meilleurs délais. Libre aux actionnaires de réinvestir, s'ils le veulent vraiment, dans l'entreprise.

De temps en temps, il faut faire le ménage dans les comptes et réévaluer certains chiffres pour les mettre en phase avec la réalité. Ainsi, certaines immobilisations doivent être réévaluées afin d'adapter comptabilité et réalité. Si de telles réévaluations sont sans impact sur les flux de l'année de la réévaluation, elles ont un impact sur le résultat de cette année. L'effet Sanofi sur le bilan 2004 de l'Oréal est une exception heureuse. La règle se situe plus souvent dans un registre de « plombage de résultat ».

Le news de l'économie : un jeudi sur deux

octobre 2003 - N° 209 - Analyse

Entreprises

Il faut bien régler les comptes

Des acquisitions réalisées au prix fort continuent de plomber les résultats.

Un euro. C'est la somme reçue par France Télécom en contrepartie de la cession de sa filiale Wanadoo Edition. Certes, la perte d'une bonne vingtaine de millions d'euros enregistrée par le numéro un français du téléphone sur cette société d'édition et de distribution de jeux vidéo n'est qu'une goutte d'eau dans l'océan des 30 milliards de pertes qu'il a cumulées en deux années. Pourtant, cette petite « tôle » de France Télécom sonne comme un rappel à l'ordre.

Au palmarès des « gadins ». Entamées à grande échelle par Vivendi et France Télécom, les opérations « vérité des prix » sur les acquisitions réalisées à des cours stratosphériques en pleine bulle Internet continuent à un rythme soutenu cette année. Même si le plus gros des nettoyages de bilan semble déjà effectué, le retour sur terre fait encore de sérieux ravages dans les comptes. D'Alstom à Schlumberger en passant par Veolia (ex-Vivendi Environnement), quelques-uns des poids lourds du business affichent déjà au box-office les plus belles paumes de l'année, et la liste pourrait bien s'allonger encore dans les mois à venir.
Pour l'instant, Schlumberger dispute à Alstom la palme du gadin record de 2003. La perte sèche de 4 milliards d'euros sur la revente de sa filiale Sema par le groupe parapétrolier est, en effet, comparable aux provisions passées par Alstom sur sa filiale de turbines à gaz de grande puissance. Achetée début 2001 pour 5,2 milliards d'euros par Schlumberger, la société de services informatiques Sema a éterevendue, en septembre, par Schlumberger au groupe Atos Origin pour un peu moins de 1,3 milliard d'euros. De quoi rabattre le caquet aux donneurs de leçons qui reprochaient à l'époque aux dirigeants de Sema d'avoir mal vendu leur affaire ! Mais nombre de tentatives de

document 8

6- Exercices

Exercice 1

Vous avez ci-dessous des extraits des derniers bilans de British Airways, exprimés en livres sterling (dont le cours moyen a été de 1,67 €), aux 31 mars des dernières années.

- Déduisez le niveau des dettes.
- Comparez-les à celles d'Air France.
- Commentez la régression des fonds propres de 3,344 à 3,122 millions de livres.

	03/31/2000	03/31/1999	03/31/1998	03/31/1997
Total Actifs	13 490 000	12 813 000	11 300 000	10 436 000
Fonds propres	**3 122 000**	**3 344 000**	**3 321 000**	**2 984 000**

Exercice 2

Vous avez page suivante les extraits des bilans de la société Jean-Claude Boisset SA, négociant en vin, coté à la bourse de Paris.

- Déduisez-en le niveau des stocks (au besoin, reportez-vous au document 37, dans laquelle figure une *financial tearsheet* de cette société bien de chez nous).
- Dites en quoi ce bilan diffère essentiellement de celui d'une société industrielle comme Air France.

	31/12/1999	31/12/1998	31/12/1997	31/12/1996
Trésorerie	39,47	32,19	40,37	9,96
Clients	287,84	318,2	279,32	173,49
Stocks				
Immobilisations	171,76	205,75	196,67	126,7
Total actifs	1332,60	1397,27	1120,49	639,23

CHAPITRE

3 Le bilan par grandes masses

Devant le nombre de chiffres que comporte un bilan, il faut s'efforcer de synthétiser en regroupant, dans une même enveloppe, des éléments différents, quoique bien sûr homogènes. C'est ainsi que la première tache de l'analyste financier consiste à établir le bilan par grandes masses.

La tâche est d'autant plus aisée que les alinéas figurant à l'actif du bilan n'ont pas été placés dans n'importe quel ordre. Ils ont été classés, de haut en bas, par ordre de liquidité croissante[1]. Ce n'est pas réellement un hasard : le caractère d'homogénéité auquel nous faisions référence, ce sera la liquidité (pour les actifs) ou la date d'exigibilité (pour les dettes).

Nous allons ainsi regarder à la loupe les trois derniers bilans d'Alcatel, le grand équipementier des télécommunications, dont les cours de bourse ont été passablement chahutés.

1- Les actifs

La première dichotomie qu'effectue l'analyste est la séparation entre actifs immobilisés et actifs à court terme.

Les immobilisations sont les éléments destinés à servir de manière durable à l'activité de l'entreprise. Ils ne se consomment pas par le premier usage[2]. Les actifs à court terme, ce sont les autres.

[1] Cette tradition est française, car Néerlandais et Américains présentent le bilan avec les éléments les plus liquides (trésorerie) en haut, et les moins liquides (immobilisations) en bas. Cette différence d'écriture proviendrait d'une différence d'appréciation : les Latins vantards mettant en avant leurs investissements passés, par opposition aux sages Anglo-Saxons donnant la primauté à la liquidité...

[2] *Cf. Lefebvre comptable*, Paris, éditions Lefebvre, 1994, s. 1 452.

Chez nos voisins, qui ignorent *Le Lefebvre*, on appelle immobilisations tous les biens non susceptibles d'être transformés ou revendus avant une année. Il y a une frontière, tracée en traits épais, entre :

– les actifs à plus d'un an ;
– les actifs qui auront été vendus avant un an.

Alcatel	31/12/2000	31/12/1999	31/12/1998
Immobilisé	16 684	14 763	11 477
Circulant	26 294	19 443	18 163
Total actifs	42 978	34 206	29 640

L'actif immobilisé

Ainsi, on trouve « en haut » de l'actif, les éléments d'actif les moins liquides. C'est-à-dire les moins susceptibles de se transformer en argent liquide.

On les regroupe sous le vocable d'« actifs immobilisés ». Leur dénomination d'immobilisation, ou leur qualificatif d'immobilisé, est bien synonyme de leur manque de liquidité. Ils constituent donc la première grande masse, celle de l'actif immobilisé, parfois encore appelé « actif à long terme ».

Que ce soit dans les liasses CERFA ou dans les rapports annuels, ce sous-total est calculé : vous n'avez pas à faire l'addition, qui a déjà été faite et qui apparaît dans le **Total I** (lignes BJ et BK de l'imprimé 2 050) de la liasse fiscale.

Il est de coutume, en France, de distinguer trois types d'immobilisations.

Les immobilisations incorporelles

Rentrent dans cette catégorie tous les actifs acquis par l'entreprise, dont la valeur repose sur un droit juridique plutôt que sur de la matière.

Ainsi, le droit au bail, ou le pas de porte par le paiement duquel le commerçant a acquis le droit d'établir son commerce rue Saint-Lazare, face à l'arrivée des trains. Ainsi, les brevets et concessions. Ainsi les noms commerciaux. Un nom permet de vendre plus cher un bien équivalent. Qui n'est pas prêt à payer X % de plus pour être transporté par Air France plutôt que par Pakistan Airlines ? Qui n'est pas prêt à payer quelques dizaines d'euros supplémentaires pour un carré de soie

Hermès, par rapport à un carré de soie « sans marque ». Les noms peuvent valoir de l'or et constituer l'actif le plus important d'une entreprise. Tel était le cas de Coca-Cola©, dont le nom avait été évalué à plus de dix milliards de dollars.

Ainsi encore, les frais de recherche et développement[3].

Ainsi, enfin, les survaleurs et autres écarts d'acquisition, c'est-à-dire le sur-prix[4] payé pour les sociétés acquises. Il n'est pas étonnant, dans le domaine extrêmement mouvant des télécommunications, dans lequel les Alcatel, Cisco ou Nortel évoluent à coup d'acquisitions et de désinvestissements, de trouver un volume important d'écarts d'acquisition : ceux-ci correspondent à la différence entre le prix payé par l'acquéreur pour la société acquise et la valeur comptable des fonds propres de la société acquise.

Les immobilisations corporelles

Ce sont tous les actifs que saint Thomas n'aurait pas contestés et qui se retrouvent physiquement dans l'entreprise : des bâtiments aux équipements, en passant par les véhicules, les ordinateurs, etc. Dans une société purement industrielle, ils constitueront la majeure partie des actifs.

Il est de coutume de présenter les immobilisations corporelles sous la forme suivante :

Immobilisations corporelles	a	11 941
Amortissements	b	(7 283)
Immobilisations corporelles, nettes	$c = a - b$	**4 658**

Les amortissements correspondent à la déperdition de valeur des immobilisations depuis leur acquisition. Cette déperdition de valeur est, bien sûr, estimée selon des normes comptables, édictées par les autorités comptables et fiscales.

3 En règle générale, l'entreprise enregistre dans les charges de l'exercice les frais de recherche et développement. Elle respecte ce faisant la règle de prudence qu'impose le caractère aléatoire de cette activité. Ce n'est qu'exceptionnellement qu'elle peut inscrire ces frais à l'actif : tel est le cas si les projets de recherche sont nettement individualisés et s'ils ont de sérieuses chances de rentabilité commerciale.

4 Survaleur = prix payé pour une société acquise – valeur comptable nette des fonds propres de cette société.

Dans une société *holding*, dont l'activité est purement financière, les immobilisations corporelles pourront être réduites à très peu de choses : un vieil ordinateur et une boîte de crayons pouvant suffire à la « gestion » des participations.

Les immobilisations financières

Il s'agit de toutes les sommes engagées par l'entreprise dans d'autres entreprises ou auprès d'administrations. Ainsi, une petite société industrielle indépendante, ou encore une unité industrielle d'un grand groupe, aura peu, voire pas, d'immobilisations financières. *A contrario*, une société comme Alcatel, qui détient de nombreuses participations (en dehors des filiales consolidées), aura un poste important (94 M€).

Alcatel/Actif (en M€)	**2000**	**1999**	**1998**
Écarts d'acquisition des titres consolidés, nets	7 043	7 054	4 036
Autres immobilisations incorporelles, nettes	504	313	411
Immobilisations incorporelles, nettes	**7 547**	**7 367**	**4 447**
Immobilisations corporelles	11 941	10 401	9 817
Amortissements	(7 283)	(6 578)	(6 188)
Immobilisations corporelles, nettes	**4 658**	**3 823**	**3 629**
Titres des sociétés mises en équivalence	1 152	1 045	1 182
Autres immobilisations financières, nettes	3 327	2 528	2 218
Immobilisations financières, nettes	**4 479**	**3 573**	**3 400**
Actif immobilisé	**16 684**	**14 763**	**11 477**

L'importance relative d'une catégorie d'immobilisations par rapport à une autre indique clairement la nature de l'entreprise et une partie de sa stratégie et de ses contraintes.

Air France, entreprise de services, a quand même investi la moitié de ses actifs en « immobilisations aéronautiques », c'est-à-dire en avions. Alcatel n'a que 4,7 milliards d'euros investis en immobilisations corporelles, soit 11 % de ses actifs. La faiblesse de ce ratio montre à l'envi que la fabrication n'est pas la clé de voûte de la stratégie d'Alcatel, qui préfère investir en conception des produits, dont une grande partie de la fabrication sera confiée à des sous-traitants.

L'actif circulant

Sous le titre d'actif circulant (parfois au pluriel), sont regroupés les actifs susceptibles de se transformer en argent liquide avant la fin de l'année. L'actif circulant se compose essentiellement :

- des stocks ;
- des créances clients ;
- des créances autres ;
- des disponibilités.

Le total des actifs circulants est lui-même calculé.

Dans les liasses fiscales, c'est le **Total II** (lignes CJ et CK) de l'imprimé 2 050.

Alcatel/Stocks et en-cours	a	7 415	3 960	3 468
Clients et comptes rattachés	b	10 659	8 461	7 726
Autres créances	c	5 160	3 427	3 157
Créances	$d = b + c$	15 819	11 888	10 882
Valeurs mobilières de placement, nettes	e	443	669	1 894
Disponibilités, nettes	f	2 617	2 926	1 919
Trésorerie totale	$g = e + f$	3 060	3 595	3 813
Actif circulant	$h = a + d + g$	26 294	19 443	18 163

Les comptes de régularisation

Nous n'avons pas encore épuisé l'actif, puisque, entre le total de l'actif (lui aussi calculé et dénommé « total général ») et l'actif circulant, figurent encore les comptes de régularisation. Comme leur nom l'indique, le rôle de ces comptes est de régulariser certaines écritures.

Certaines régularisations constituent réellement des avoirs. Ainsi, une prime d'assurance payée en octobre 2006 pour une période allant d'octobre 2006 à septembre 2007, devra être régularisée. C'est une charge payée d'avance. Elle ne traduit généralement pas un montant récupérable sous forme d'argent liquide. Par contre, elle désigne un débours qui ne sera pas à faire. Cependant, les comptes de régularisation représentent en général une fraction extrêmement faible de l'actif total de l'entreprise « normale ».

Nous avons donc grossièrement décomposé l'actif en deux grosses masses :
– l'actif à court terme ;
– l'actif immobilisé.

L'évaluation des immobilisations corporelles en IAS 16

Alors que les comptes de régularisation, compte tenu de leur importance secondaire, ne nécessitaient pas de grands commentaires, je vais insister quelque peu sur l'impact des nouvelles normes IAS sur les comptes d'immobilisations.

La philosophie et le vocabulaire de l'IAS 16 changent radicalement des démarches intellectuelles séculaires concernant les immobilisations. Il ne s'agit plus d'une évolution, mais d'une révolution et les non-initiés auront pendant quelques années un immense avantage sur les professionnels de la comptabilité et de la finance : ils n'auront pas à supporter le poids des réflexes passés. Le fait qu'écrire un bilan est bien moins simple que le lire ne vous étonnera pas !

Alors que la comptabilité traditionnelle était fixée sur le passé, la nouvelle norme est résolument tournée vers l'avenir. Alors que la référence historique était omniprésente et que l'amortissement était — à tort d'ailleurs — considéré comme la récupération d'un coût, il est désormais la constatation de la consommation d'avantages économiques.

Le vocabulaire

Aussi m'efforcerai-je, dans un premier temps, de définir quelques termes (extraits du *Journal officiel de l'Union européenne* du 13 octobre 2003 — réf. : L.261/113) et les processus basés sur ces termes.
• **Actif amortissable :** actif dont l'utilisation par l'entité est déterminable. L'utilisation se mesure par la consommation des avantages économiques attendus de l'actif, qui peut se traduire par des unités de temps ou d'autres unités d'œuvre reflétant aussi correctement que possible le rythme de consommation des avantages attendus. L'usage dans le temps est limité en fonction de certains critères (physiques, techniques, juridiques...).
• **Valeur comptable :** montant pour lequel un actif est comptabilisé au bilan après déduction du cumul des amortissements et du cumul des pertes de valeur relatifs à cet actif.

• **Valeur résiduelle :** montant, net des coûts de sortie attendus, qu'une entité obtiendrait de la cession de l'actif sur le marché à la fin de son utilisation. Pour être prise en compte, cette valeur résiduelle doit être à la fois significative et mesurable (contrat de vente ferme, option de vente, catalogue de prix d'occasion...).
• **Valeur vénale :** montant qui pourrait être obtenu, à la date de clôture, de la vente d'un actif lors d'une transaction conclue à des conditions normales de marché, net des coûts de sortie. Le paragraphe 6 du *Journal officiel* cite, sans la définir, la valeur recouvrable.
• **Juste valeur :** montant pour lequel un actif pourrait être échangé entre parties bien informées, consentantes et agissant dans des conditions de concurrence normale.
• **Valeur d'usage :** valeur des avantages économiques futurs attendus de l'utilisation et de la sortie d'un actif. Les avantages économiques sont déterminés en fonction des flux nets de trésorerie attendus ; ils sont donc évalués par actualisation des flux de trésorerie attendus.
• **Coût d'entrée :** équivalent de ce que nous appelions autrefois la valeur comptable brute ; la valeur initiale comprend le coût initial et toutes les dépenses nécessaires à l'installation (préparation du site...).
• **Montant amortissable :** la base amortissable est composée du coût d'entrée minoré, le cas échéant, de la valeur résiduelle. La base amortissable peut aussi, en cours de vie, avoir été impactée par une dépréciation issue de l'application d'IAS 36 (dépréciation d'actif) en cas d'identification d'un indice de perte de valeur.
• **L'amortissement :** il est déterminé à partir de la base amortissable, et réparti sur la durée d'utilité. Le montant annuel de dotation aux amortissements doit refléter le rythme de la consommation des avantages économiques attendus de l'investissement. En conséquence, l'amortissement doit être le reflet de l'utilisation de l'actif combiné de l'effet éventuel de l'obsolescence technique, des limites juridiques, de l'usure physique et d'autres paramètres pouvant apparaître.
• **Évaluation postérieure à l'acquisition :** équivalent de ce que nous appelions autrefois la valeur comptable, cette évaluation peut se faire selon deux méthodes alternatives :
– le ***cost model,*** dans lequel l'actif est évalué à sa valeur initiale diminuée du cumul des amortissements et du cumul des pertes de valeur. C'est le modèle de référence ;
– le **modèle de réévaluation :** après sa comptabilisation initiale en tant qu'actif, une immobilisation corporelle doit être comptabilisée à son montant réévalué (c'est-à-dire sa juste valeur à la date de la réévaluation), diminué du cumul des amortissements ultérieurs et du cumul de pertes de valeur ultérieures. Les réévaluations doivent être effectuées

avec une régularité suffisante pour que la valeur comptable ne diffère pas de façon significative de celle qui aurait été déterminée en utilisant la juste valeur à la date de clôture.

• **Valeur actuelle :** valeur la plus grande de la valeur vénale et de la valeur d'usage.

• **Plan d'amortissement :** traduction de la répartition de la valeur d'un actif selon le rythme de consommation des avantages économiques attendus, en fonction de son utilisation probable.

• **Mode d'amortissement :** rythme de consommation dans le temps des avantages attendus.

La réévaluation

Ces quelques remarques sur le modèle de réévaluation qui constitue la grande nouveauté, sont consignées dans les paragraphes 30 et suivants de la référence L.261/113.

La juste valeur des installations de production est habituellement leur valeur de marché déterminée par estimation. Lorsqu'il n'y a pas d'indication de la valeur de marché, en raison de la nature spécialisée des installations de production et du fait que ces installations sont rarement vendues, sauf dans le cadre d'un transfert de l'activité, elles sont évaluées à leur coût de remplacement net d'amortissement.

Le paragraphe 32 précise qu'une réévaluation d'un actif peut avoir lieu postérieurement à de précédentes réévaluations et que, « lorsque la valeur connaît des mouvements importants et volatils de leur valeur », une réévaluation annuelle devient nécessaire.

Enfin, Lorsqu'une immobilisation corporelle est réévaluée, le cumul des amortissements à la date de réévaluation est soit :

– ajusté proportionnellement à la modification de la valeur brute comptable de l'actif, de sorte que la valeur comptable de cet actif à l'issue de la réévaluation est égale au montant réévalué. Cette méthode est souvent utilisée lorsqu'un actif est réévalué par rapport à un indice appliqué à son coût de remplacement net d'amortissement ;

– éliminé de la valeur comptable brute de l'actif — le montant net est porté au montant réévalué de cet actif. À titre d'exemple, cette méthode est utilisée pour des constructions qui sont réévaluées à leur valeur de marché.

Le montant de l'ajustement résultant du retraitement ou de l'élimination du cumul des amortissements fait partie de l'accroissement ou de la diminution de la valeur comptable :

– lorsque la valeur comptable d'un actif augmente à la suite d'une réévaluation, l'augmentation doit être créditée directement en capitaux propres sous le libellé « écart de réévaluation » ;
– lorsque la valeur comptable d'un actif diminue à la suite d'une réévaluation, cette diminution doit être comptabilisée en charges. Toutefois, une réévaluation négative doit être directement imputée sur l'écart de réévaluation correspondant, dans la mesure où cette diminution n'excède pas le montant comptabilisé en écart de réévaluation concernant le même actif.

• Exemple 1

Compte tenu de son utilisation prévue, le plan d'amortissement d'un matériel de production de 100, acquis et mis en service en janvier n, retient une durée d'utilisation sur 5 ans avec un rythme de consommation des avantages économiques régulier. L'amortissement retenu par le plan est linéaire sur 5 ans, sans valeur résiduelle.
Après 2 ans d'utilisation, il est nécessaire d'augmenter les capacités de production et l'utilisation du matériel de production est plus importante que prévue. Il est alors décidé d'amortir le bien sur les 2 années qui suivent, au lieu de retenir les 3. Le rythme de consommation des avantages économiques restant régulier, le mode linéaire est maintenu.
Le tableau d'amortissement se présentera ainsi après la modification du plan en n+2 :

	Valeurs initialement prévues			**Valeurs retenues**	
Année	Dotations	Dotations cumulées	Valeur comptable fin d'année	Dotations	Valeur comptable fin d'année
			100		
N+1	20	20	80	20	80
N+2	20	40	60	20	60
N+3	20	60	40	30	30
N+4	20	80	20	30	0
N+5	20	100	0	0	

• Exemple 2

Soit un matériel acquis en n pour 1 000, pour lequel le plan d'amortissement prévoit un amortissement sur 5 ans en linéaire et une valeur résiduelle nulle. Suite à une restructuration d'activité, un test de dépréciation est réalisé fin n+1 : la valeur actuelle du matériel ressort à 510. Sa valeur nette comptable étant de 600, une dépréciation de 90 est constatée. Le taux et le mode d'amortissement restent inchangés.

	Valeurs initialement prévues			Valeurs retenues		
Année	Dotations	Dotations cumulées	Valeur comptable fin d'année	Dotations	Dépréciation	Valeur comptable fin d'année
			1 000			
N+1	**200**	**200**	**800**	**200**	**0**	**800**
N+2	200	400	600	200	90	510
N+3	**200**	**600**	**400**	**170**	**0**	**340**
N+4	200	800	200	170	0	170
N+5	**200**	**1 000**	**0**	**170**		**0**

2- Le passif

La présentation traditionnelle du bilan scinde les dettes entre :
– les dettes financières, c'est-à-dire les dettes négociées auprès des banques et établissements de crédit ;
– les autres, contractées auprès des partenaires commerciaux, des organismes fiscaux et sociaux, des associés, etc., toutes personnes dont l'occupation principale n'est pas de consentir des prêts à l'entreprise.

Le regard de l'analyste financier est cependant différent de celui du législateur : il est de coutume de **séparer les dettes à moins d'un an des dettes à plus d'un an.** Les premières sont appelées dettes à court terme, les autres, dettes à long et moyen termes.

Peu importe, en effet, à l'analyste financier de savoir qui a prêté à la société. Que ce soient les fournisseurs ou le fisc, il n'y a pas de différence en termes de risque. Ce qui est dû est dû. Par contre, plus le paiement de la dette est lointain, plus l'entreprise est tranquille, donc plus faible est son risque. Ceci est important.

►►► Qu'est-ce qu'un passif ?

Dans l'ancien temps (à l'époque pré-IFRS), les notions de dettes et de passif pouvaient sembler claires. Ces notions ont été redéfinies précisément dans le cadre des normes IAS. En voici une synthèse[5].

Un passif est un élément du patrimoine ayant une valeur économique négative pour l'entité, c'est-à-dire une obligation de l'entité à l'égard d'un tiers dont il est probable ou certain qu'elle provoquera une sortie de ressources au bénéfice de ce tiers, sans contrepartie au moins équivalente attendue de celui-ci (plan comptable général art. 212-1).

On distingue, entre les passifs :

– les **provisions pour risques et charges,** passifs dont l'échéance ou le montant ne sont pas fixés de façon précise ;

– les **charges à payer,** passifs certains dont il est parfois nécessaire d'estimer le montant ou l'échéance avec une incertitude moindre que s'agissant des provisions pour risques et charges ;

– une **dette,** passif dont l'échéance et le montant sont fixés de façon précise ;

– un **passif éventuel,** passif qui est :
  - soit une obligation potentielle de l'entité à l'égard d'un tiers, résultant d'événements dont l'existence ne sera confirmée que par la survenue, ou non, d'un ou de plusieurs événements futurs incertains qui ne seront pas totalement sous le contrôle de l'entité,
  - soit une obligation de l'entreprise à l'égard d'un tiers, dont il est probable ou certain qu'elle provoquera une sortie de ressources attendue de celui-ci, au moins équivalente.

De telles redéfinitions ne sont pas sans **répercussions sur la présentation des états financiers**.

C'est ainsi que France Telecom avait une dette, au 31 décembre 2003, évaluée à 47,8 milliards d'euros aux normes comptables françaises. Réévaluées au 31 décembre 2003 aux normes IAS, elles s'élevaient à 57 milliards. D'où vient une telle différence ?

Analysons dans le détail les 2 milliards de dettes supplémentaires provenant des CVG Equant. En acquérant Equant en 2000, France Telecom s'était engagé à garantir une valeur minimale de 60 € pour les actions détenues par les minoritaires jusqu'au 30 juin 2004, cette garantie étant plafonnée à 15 € par action. Chaque action Equant était donc garantie par un certificat de valeur garantie (CVG). Cette garantie par France Telecom consti-

....

[5] Synthèse traduite en français par *Écho-Gestion*, la revue élecronique d'économie et de gestion de l'académie d'Aix-Marseille.

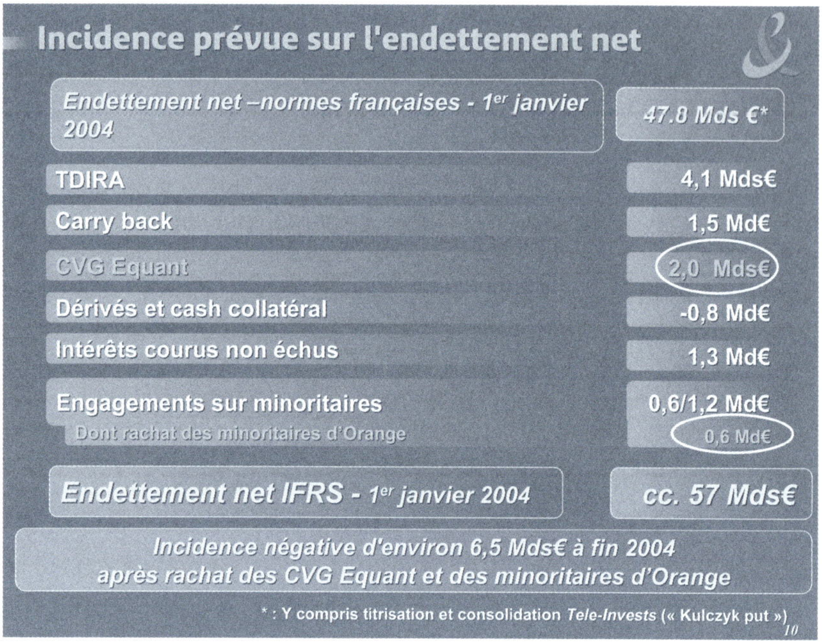

document 9

tuait un risque qui était provisionné, au bilan 2003, pour un montant total de 2,07 milliards. Telle était la règle en normes françaises. En normes IAS, ce n'est plus d'une provision qu'il s'agit, mais d'une dette à part entière.

L'exigibilité des dettes

Le degré d'exigibilité d'une dette, c'est la durée pendant laquelle les fonds restent à la disposition de l'entreprise, avant le jour où, enfin, il faudra rembourser. Pendant ce temps, la dette figure au bilan. Elle en disparaîtra le jour de l'échéance, date à laquelle le montant de la dette ne sera plus exigible mais « **exigé** » par le créancier qui en demandera le remboursement.

L'analyse du passif

Notre objectif est maintenant de scinder le passif en trois catégories qui méritent un traitement propre :
- le passif à court terme ;
- les dettes à long et moyen termes,
- les fonds propres.

Le passif à court terme

Il est aussi appelé passif circulant et regroupe, sous l'un ou l'autre de ces vocables, l'ensemble des dettes dues à moins d'un an, quelle que soit la nature de ces dettes.

Ce passif circulant était, dans l'ancien plan comptable, immédiatement perceptible, puisque l'ancien plan comptable classait automatiquement les dettes selon leur durée de vie. Hélas, le nouveau plan comptable a choisi de classer l'ensemble des dettes par nature juridique plutôt que par durée.

L'analyste que vous êtes va donc devoir faire des « reclassements » afin d'attribuer à chacune des trois catégories précitées les dettes qui lui reviennent.

Dans un rapport annuel, il faudra parfois vous reporter à l'une des annexes du bilan, dans laquelle créances et dettes sont ventilées en fonction de leur échéance.

Dans les liasses CERFA, il vous faudra sortir du bilan et vous reporter à l'annexe du rapport annuel ou à la page 8 de la liasse fiscale (imprimé numéro 2057-N). Là, dans la case VZ, vous sera donné l'ensemble des engagements à moins d'un an.

Dettes d'Alcatel au 31/12/2000

Emprunts obligataires	*a*	4 972	3 462	2 134
Autres dettes financières	*b*	2 418	2 383	1 971
Dettes financières	***c = a + b***	**7 390**	**5 845**	**4 105**
(dont à moyen et long termes)	*d*	*5 777*	*3 478*	*2 318*
Avances et acomptes reçus	*e*	1 560	1 107	1 046
Fournisseurs et comptes rattachés	*f*	5 743	4 109	3 416
Dettes liées à l'activité bancaire	*g*	932	1 126	1 082
Autres dettes	*h*	7 610	5 000	4 364
Autres dettes	***i = e + f + g + h***	**15 845**	**11 342**	**9 908**

Afin de vous éviter de faire de la gymnastique entre les pages, il vous est parfois très obligeamment proposé une petite note : sur le bilan du groupe Air France (*cf.* deuxième chapitre), la note (21) vous invite au paragraphe (21), dans lequel sont décrites les principales échéances des dettes financières. Dans le cas ci-dessus, la dette financière à court terme, est bien évidemment égale à *c-d*.

►► Le passif à long terme

Le long terme se définit aisément comme tout ce qui est d'échéance supérieure à un an. Il comporte deux parties aisément identifiables, les dettes et les fonds propres. Mails il comporte aussi, prises en sandwich entre les deux précédentes, les provisions.

Car il serait trop beau que la frontière entre les deux notions soit très claire, et c'est sous le terme de « provisions » que sont classées les sommes que l'on ne saurait définitivement classer d'un côté ou de l'autre.

Les dettes et les fonds propres sont des engagements à long terme, qui se scindent eux-mêmes en deux parties :

– Les **dettes à long terme :** la partie exigible du passif à long terme, qu'il faudra rembourser un jour. Il est question ici de diverses formes de dettes. Les très grosses entreprises comme Alcatel émettent directement des obligations sur le marché financier, court-circuitant la banque commerciale classique : d'où la présence de dettes « obligataires ». La petite ou moyenne entreprise, dont l'existence est inconnue en dehors de son canton d'origine, ou dont la renommée ne permet pas l'accès au marché financier, se financera (comme nous) auprès de l'agence locale de sa banque préférée. Quel que soit le fournisseur de capitaux (marché financier ou banque commerciale), une dette est une dette, avec des remboursements échelonnés dans le temps. Ne figurent au bilan que les remboursements à venir, à l'exclusion des intérêts qui seront pourtant versés, mais qui feront partie des frais des années à venir. À chaque jour suffit sa peine.

– Les **fonds propres :** la partie non exigible. Les fonds propres ont deux composantes principales :

1. les **apports des associés**. C'est-à-dire les montants versés par les associés au cours de l'histoire. Autrement dit : les montants que l'entreprise a reçus. Là aussi, un pot commun, en dépit de spécificités juridiques ;

2. les **profits** réalisés dans le passé par l'entreprise qui n'ont pas été reversés aux actionnaires. Ces profits du passé ont diverses appella-

tions et une caractéristique commune. Commençons par leur point commun : en dépit des apparences et des dénominations, il ne s'agit ni de disponibilités, ni d'argent liquide. Terminons par leurs appellations, souvent trompeuses : réserves, résultat ou report à nouveau.

Il faut ici introduire la notion de **bilan après/avant répartition**. Les comptes annuels sont préparés par les dirigeants, arrêtés par le conseil d'administration, puis présentés aux actionnaires, qui prennent la décision de répartition des résultats. Aussi pouvez-vous trouver deux types de compte. Les comptes dits « avant répartition des résultats de l'exercice » et les comptes « après répartition ». Il s'agit tout simplement de bilans dressés à des instants différents dans le temps. Une fois le résultat réparti[6], il n'apparaît plus.

Si chacun a son importance en termes comptables, ils constituent un bloc homogène, dénommé « capitaux permanents ».

[6] La décision de répartition des résultats est absolument fondamentale. Le marché financier considère, à juste titre à mon avis, que seuls les montants susceptibles d'être réinvestis à un taux de rentabilité supérieur au taux attendu par les actionnaires devraient être réinvestis. Si l'entreprise n'a pas d'opportunité d'investissement suffisamment rentable, elle doit reverser aux actionnaires les résultats dégagés. Un peu à l'instar de la fameuse cagnotte fiscale de l'année 2000 : l'administration fiscale avait collecté « plus que prévu au budget ». Le devoir de l'État était de reverser ce trop perçu aux actionnaires contribuables.

Alcatel	au 31/12/2000	au 31/12/2000	au 31/12/1999	au 31/12/1998
	Avant répartition	Après répartition	Après répartition	Après répartition
Capital (nominal 2 € : 1 212 210 685 actions A et 16 500 000 actions O émises au 31/12/00 ; nominal 10 € : 199 895 247 actions A au 31/12/99 et 198 710 296 actions A au 31/12/98)	2 457	2 457	1 999	1 212
Primes	9 558	9 558	7 025	7 272
Réserves[7]	3 979	4 719	4 315	3 675
Différence de conversion	(350)	(350)	(570)	(989)
Résultat net	1324	–	–	–
Actions détenues par des sociétés consolidées	(2 023)	(2 023)	(1 237)	(1 257)
Capitaux propres[8]	**14 945**	**14 361**	**11 532**	**9 913**

[7] Les réserves sont composées des résultats passés non distribués. Leur importance absolue (près de 4 milliards d'euros), comme relative (par rapport aux 12 milliards d'euros de capital et primes) témoigne de la capacité bénéficiaire d'Alcatel.

[8] Ce total de 15 milliards de capitaux est une valeur comptable. Elle est à rapprocher de la valeur boursière d'Alcatel à la même époque : 1,2 milliards d'actions à 70 €, soit environ 84 milliards d'euros. Le marché financier considérait, au 31/12/2000 qu'Alcatel avait donc créé près de 70 milliards d'euros. Près de six mois plus tard, le cours d'Alcatel était de l'ordre de 25 €, ramenant la valeur boursière à environ 30 milliards d'euros.

3- Les provisions

Commençons par la définition précise des provisions, dont l'énormité des montants peut bouleverser complètement la physionomie d'un bilan.

Définition

Une provision est la constatation comptable de la diminution de valeur d'un élément d'actif ou d'une augmentation du passif exigible, précise quant à sa nature mais incertaine quant à sa réalisation, que des événements survenus ou en cours rendent prévisible à la date d'établissement de la situation.

Une provision peut donc correspondre :
– soit à la **diminution de valeur d'un élément d'actif.** Il s'agit alors d'une **provision pour dépréciation**. L'article 322-2 du plan comptable général précise que « l'amoindrissement de la valeur d'un élément d'actif résultant de causes dont les effets ne sont pas jugés irréversibles est constaté par une provision pour dépréciation. Lorsque les effets sont jugés irréversibles, la dépréciation est constatée comme une perte ou un amortissement s'il s'agit d'une immobilisation dont le potentiel des services attendus s'amoindrit avec le temps, l'usage, le changement de technique ou toute autre cause » ;
– soit à un **passif** : c'est le cas des **provisions pour risques et charges**, qui correspondent à des risques ou des charges nettement précisés quant à leur objet et que les événements survenus rendent probables.

C'est au niveau des provisions, ou d'ailleurs de l'absence de provision, que l'analyste devra poser, et se poser, le plus de questions, au risque de passer complètement à côté du problème. Car c'est derrière les provisions que se cachent les questions posées par l'entreprise (ou à poser à l'entreprise).

Citons quelques exemples de provisions qui, bien que disséminées sur divers postes du bilan, nous feront mieux comprendre leur concept : des dépenses dont les montants, les dates d'échéance ou les tiers sont imparfaitement connus à la date de l'établissement des comptes.

a) Le dirigeant d'ABC sait que, dans deux ans, messieurs X, Y, Z vont partir à la retraite. Les conventions collectives et leur contrat de travail prévoient qu'une indemnité de départ de T milliers d'euros leur sera versée. Doit-on rester les bras croisés ou les yeux bandés aujourd'hui, sous prétexte qu'on ne sait pas si monsieur X partira en retraite le 1er juillet ou le 1er août ? La réponse est évidemment non. Aussi, si pendant l'année qui vient de s'écouler, l'indemnité de départ en retraite due à monsieur X a augmenté de 10 000 €, il faudra constituer une provision supplémentaire de 10 000 € au titre de l'emploi de monsieur X pendant cette année.

b) EDF, dont le montant des provisions est légendaire, détaille ses provisions par nature. Il en est ainsi par exemple, aux 31 décembre 2002 et 2003, des provisions pour avantages du personnel. Ces provisions sont passées, pendant l'année 2003, de 2,150 milliards d'euros à 2,185 milliards d'euros.

PASSIF d'EDF (en million d'euros)	**Notes en annexe**	**31.12.03**	**31.12.02 Pro forma**	**31.12.02**
Capital		8 129	8 129	8 129
Réserves et résultat consolidés		10 795	11 157	5 754
Capitaux propres (part d'EDF)		**18 924**	**19 286**	**13 833**
Intérêts minoritaires		**915**	**943**	**986**
Comptes spécifiques des concessions	25	19 743	20 822	20 822
Provisions pour fin de cycle du combustible nucléaire	26	14 658	14 182	14 182
Provisions pour déconstruction et dernier cœur	27	12 101	14 537	14 537
Provisions pour avantages du personnel	28	2 185	2 150	2 150
Provisions pour renouvellement des immobilisations en concession	29	13 939	12 451	12 451
Autres provisions pour risques et charges	30	3 512	3 867	3 867
Impôts différés	14	5 853	6 199	6 199
Emprunts et dettes financières diverses	31	29 604	31 544	31 544
Fournisseurs et comptes rattachés		8 164	6 353	6 353
Autres créditeurs	32	17 302	18 551	18 551
TOTAL DU PASSIF		**146 900**	**150 855**	**144 775**

L'explication de cette évolution est fournie par la page 28 du rapport annuel :

28 Provisions pour avantages du personnel

La variation des provisions pour avantages du personnel se répartit comme suit, au 31 décembre 2003 :

	31.12.2002	Augmentation	Diminutions Provisions utilisées	Provisions excédentaires ou devenues sans objet	Autres variations	31.12.2003
(En million d'euros)						
Provisions pour avantages du personnel postérieurs à l'emploi	1 887	151	(98)	(1)	22	1 961
provisions autres avantages à LT du personnel	263	24	(18)	(2)	(43)	224
Provisions pour avantages du personnel	**2 150**	**175**	**(116)**	**(3)**	**(21)**	**2 185**

c) Alcatel annonce au printemps 2001 un plan de restructuration prévoyant une externalisation de la fabrication. Un tel virement de bord va, dans un avenir proche, entraîner des dépenses. Bien avant que ces dépenses soient réglées, elles sont prévues, provisionnées : ce passage de provision fait basculer le signe du résultat du groupe pour le premier semestre.

Extrait du communiqué d'Alcatel du 26 Juillet 2001

« Le résultat avant impôts et amortissements des écarts d'acquisitions s'élève **à – 2 241 millions d'euros. Hors éléments exceptionnels annoncés précédemment, ce résultat s'élève à 114 millions d'euros**. Les éléments exceptionnels après impôts sur le trimestre se chiffrent à 3 215 millions d'euros et incluent des **provisions financières de 712 millions d'euros, des coûts de restructuration non récurrents de 1 126 millions d'euros,** des moins-values de 443 millions d'euros et une dépréciation des écarts d'acquisition et de technologies acquises de 1 491 millions d'euros. Les pertes financières, à 831 millions d'euros, ont augmenté significativement comparées aux 42 millions d'euros du deuxième trimestre 2000. Elles sont principalement dues aux provisions passées sur des investissements financiers. **L'ensemble des charges de restructuration s'élève à 1 163 millions d'euros,** comparés à 69 millions d'euros pour la même période l'année dernière, et incluent les coûts liés principalement aux mesures prises aux États-Unis et à l'activité de terminaux mobiles. Les autres produits et charges, s'élevant à 392 millions d'euros, comparés à un profit de 110 millions d'euros à la même période l'année dernière… »

Caractéristiques communes

Si l'examen du bilan fait apparaître plusieurs postes de provisions, celles-ci ont néanmoins des caractéristiques communes.

Fiscalité

Le premier point commun à toutes les provisions est leur traitement fiscal : l'apparition d'une provision au bilan est la contrepartie d'une **« dotation aux provisions »** au compte de résultat.

Cette « dotation aux provisions » est fiscalement considérée comme une dépense déductible des résultats de l'entreprise, et donne lieu à une diminution des impôts. Ou plutôt, à un décalage dans le temps des impôts, car le jour où la provision sera devenue[9] sans objet, elle sera reprise, ce qui comptablement se traduira par un produit imposable. Ne croyez donc pas que les provisions sont synonymes d'économies d'impôts.

Non-liquidité

Le terme « provision » est trompeur. Les provisions qui sont sur votre bilan n'ont rien à voir avec celles qui sont dans votre garde-manger. Non seulement il ne s'agit pas de « réserve de trésorerie » ou de « provision de liquidité », mais encore, il y aura le plus souvent des sorties d'argent consécutives à la présence d'une provision.

Prudence

Le passage d'une provision se traduit toujours par une **dotation**, qui est une dépense, au moins sur le papier. **Conséquence de cette dépense : les fonds propres en sont diminués**. La société paraît moins riche après la provision qu'avant : moins riche de 9 milliards, dans le cas d'Elf en janvier 95. Moins riche de 15 milliards dans le cas de Sumitomo, suite à la décision de « faire le ménage ».

Provisions à l'actif du bilan

Les provisions figurant à l'actif du bilan portent essentiellement sur les postes d'actif circulant, à savoir les stocks et les créances clients.

9 La provision devient sans objet lorsque son origine n'existe plus. Lorsque les grosses réparations ont été effectuées sur l'Airbus d'Air France, la provision est devenue sans objet.

Prenons un exemple.

Vos stocks ont été valorisés à leur prix de revient, 100, et vous rapprochez cette valeur :

– des cours du marché, 90 ;
– des frais restant à supporter jusqu'à la vente, 10.

L'obligation de sincérité du bilan vous conduit à constater une provision de 100 + 10 – 90 = 20.

Cette provision diminuera votre résultat, donc vos fonds propres, donc votre base imposable, donc votre impôt.

En pratique, il faut bien reconnaître que :

– les **« cours »** sont très volatils, quand, par hasard, ils existent ;
– le montant des frais à apporter peut n'être pas totalement dénué de subjectivité.

En conclusion, et en pratique : **les provisions sur stocks, peuvent être une cache à profit très classique.**

Provisions pour risques

Certaines charges sont incertaines. Les produits que vous avez vendus sous garantie, les litiges en cours, les futurs retours d'invendus ne sont que quelques exemples de risques courus par l'entreprise. Les ignorer totalement vous porterait à dresser un bilan pas totalement sincère. Les provisionner à 100 % témoignerait de beaucoup de pessimisme. Alors, vous allez passer une provision aussi raisonnable que possible.

Si les compagnies d'assurance disposent de bataillons d'actuaires leur permettant d'évaluer les risques de manière scientifique, la PME moyenne ne sait pas déterminer la « provision pour risques » en toute rigueur scientifique...

Provisions pour charges

L'entreprise doit provisionner, en prévision de dépenses à venir non juridiquement matérialisées, par un contrat ou une facture. En raison de l'incertitude, ces dépenses figurent en **« provisions »** plutôt qu'en **dettes**. Ces dépenses qui vont survenir vont donner lieu à des décaissements. Elles sont donc financièrement assimilables à des dettes. On doit donc ajouter de telles provisions aux dettes.

Provisions réglementées

Définition : ce sont des provisions ne correspondant pas à l'objet normal d'une provision et qui sont comptabilisées en application de dispositions légales.

C'est dans ce cadre que rentrent notamment (liste non exhaustive) :
- les provisions dites « pour hausse des prix » ;
- les provisions pour implantation à l'étranger ;
- les plus-values réinvesties ;
- les provisions pour investissement liées à la participation des salariés.

Traitement des provisions

Il convient d'être extrêmement prudent sur le traitement des provisions. La distinction entre provisions « réelles » et provisions sans fondement n'est pas évidente : l'analyste externe (vous, par exemple !) ne pourra bien entendu pas faire cette distinction à coup sûr. Il devra ou bien disposer d'informations ne figurant pas au bilan, ou se contenter d'approximations.

Est-ce bien important ? Lorsque vous avez fait x milliers de kilomètres avec le même train de pneus, devez-vous considérer que votre train de pneus est aux trois-quarts usé ou seulement à moitié usé ? Si le montant des « provisions pour charges » était réellement important, en termes relatifs (5 % du total du bilan, par exemple), il conviendrait alors de faire une analyse plus précise. Dans le cas contraire, peu importe. Sur ce point particulier, nous nous trouvons de nouveau confrontés à la vanité de la vérité comptable...

Les provisions, un signe de bonne santé ?

S'il n'est pas de vérité comptable sur les provisions, il est cependant une vérité empiriquement constatée auprès des entreprises.

Plus l'entreprise est prospère, plus elle tentera de diminuer son résultat, donc ses impôts, en constituant des provisions importantes, donc plus ses provisions manqueront de fondement : elles seront des fonds propres déguisés.

A contrario, moins l'entreprise sera prospère ou plus elle sera déficitaire, plus elle aura tendance à ne pas provisionner des dépenses certaines afin de diminuer son déficit ou d'augmenter son profit. On pourra alors être relativement sûr que les provisions sont des dettes réelles, vraisemblablement sous-évaluées.

En conclusion, une belle entreprise aura de grosses provisions, alors qu'une entreprise en difficulté provisionnera aussi peu que possible.

►►► Provision = dette ?

L'analyse de bilans successifs est riche d'enseignements.

Si elle fait apparaître un volant stable, voire croissant de provisions, on pourra en déduire que ces provisions constituent en réalité une ressource permanente de l'entreprise, et, à juste titre, considérer qu'il s'agit de fonds propres.

Si au contraire les provisions apparaissant au bilan représentent une fraction très importante de l'ensemble des ressources, ou si elles ont fait un bond par rapport au dernier bilan, jouez la prudence et considérez-les comme une dette... à très court terme.

Annexes 1. Le bilan consolidé

Lorsqu'une société a des filiales, elle peut être alors appelée **« société mère »** afin de la distinguer du « groupe » des sociétés qu'elle contrôle. Son bilan fera alors apparaître un volume important d'immobilisations financières, alors qu'une société industrielle aura essentiellement des immobilisations corporelles.

C'est ainsi que le bilan de la société Delachaux mère affiche 19,3 M€ de participations, montant à rapprocher des 8 M€ d'immobilisations corporelles : les titres représentent 200 % des immobilisations corporelles, ce qui paraît paradoxal pour une société industrielle. Il devient évident que le bilan de la société mère ne donne pas une idée du « groupe » Delachaux. D'où l'idée de consolider. Le graphique suivant met bien en évidence la grande différence entre le bilan de la société mère et celui du groupe.

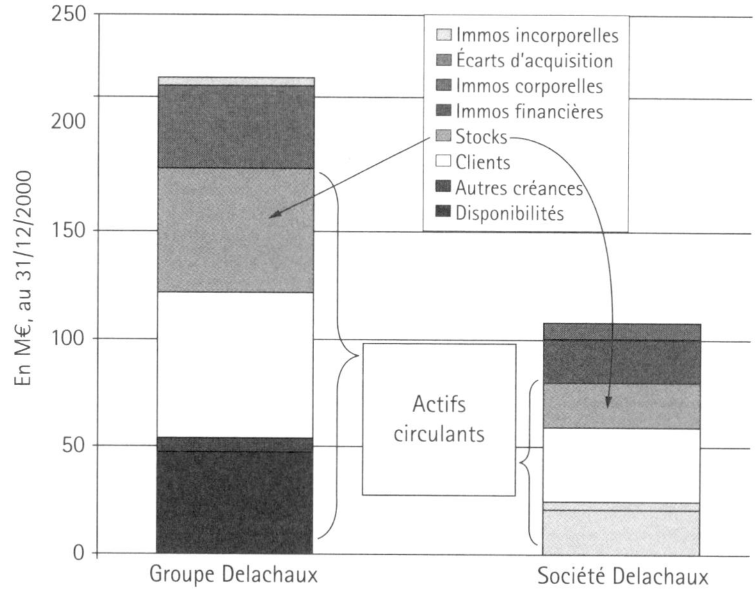

- **Objectifs**

La consolidation permet **l'établissement de comptes uniques représentatifs de l'activité globale et de la situation** d'un ensemble de sociétés dépendant d'un centre de décision commun.

Sont consolidées uniquement les entreprises sur lesquelles la **société mère** exerce une influence notable. Si vous avez une participation de 0,001 % dans la Caisse du Crédit agricole de la Basse-Marche, il n'est pas question de faire entrer cette participation dans votre « périmètre de consolidation ». Seules les sociétés sur lesquelles la « mère » a au moins une influence notable sont consolidées.

- **Principe de la consolidation**

La consolidation revient à remplacer comptablement le poste « titres », évalué au prix d'acquisition de ces titres, par les éléments d'actif et de passif des sociétés filiales.

- **Les trois méthodes**

La méthode de consolidation choisie dépend essentiellement de l'importance du contrôle de la mère sur les filiales, comme l'illustre le tableau ci-dessous. Les normes comptables IAS définissent dans le détail les conditions et les méthodes de consolidation.

Intensité du contrôle	Méthode de consolidation	Participation détenue ou fraction des droits de vote	Norme IAS
Contrôle exclusif	Intégration globale	› 50 %	IAS 27
Contrôle conjoint	Intégration proportionnelle ou mise en équivalence		IAS 31
Influence notable par opposition à un quelconque contrôle	Mise en équivalence	De 20 % à 50 %	IAS 28

- **Mise en équivalence**

La mise en équivalence consiste à substituer à la valeur comptable des actions de la filiale détenues par la société mère, la part correspondante dans les capitaux propres de la filiale (résultat compris).

Plutôt qu'un long discours, un petit exemple.

Problème

La « mère » possède 40 % d'une société qui valait 1 000 lors de la prise de participation, qui a eu lieu en l'an 40. Les 40 % représentent des titres payés 400, en l'an 40, et portés à 400 dans le bilan de la mère, depuis l'an 40.

Or, il s'avère qu'aujourd'hui, en 200n, les fonds propres de la « fille » valent aujourd'hui 1 200.

Donc les 40 % de titres « valent » aujourd'hui 480. Les laisser à leur valeur originelle de 400 trahirait la réalité.

Solution

La « mise en équivalence » revient à réajuster ces titres de 400, leur valeur comptable, à 480, leur valeur « réelle ». Puisque l'actif est ainsi gonflé de 80, il va falloir gonfler les fonds propres de 80. Ainsi apparaît, au niveau des fonds propres, un écart de consolidation de 80.

Remarque

La mise en équivalence, contrairement aux méthodes d'intégration, n'a pas fait disparaître les titres du poste « immobilisations financières ». Les titres y demeurent, mais à une valeur censée être plus proche de la réalité.

- **Intégration globale**

Valable pour les sociétés largement contrôlées, cette méthode considère que le groupe possède en totalité la filiale et que les autres actionnaires (très minoritaires) sont des associés du groupe.

Principe

On additionne tous les actifs de la fille à ceux de la mère. On ajoute toutes les dettes de la fille à celles de la mère. *Idem* pour les fonds propres. Puisqu'en principe, les titres sont égaux aux actifs moins les dettes, la sortie des titres est compensée par l'addition des actifs (sur la partie actif) et l'addition des dettes (sur la partie passif).

Mais puisque la mère ne possède qu'une fraction x % de la fille, on isole dans les fonds propres les (100 – x) % de fonds propres de la fille appartenant aux « associés » : cette « valeur » de la participation des associés apparaît sous le titre « intérêts minoritaires ».

- **Intégration proportionnelle**

Lorsque la mère exploite avec des associés une filiale, on n'intègre les éléments du bilan de la filiale qu'en proportion de la participation détenue.

2. Le cas Microsoft : un bilan exceptionnel

Peut-être un des plus beaux bilans du monde (*cf.* page ci-contre). Côté actif, notez la faiblesse des immobilisations corporelles : Microsoft ne donne pas dans l'industrie lourde, avec des immobilisations techniques de 1,9 milliards de dollars (sur un total bilan de 51 milliards). Par contre, près de 24 milliards de dollars de trésorerie, en argent liquide. Du côté du passif, point de dettes, mais par contre les réserves (18 milliards) montrent que l'entreprise n'a pas travaillé à perte, et le capital (23 milliards) témoigne qu'on ne fait rien sans rien. Plus beau encore : avec 5,4 milliards d'actions, qui valaient 69 $ en juillet 2001, l'entreprise capitalisait près de 400 milliards de dollars, soit encore 16 fois ses fonds propres...

3. Chronique d'une mort annoncée : Delta Airlines le 30 juin 2004

À l'opposé du spectre des bilans, Delta Air Line, une *major* parmi les *majors*, affichait, au 30 juin 2004, des fonds propres négatifs de quelques 3,6 milliards de dollars. Ses dettes à court terme se montaient à près de 6 milliards de dollars, soit près de six mois de chiffre d'affaires. Ses dettes et engagements à long terme se montaient à 21 milliards. Une situation d'autant plus désespérée que l'exploitation semblait structurellement déficitaire.

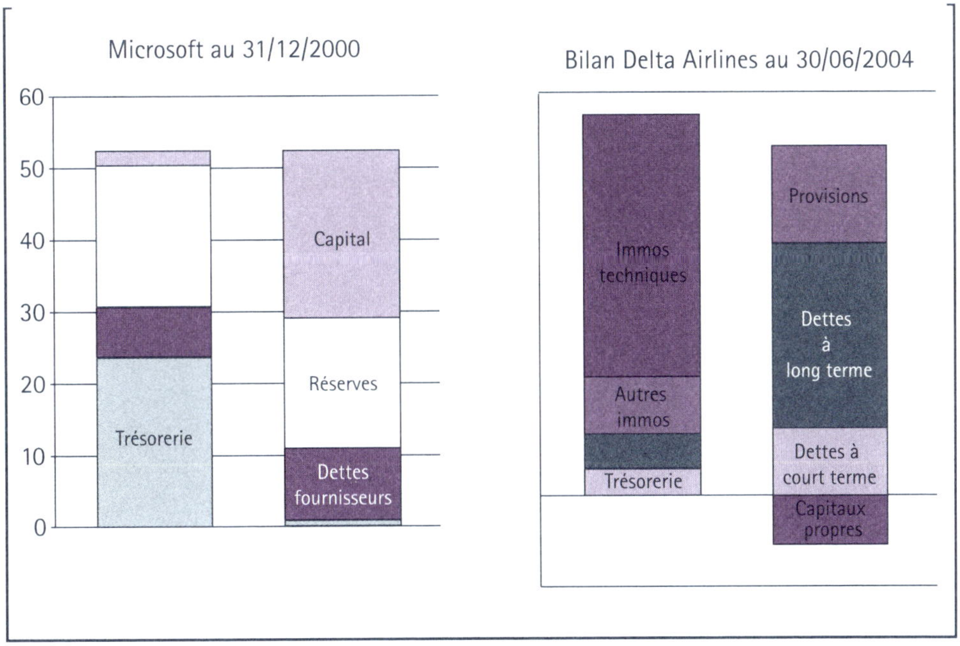
Microsoft au 31/12/2000
60
50
40
30
20
10
0
Trésorerie
Capital
Réserves
Dettes fournisseurs
Bilan Delta Airlines au 30/06/2004
Immos techniques
Autres immos
Trésorerie
Provisions
Dettes à long terme
Dettes à court terme
Capitaux propres

CHAPITRE

4 Le compte de résultat

Objectif : mesurer de combien l'entreprise, donc ses actionnaires, se sont enrichis entre deux dates.

Le terme richesse est sans doute un peu provocateur.

Il l'est à dessein, à une époque à laquelle la position d'actionnaire est tant bafouée. Différentes affaires (comme Danone (Lu) au printemps 2001, pour ne citer que celle-ci) ont été l'occasion de moult déclarations fougueuses de la part de la presse et des syndicats.

Les actionnaires ont le droit de gagner de l'argent, au même titre que les autres particuliers. Ils ont autant le droit de voir leur capital investi en actions augmenter qu'une personne physique peut se réjouir de voir son appartement se revaloriser. Ils ont autant le droit de faire des économies que le particulier qui choisit tel magasin pour faire ses courses plutôt que telle autre enseigne, plus chère. Ils ne sont pas plus responsables du chômage et de la misère de certains que les autres citoyens.

Il n'est pas plus du devoir de l'entreprise d'embaucher et de créer des emplois qu'il ne l'est de chacun d'entre nous. La SA Dupont, la famille Jean-Lefebvre, la famille Martine-Aubry, la famille Jacques-Chirac sont égales devant le devoir d'embaucher.

Bien évidemment, l'enrichissement des actionnaires *via* l'entreprise doit se faire dans les règles de l'art, de la correction et de l'éthique. Le personnel, comme les autres *stakeholders* de l'entreprise, doit être traité comme il convient de la part des dirigeants, dont la situation privilégiée devrait les obliger.

« Noblesse oblige », disait-on autrefois.

1- Précisons le vocabulaire

Nous allons commencer par éclaircir la terminologie en définissant quelques termes fréquemment utilisés. Les définitions ci-dessous sont parfaitement valables pour le non-spécialiste qui jette un premier coup d'œil sur les comptes

> Charge = dépense
>
> Produit = recette = chiffre d'affaires

Si, pour un médecin dermatologue, les mots « derme », « épiderme » et « peau » sont des termes différents, pour « l'honnête homme du XXIe siècle », ces termes sont synonymes. De même, pour l'analyste financier de Kohlberg Kravis & Roberts, charges et dépenses peuvent être deux choses bien distinctes. Et, produits, chiffre d'affaires, transfert de charges ou reprise de provision ne sauraient se confondre.

Cependant « l'honnête homme du XXIe siècle » n'aura pas systématiquement besoin de faire de telles distinctions. Si l'interprétation des comptes d'une entreprise était vraiment tributaire d'une telle distinction, eh bien, vous pourriez déjà en déduire que l'affaire n'est pas aussi simple qu'il y paraît.

Aussi, dans la suite de cet exposé, utiliserons-nous chacun de ces termes comme s'ils étaient synonymes, mais en gardant en mémoire que :

- les **produits** sont une source **d'augmentation** de richesse ;
- les **charges** ou dépenses sont une source de **diminution** de richesse.

Périodicité du compte de résultat

Contrairement au bilan, qui constitue une photographie instantanée, le compte de résultat traduit **l'évolution pendant un an** des fonds propres de l'entreprise. Alors que le terme de « bilan 2001 » constitue une erreur de langage, il convient de parler du **« compte de résultat 2001 »**. *A contrario*, il serait absurde de parler du compte de résultat au 31 décembre 2001.

C'est donc **sur une période** de temps qu'est établi le compte de résultat. Dans les liasses fiscales et les rapports annuels, la période est l'année. Ce sont d'ailleurs sur des comptes annuels que se penchent les analystes financiers externes, car ils n'ont pas accès, en général, aux données intermédiaires.

Bien entendu, à l'intérieur de l'entreprise, on établit des comptes de résultat sur une base de temps beaucoup plus réduite : tous les trimestres, voire tous les mois. Ceci est d'ailleurs d'autant plus nécessaire que les temps sont troublés. Si vous n'êtes pas certain de tourner de manière bénéficiaire, mieux vaut faire des comptes approximatifs[1] tous les mois, que d'attendre le résultat définitif qui vous sera remis par votre comptable deux mois après la clôture de l'exercice. Cela vous évitera peut-être de découvrir après-coup que vous avez perdu votre chemise, alors, qu'averti à temps, vous auriez pu prendre les mesures nécessaires pour limiter la perte à un morceau de manche.

Compte d'exploitation ?

Le compte de résultat vient de changer de nom. Dans l'ancien (très ancien, puisqu'abandonné en 1981) plan comptable, il s'appelait **compte d'exploitation générale** ou encore CEG. Ce dernier vocable est encore largement utilisé, bien que n'ayant plus de définition légale ni comptable. Le CEG comportait un appendice, le « compte de pertes et profits », qui lui aussi a disparu. En conséquence, n'allez pas le chercher sous ce nom. Aujourd'hui, on dit « compte de résultat ».

Il n'y a d'ailleurs pas que les noms qui aient changé. La présentation, elle aussi, a évolué. Le compte de résultat est aujourd'hui présenté en ligne plutôt que sous forme d'un tableau avec une partie débit, et une partie crédit. Mais il ne s'agit là que d'un problème de forme, et certainement pas d'un problème de fond.

Notez, cependant, que dans votre entreprise, vous devriez avoir accès quasi instantanément au résultat de votre entreprise, qui n'est jamais que la différence entre les comptes de recettes et les comptes de charges. Sur votre comptabilité, faites éditer le total des comptes de classe 7, et celui des comptes de classe 6 : de telles éditions font partie de tous les sous-programmes de balance. Vous avez un résultat, sans même consulter votre expert-comptable.

Si la forme et la dénomination ont subi un véritable lifting, la réalité du compte de résultat est inchangée. Elle est restée identique à elle-même, dans sa simplicité comme dans sa finalité. **L'objectif du compte de résultat est, comme par le passé, de mesurer de combien les actionnaires se sont enrichis sur la période considérée.** Pour reprendre l'analogie de la baignoire, l'objectif est la détermination de l'élévation du niveau de l'eau.

[1] Le terme « approximatif » étant ici synonyme de « non approuvé par la profession comptable ».

De resultatibus

Dans tous les tableaux de chiffres, il y en a cependant deux qui sont plus importants que les autres. Ils doivent être regardés avant tous les autres, **immédiatement**. Ce sont le **résultat d'exploitation** et le **résultat net**.

Le premier est un profit intermédiaire, avant frais financiers, impôts et éléments exceptionnels. Le second était autrefois appelé bénéfice net. Les Américains parlent, sans aucun complexe, de *net profit*. Il faut être de culture franco-latine pour culpabiliser au son du mot « profit » et avoir banni ce vocable du langage officiel du *business* ! Ce résultat net n'est guère difficile à trouver. Il apparaît sur la dernière ligne du compte de résultat[2] : la *bottom Line*, la ligne du bas. La dernière. Mais celle qu'on regarde en premier.

Que ce soit sur la dernière ligne de la page 4 de la liasse fiscale (*cf.* chapitre 1), ou sur la dernière du compte de résultat du rapport annuel, vous le trouverez très vite sous sa dénomination neutre et légale de « résultat net ».

2- Un compte en quatre parties

Lorsque nous avons procédé par analogie avec une baignoire, nous avons fait allusion à un robinet et à une bonde. Il y en a, en fait, trois de chaque sorte. Il y a trois robinets de différents débits et de nature distincte ; il y a trois bondes de différents diamètres et placées à des niveaux inégaux. Et un quatrième volet.

Le compte de résultat qui suit met en évidence les trois piliers principaux du profit de l'entreprise : l'exploitation, la finance, les éléments exceptionnels. Ces trois piliers correpondent d'ailleurs à des centres de décisions distincts :
- l'exploitation, qui résulte de l'activité quotidienne des exploitants ;
- la finance, conséquence des choix de financements et de l'activité financière ;
- la partie « exceptionnel », dans laquelle sont rassemblés les éléments du même nom.

Dans les tableaux qui suivent, la deuxième colonne correpond aux repères des liasses fiscales. Ces tableaux sont extraits du CD-Rom *Risk*

[2] Il apparaît aussi au bilan, dans les fonds propres.

de Dun&Bradstreet, et concernent l'entreprise X (du secteur agro-alimentaire) aujourd'hui déchue après avoir connu son heure de gloire au début des années 1990.

Les 4 volets du compte de résultat			
Date de clôture		31/12/1998	31/12/1997
Total des produits d'exploitation	**FR**	**1 202 180**	**1 362 660**
Consommations			
Total des charges d'exploitation	**GF**	**1 216 239**	**1 329 701**
Résultat d'exploitation	**GG**	**– 14 059**	**32 959**
Total des produits financiers	**GP**	**31 722**	**26 077**
Total des charges financières	**GU**	**35 133**	**52 711**
Résultat financier	**GV**	**– 3 411**	**– 26 634**
Résultat courant avant impôts	**GW**	**– 17 469**	**6 325**
Total des produits exceptionnels	**HD**	**4 651**	**3 550**
Total des charges exceptionnelles	**HH**	**2 189**	**3 365**
Résultat exceptionnel	**HI**	**2 462**	**186**
Participation des salariés aux résultats de l'entreprise	HJ	0	0
Impôts sur les bénéfices	HK	– 2 179	2 724
Total des produits	**HL**	**1 238 553**	**1 392 288**
Total des charges	**HM**	**1 251 381**	**1 388 500**
Bénéfice ou perte	**HN**	**– 12 828**	**3 787**

L'exploitation

Considérons dans un premier temps les revenus d'exploitation et les charges d'exploitation.

Le mot **« exploitation »** est à prendre ici dans le sens de « métier de l'entreprise ». Il s'oppose résolument au mot **« finance »**.

L'exploitation, chez Renault, c'est la fabrication et la vente d'automobiles. L'exploitation chez SEB, c'est l'électroménager. Chez Total, ce sont les produits pétroliers extraits, raffinés, distribués. Chez Carrefour, exploitation veut dire distribution, alors que chez AXA, exploitation veut dire encaissement de primes d'assurances et règlement de sinistres. Chez Delachaux, ce sont les activités industrielles qui vont du magnétisme aux aciers spéciaux. Dans la société X, l'exploitation c'est l'élevage et l'abattage de volailles...

L'exploitation se traduit par le cycle :

1. Achat de matières.
2. Transformation des matières :
   - par la main-d'œuvre,
   - avec des équipements,
   - sur un site industriel.
3. Stockage des produits finis.
4. Vente des produits finis.

Chacune des étapes de ce cycle se traduit pratiquement par un poste du compte de résultat. Les 5 premiers alinéas constituent une dépense. Les deux derniers sont des recettes.

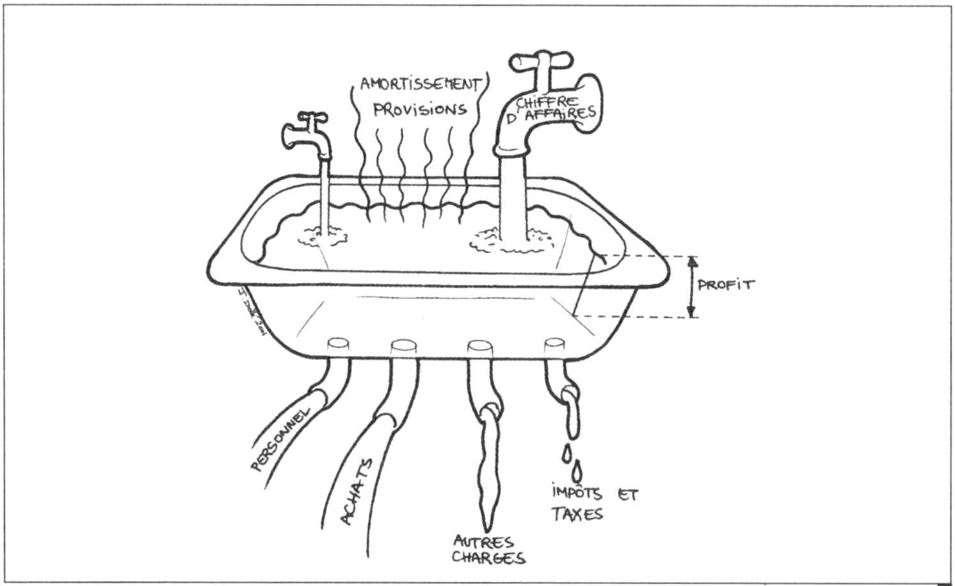

document 10

Le résultat d'exploitation sera bien sûr la différence entre les produits d'exploitation et les charges d'exploitation.

La partie exploitation du compte de résultat

Date de clôture		**31/12/1998**	**31/12/1997**
Vente de marchandises (total)	**FC**	40 645	98 398
Dont : – en France	FA	0	760
– à l'étranger	FB	40 645	97 637
Production vendue : biens (total)	**FF**	1 202 952	1 178 260
Dont : – en France	FD	222 072	411 118
– à l'étranger	FE	980 880	767 142
Production vendue : services (total)	**FI**	16 719	14 866
Dont : – en France	FG	16 719	14 848
– à l'étranger	FH	0	18
Chiffre d'affaires net (total)	**FL**	1 260 316	1 291 524
Dont : – en France	FJ	238 791	426 727
– à l'étranger	FK	1 021 525	864 797
Production stockée	FM	– 64 818	67 930
Production immobilisée	FN	1 587	0
Subventions d'exploitation	FO	18	0
Reprises sur amortissements, provisions, transferts de charges	FP	3 427	2 557
Autres produits	FQ	1 651	649
Total des produits d'exploitation	**FR**	**1 202 180**	**1 362 660**

►►►

Consommations			
Achats de marchandises (y compris droits de douane)	FS	36 668	101 654
Variation de stocks de marchandises	FT	0	0
Matières 1res et autres approvisionnements (+ droits de douane)	FU	806 110	881 297
Variation de stocks de matières 1res et approvisionnements	FV	– 1 050	– 111
Autres achats et charges externes	FW	210 243	184 941
Impôts, taxes et versements assimilés	FX	13 269	14 309
Personnel et comptes rattachés			
Salaires et traitements	FY	84 805	89 469
Charges sociales	FZ	35 094	36 851
Amortissements et provisions			
Sur immobilisations : dotations aux amortissements	GA	19 991	18 790
Sur immobilisations : dotations aux provisions	GB	0	0
Sur actif circulant : dotations aux provisions	GC	10 884	570
Pour risques et charges : dotations aux provisions	GD	0	0
Autres charges	**GE**	**224**	**1 932**
Total des charges d'exploitation	**GF**	**1 216 239**	**1 329 701**
Résultat d'exploitation	**GG**	**– 14 059**	**32 959**

La finance

Si l'exploitation est l'affaire d'hommes de marketing, d'ingénieurs, et de commerciaux, la finance est l'affaire des financiers, qui sont à l'origine de produits financiers, et de charges financières.

Les produits financiers ne sont pas générés par une activité industrielle mais par une **activité financière :** ils proviennent d'investissements financiers. De même que chez Renault les chaînes de montage de Flins produisent des voitures, les actions RVI produisent des dividendes...

Il y a deux sortes de produits financiers :
- le revenu des placements de la trésorerie (équivalents aux intérêts de la Caisse d'épargne) ;
- le revenu des titres financiers détenus, c'est-à-dire les dividendes versés par les sociétés dans lesquelles on détient des participations.

Quant aux dépenses financières, il s'agit principalement des frais financiers et autres intérêts sur emprunt. Malheureusement, dans les entreprises dont la trésorerie est tendue, la comptabilité déforme parfois l'importance des dépenses financières en classant dans le poste « commissions bancaires », donc, dans un poste d'exploitation, ces montants qui ne sont jamais que des frais financiers déguisés... Vérité comptable, ont-ils dit...

Bien entendu, le « résultat financier » s'exprimera comme la différence entre « produits financiers » et « charges financières » :

Résultat financier = produits financiers – charges financières

Alors qu'une société **industrielle** aura essentiellement des **produits d'exploitation** (le chiffre d'affaires principalement), une société **financière** tirera la majeure partie de ses revenus de ses **produits financiers.**

Au premier coup d'œil, vous pouvez donc déterminer si la société que vous analysez est :
- essentiellement industrielle ;
- essentiellement financière ;
- à la fois financière et industrielle.

Dans le premier cas, les produits d'exploitation seront très importants par rapport aux produits financiers, qui devraient eux-mêmes être presqu'inexistants. En effet, l'objet d'une entreprise industrielle, qu'elle s'appelle Thomson, Renault ou Delachaux, est d'exploiter son savoir-faire industriel. Il n'est pas de faire des plus-values en Bourse[3]. En

[3] À l'inverse, la réalisation de plus-values boursières par une société financière ou un particulier, qu'il s'appelle CGIP, SUEZ, Dupont ou Balladur, n'a rien de choquant, bien au contraire. Rien de plus normal que d'être bien avisé. Le « profit financier » n'est pas une honte, puisqu'il est la contrepartie du risque pris dans le cadre d'un placement. Au même titre que le « profit industriel ».

conséquence, le résultat financier d'une entreprise industrielle comme la société X sera négatif. Il n'y a pas lieu, *a priori*, de s'alarmer d'un résultat financier négatif.

Dans le deuxième cas, les produits financiers représenteront l'essentiel des produits de l'entreprise. Ainsi, une société *holding* pure touchera essentiellement des dividendes.

Dans le troisième cas, les produits financiers peuvent être d'un ordre de grandeur non négligeable.

La partie finance du compte de résultat			
Produits financiers			
Bénéfices atteints ou perte transférée sur opération en commun	GH	0	0
Perte supportée ou bénéfice transféré sur opérations en commun	GI	0	0
Produits financiers de participations	GJ	1 766	0
Produits d'autres VM et créances de l'actif immobilisé	GK	0	21
Autres intérêts et produits assimilés	GL	1 568	1 002
Reprises sur provisions et transferts de charges	GM	0	0
Différences positives de change	GN	28 387	25 055
Produits nets sur cessions de VMP	GO	0	0
Total des produits financiers	GP	31 722	26 077
Charges financières			
Dotations financières aux amortissements et provisions	GQ	0	0
Intérêts et charges assimilées	GR	11 893	6 455
Différences négatives de change	GS	23 239	46 256
Charges nettes sur cessions de VMP	GT	0	0
Total des charges financières	GU	35 133	52 711
Résultat financier	GV	– 3 411	– 26 634

Le résultat courant

On appelle « résultat courant avant impôt » la différence entre résultat d'exploitation et résultat financier. Si ce terme est explicite, il convient toutefois de se rappeler qu'il est calculé avant éléments exceptionnels. Peu utilisé, ou plutôt peu cité en pratique, il constitue cependant un indicateur de gestion de premier ordre.

Constitution du résultat courant			
Résultat d'exploitation	GG	– 14 059	32 959
Résultat financier	GV	– 3 411	– 26 634
Résultat courant avant impôts	GW = GG – GV	– 17 469	6 325

Notez la chute du résultat courant de 6,3 millions à – 17,5. Une dégringolade de près de 24 millions qui masque une dégringolade plus sévère du résultat d'exploitation de 47 millions. Cette chute est d'autant plus grave que le résultat d'exploitation d'une entreprise industrielle, c'est son carburant.

L'exceptionnel

Comme leur nom l'indique, on a rassemblé sous le chapeau commun « éléments exceptionnels » les charges et produits qui **ne font pas partie** de l'exploitation courante. Normalement, les montants en jeu sont faibles, au moins par rapport aux chiffres d'exploitation. S'ils ne l'étaient pas, cela prouverait que l'entreprise analysée est en pleine restructuration, ou que ses dirigeants ont la guigne ou jouent au casino.

Dans cette catégorie rentrent notamment :

- les plus-values sur revente d'éléments d'actif ;
- les valeurs comptables des éléments d'actif vendus ;
- les sinistres ;
- certaines reprises sur provisions.

Puisqu'il y a des « produits » et des « charges », on définit, en France au moins, un « résultat exceptionnel », différence entre produits exceptionnels et charges exceptionnelles.

La partie « exceptionnel » du compte de résultat			
Produits exceptionnels			
Produits exceptionnels sur opérations de gestion	HA	2 668	1 225
Produits exceptionnels sur opérations en capital	HB	1 983	406
Reprises sur provisions et transferts de charges	HC	0	1 919
Total des produits exceptionnels	HD	4 651	3 550
Charges exceptionnelles			
Charges exceptionnelles sur opérations de gestion	HE	1 602	1 578
Charges exceptionnelles sur opérations en capital	HF	587	16
Dotations exceptionnelles aux amortissements et provisions	HG	0	1 770
Total des charges exceptionnelles	HH	2 189	3 365
Résultat exceptionnel	HI	2 462	186

3- Synthèse

Chacune des trois catégories a donné un solde. Le solde, terme comptable, indique la différence arithmétique entre les entrées et les sorties : le solde est donc un résultat partiel.

La somme de ces résultats partiels est finalement amputée de l'impôt[4] sur les bénéfices et de la participation des salariés. Le résultat de ces additions et soustractions, c'est le **résultat net**, le profit net. C'est la propriété des actionnaires. C'est ce qui a été dégagé en contrepartie de leur mise dans la société.

C'est la rémunération de leurs capitaux et du risque qu'ils ont pris :
- soit en mettant (par leurs achats d'actions) des capitaux dans l'entreprise ;
- soit en maintenant les actions qu'ils détenaient antérieurement plutôt que de les vendre pour jouir autrement de leur capital.

4 À l'heure où nous écrivons ces lignes, l'impôt sur les sociétés est égal à 33,33 % du résultat imposable, auquel il convient d'ajouter la contribution « exceptionnelle » de 6 %. Donc un taux d'impôt de 33,33 % × 1,06 = 35,33 %.

4- L'affectation du résultat

Est-il besoin de préciser que l'entreprise appartient à ses actionnaires ? Ceci s'applique aux entreprises privées, aux entreprises publiques comme aux entreprises d'économie mixte qui appartiennent, indirectement, mais tout aussi réellement, aux citoyens et aux administrés. En démocratie, tout du moins.

►►► Démocratie économique

Ce sont donc les actionnaires qui sont en droit de décider ce qu'il va advenir du résultat. En conséquence, le résultat, une fois déterminé, est présenté à l'assemblée générale des actionnaires qui vont, démocratiquement, décider de son affectation. C'est ainsi que les liasses fiscales font apparaître un résultat dit « avant affectation ».

L'affectation consiste à répartir le résultat entre dividendes et réserves.

Les dividendes vont être distribués aux actionnaires, sous forme d'espèces sonnantes et trébuchantes. L'actionnaire a, bien entendu, le droit de faire ce que bon lui semble de ce dividende : le dépenser aux sports d'hiver, payer son loyer, dormir dessus, et, pourquoi pas ? le réinvestir dans la société qui vient de le lui distribuer. Il le fera d'autant plus volontiers qu'il est satisfait du rendement déjà obtenu.

Le solde entre « résultat net » et « dividendes » va être ajouté aux postes « report à nouveau » et « autres réserves ». Notez bien que ce résultat non distribué est la plupart du temps déjà réinvesti, et que, si tel n'était pas le cas, il conviendrait absolument qu'il le soit ; dans tous les cas, le réinvestissement doit se faire à un taux de rendement au moins égal au taux auquel l'actionnaire pourrait placer ses capitaux directement, sans passer par la société.

Un commentaire

Que penser d'une société qui, en 2005, **ne distribue pas** le résultat, mais le réinvestit dans des projets qui vont rapporter 5 %, à une époque où la Caisse d'épargne donne du 3,5 % après impôt, et les bons du Trésor de l'ordre de 5,5 % avant impôt ?

Lorsque la société n'appartient qu'à une seule personne, morale ou physique, une telle non-affectation peut très bien s'inscrire dans une bonne politique fiscale de groupe. De ►►►

toute façon, l'actionnaire à 99 % est chez lui, et n'a pas à justifier à des tiers l'utilisation qu'il souhaite faire ou ne pas faire de ses résultats.

Lorsque la société a, *a contrario*, un actionnariat très dispersé, j'hésite, pour qualifier un tel comportement, entre les termes de « fascisme économique », « détournement de résultat », « vol des actionnaires » et « mauvaise gestion ». La suite de cet exposé vous exposera les raisons de ma sévérité.

Affectation des résultats et liasse fiscale

La liasse fiscale au 31 décembre 200n, a été établie au plus tard au 30 mai 200n+1, tant pour des obligations fiscales que pour des obligations « sociales », c'est-à-dire vis-à-vis des actionnaires à qui sont présentés les comptes de « leur » société. Après le vote des actionnaires, le résultat 200n est affecté. C'est donc dans la liasse fiscale 200n+1 qu'apparaît l'affectation du résultat 200n[5].

Affectation et rapport annuel

À l'instar des liasses CERFA, le rapport annuel est présenté aux actionnaires pour approbation, lors de **l'assemblée générale**, à l'occasion de laquelle les dividendes seront votés. Le bilan apparaissant dans le rapport annuel 2005 sera donc le « bilan 2005 avant affectation ».

L'information financière du rapport annuel aura donc le même décalage dans le temps. Les dividendes de l'exercice 2005 apparaîtront donc dans le tableau de financement de l'exercice 2006.

5- Résultat de l'entreprise et résultat de l'actionnaire

Il est de coutume de parler de résultat de l'entreprise. On entend, hélas, moins parler de celui de l'actionnaire, ce qui est tout à fait regrettable. On entend souvent parler de devoirs des actionnaires, on n'entend rarement parler de leurs droits.

Or les actionnaires, pour peu que l'entreprise exerce son métier en tout bien et tout honneur dans la jungle de la concurrence, n'ont pas de devoirs. Ils n'ont que des droits. Ils ont des droits sur les profits de

5 Très précisément, dans le tableau 11 (Réf. DGI 2 058-C).

l'entreprise en contrepartie de l'investissement qu'ils ont effectué. Renflouer l'entreprise si elle s'est échouée ne fait pas partie de leurs devoirs. Toucher des dividendes et matérialiser des plus-values font partie de leurs droits. À l'opposé, les dirigeants ne devraient pas avoir de droits. Ils n'ont que des devoirs.

La rémunération de l'actionnaire a deux composantes, dont les traitements fiscaux sont différents : les dividendes versés et les plus-values. Lorsque l'entreprise dégage des profits (son objectif), ces profits vont subir deux types de sorts :
- une fraction sera distribuée sous forme de dividendes ;
- le solde sera réinvesti. Ce réinvestissement devra, dans de bonnes conditions de rentabilité, permettre à l'entreprise de se réévaluer, donc de générer des profits pour les actionnaires sous forme de plus-value.

La plus-value n'est imposable qu'après sa réalisation. Ainsi, l'actionnaire qui ne vend pas ses actions, mais se contente de les voir se revaloriser du fait du réinvestissement des profits non distribués, ne paiera pas d'impôt. Les dividendes, eux, sont immédiatement imposés. En partie ou en totalité.

Fiscalité des dividendes

C'est à l'imparfait que je parlerai de l'avoir fiscal puisqu'il a été supprimé en France le 1er janvier 2005. Il n'est cependant pas inintéressant de comparer ce mécanisme, encore en vigueur dans certains pays, au régime qui lui a succédé.

Pour limiter les effets d'une double imposition économique des bénéfices des sociétés soumises à l'impôt sur les sociétés, lorsque ceux-ci étaient distribués sous forme de dividendes, le législateur avait mis en place un régime de crédit d'impôt appelé « avoir fiscal ». Ce régime existait peu ou prou dans la plupart des pays d'Europe, et c'est sous la dénomination d'*Advanced Corporation Tax*, sa dénomination britannique, qu'il y était fait référence, *orbi*. Curieusement, aux États-Unis, pays du libéralisme, on taxait[6] doublement et sans complexe les revenus de l'entreprise : son résultat avant impôt était soumis à l'impôt sur les sociétés, puis, lorsque l'entreprise avait la bonne idée de distribuer une fraction de ses résultats sous forme de dividendes, l'actionnaire était à nouveau imposé. À ce niveau, la France pouvait donner l'image d'un paradis fiscal. Une fois n'est pas coutume.

[6] Il a fallu attendre la réforme fiscale de George Bush pour voir entamer l'anachronisme de cette double imposition.

La double imposition est, en effet, singulière et appartient résolument au domaine de la spoliation. D'où le défunt régime de l'avoir fiscal, qui ne s'appliquait pas à l'entreprise, mais à ses actionnaires. Cela dit, l'objectif principal des actionnaires lorsqu'ils montent une entreprise étant de se procurer des revenus supplémentaires, l'analyse de la rentabilité de l'entreprise ne peut s'effectuer complètement qu'après prise en compte de l'imposition des revenus de l'entreprise.

Principe de l'ancien avoir fiscal

Le mécanisme de l'avoir fiscal consistait à attribuer un crédit d'impôt au bénéficiaire du dividende. L'avoir fiscal constituant lui-même un revenu, celui-ci était donc intégré au revenu imposable du contribuable, qui l'imputait sur l'impôt sur le revenu. En cas d'excédent, l'avoir fiscal excédentaire était remboursable.

Certains investisseurs étrangers, établis dans des États ayant conclu une convention fiscale avec la France, pouvaient se voir rembourser l'avoir fiscal. En raison de la complexité du mécanisme et du coût que représentait pour le Trésor son remboursement à certains investisseurs non-résidents, le projet de loi de Finances pour 2004 l'a supprimé.

Nouveau régime

L'avoir fiscal a été remplacé par un abattement de 50 % applicable aux dividendes versés à compter du 1er janvier 2005. Alors que l'avoir fiscal n'était applicable qu'aux distributions réalisées par des sociétés françaises, l'abattement de 50 % est applicable non seulement aux distributions effectuées par les sociétés françaises, mais également à celles qui sont réalisées par des sociétés étrangères établies dans les États qui ont conclu une convention fiscale avec la France.

Le champ d'application de l'abattement de 50 % est plus large que celui de l'avoir fiscal :
– l'abattement forfaitaire de 1 220 € à 2 440 € (selon la situation matrimoniale) sera maintenu, et les associés détenant plus de 35 % des droits sociaux pourront désormais en bénéficier ;
– afin de ne pas pénaliser les foyers faiblement imposés ou non imposables qui pouvaient se voir rembourser l'avoir fiscal non imputé, ainsi que les titulaires des PEA, un crédit d'impôt imputable et restituable a été institué. Celui-ci sera égal à 50 % du dividende, et plafonné à 115 € ou 230 € selon que le contribuable est célibataire ou marié ;

– l'assiette des contributions sociales (soit 10 % au total) n'est pas modifiée ; elle sera égale au montant du dividende avant application de l'abattement de 50 %.

►►► Analyses comparées algébriques de l'ancien et du nouveau régime

Si les écritures algébriques vous rebutent, n'hésitez pas à passer directement à la page 99. Il existe des développements aux plaisirs desquels les financiers résistent difficilement...

Soient :
– RAI, le résultat de l'entreprise avant impôt,
– T, le taux d'impôt sur les sociétés (33,33 % à la date de publication de ce livre),
– v, la fraction du résultat versée aux actionnaires,
– AF, le taux de l'ancien avoir fiscal (50 %),
– Tir, le taux marginal d'imposition sur le revenu de l'actionnaire, qui, compte tenu de la déductibilité de principe à hauteur de 5,8 % de la CSG, devra être affecté d'un coefficient de (1 - 5,8 %),
– CSG, le taux des prélèvements sociaux (CSG, RDS, etc. - 11 % au moment où ce livre est sous presse),
– Tpv, le taux d'imposition sur les plus-values, prélèvements sociaux compris,
– A, la fraction des dividendes imposés,
– Ab, l'abattement sur les dividendes imposés.

Dans le régime de l'avoir fiscal, le résultat théoriquement distribuable de l'entreprise est RAI x (1-T) ; en fonction de la politique de dividendes prévoyant un versement de v des résultats, l'actionnaire devrait bénéficier à terme de :
- Max[0 ;[v x RAI x (1 - T) x (1+AF)- Ab] x (1 - Tir - CSG), au titre des dividendes nets d'imposition ;
- (1 - v) x RAI x (1 - T) x (1 - Tpv), au titre des plus-values nettes d'imposition.

Le tableau de la page suivante détaille l'expression du résultat net net de l'actionnaire (après les cascades d'impôts qui s'abattent sur les résultats de sa société), qui apparaît à la ligne [13] du calcul suivant (dans le régime de l'avoir fiscal). Le véritable taux d'imposition apparaît en comparant les lignes [1] et [13].

Résultat avant impôts	RAI	[1]
Impôts sur le résultat au taux T	-T x RAI	[2]
Résultat disponible après impôts	RAI x (1 - T)	[3] (= [1]-[2])
Résultat versé aux actionnaires	v x RAI x (1 - T)	[4] (= v x [3])
Avoir fiscal = AF x résultat distribué	AF x v x RAI x (1 - T)	[5] (= AF x [4])
Résultat distribué	v x RAI v (1 - T)	[4]
Revenu imposable	(1 + AF) x v x RAI x (1 - T)	[6] (= [4] + [5])
Revenu imposable	(1 + AF) x v x RAI x (1 - T)	[6]
Impôt sur le revenu = Tir x revenu imposable	-Tir x (1 + AF) x v x RAI x (1 - T)	[7] (= Tir x [6])
Prélèvements sociaux = CSG x revenu imposable	-CSG x (1 + AF) x v x RAI x (1 - T)	[8] (= CSG x [6])
Revenu net d'impôts	(1 Tir - CSG) x (1 + AF) x v x RAI x (1 - T)	[9] (= [6] - [7] - [8])
Plus-value potentielle = résultat non distribué	(1 - v) x RAI x (1 - T)	[10] (= [3] - [4])
Impôts/plus-values = CSG x plus-values	-CSG x (1 - v) x RAI x (1 -T)	[11] (= CSG x [10])
Revenu net des plus-values	(1 - CSG) x (1 - v) x RAI x (1 - T)	[12] (= [10] + [11])
Résultat net net	RAI x (1 - T) x [(1- CSG) x (1 - v) + (1 - Tir - CSG) x (1 + AF) x v]	[13] (= [9] + [12])

Dans le nouveau régime, le résultat théoriquement distribuable de l'entreprise est RAI x (1 - T) ; en outre, en fonction de la politique de dividendes prévoyant un versement de v des résultats, l'actionnaire devrait bénéficier à terme de :

– Maximum [0 ;[v x RAI x (1 - T) x (1 - A) - Ab]] x [1 – Tir -CSG/(1 - A)] au titre des dividendes nets d'imposition ;

– (1 - v) x RAI x (1 - T) x (1 - Tpv) au titre des plus-values nettes d'imposition.

Résultat avant impôts	RAI	[1]
Impôts sur le résultat au taux T	**-T x RAI**	[2]
Résultat disponible après impôts	RAI x (1 - T)	[3] (= [1] - [2])
Résultat versé aux actionnaires	v x RAI x (1 - T)	[4] (= v x [3])
Résultat versé aux actionnaires	v x RAI x (1 - T)	[4] (= v x [3])
Abattement sur dividendes versés	**-A x v x RAI x (1 - T)**	[5]
Revenu imposable	(1 - A) x v x RAI x (1 - T)	[6] (= [4] - [5])
Revenu imposable	(1 - A) x v x RAI x (1 - T)	[6]
Impot sur le revenu = Tir x revenu imposable	**-Tir x (1 - A) x v x RAI x (1 - T)**	[7] (= Tir x [6])
Prélèvements sociaux = CSG x revenu imposable	**-[CSG/(1 - A)] x (1 - A) x v x RAI x (1 - T)**	[8] (= CSG x [4])
Revenu net d'impôts	[1 - Tir - CSG/(1 - A)] x v x (1 - A) x RAI x (1 - T)	[9] (= [6] - [7] - [8])
Plus-values potentielles = résultat non distribué	(1 - v) x RAI x (1 - T)	[10] (= [3] - [4])
Impôts/plus-values = CSG x plus-values	**-CSG x (1 - v) x RAI x (1 - T)**	[11] (= CSG x [10])
Revenu net des plus-values	(1 - CSG) x (1 - v) x RAI x (1 - T)	[12] (= [10] + [11])
Résultat net net net	RAI x (1 - T) x [(1 - CSG) x (1 - v) + (1 - Tir - CSG/(1 - A)) x (1 - A) x v]	[13] (= [9] + [12])

Analyses comparées chiffrées de l'ancien et du nouveau régime

Comparons sur un cas d'école le résultat net après impôts et contributions. Ce résultat est fonction d'un grand nombre de paramètres. Le plus différentiant de ces paramètres est, de fait, le taux d'imposition de l'actionnaire.

Le document 11 montre que le petit contribuable (dont le taux marginal serait de 6,83 %), par rapport à un résultat avant impôt de son entreprise de 100 000 €, avait un revenu net de 72 700 € du temps de l'avoir fiscal. Dans le nouveau régime, son revenu net n'est plus que de 54 900 €. Autrement dit, les cascades d'imposition sont passées d'un taux global de 27 % à 45 %. Ce petit contribuable, qui n'a pas été avantagé par la réforme, a donc intérêt à ce que l'entreprise distribue au maximum ses résultats, puisque, en absence de distribution, l'entreprise paie l'impôt et lui paie l'impôt sur les plus-values.

D33 = =+D32+D31

	A	B	C	D
1		Notation	Montant	
2	Résultat avant Impôt	RAI	100 000 €	
3	Taux d'impôt sur les sociétés	T	33,33%	
4	Fraction de résultat versée à l'actionnai	V	70%	
5	Taux de l'avoir fiscal	AF	50%	
6	Taux marginal d'impôt sur le revenu	Tir	6,83%	
7	Prélèvement sociaux	CSG	11%	
8	Fraction des dividendes Imposés	A	50%	
9	Abatemment	Ab	2 440 €	
10	Taux d'Imposition des Plus-Value	Tpv	26%	
11				
12			Avec Avoir Fiscal	Sans Avoir Fiscal
13	Résultat Théoriquement distribuable	RAI*(1-T)	66 670 €	66 670 €
14	Résultat distribué	v*RAI*(1-T)	46 669 €	46 669 €
15	Avoir Fiscal	AF*RAI*(1-T)	23 335 €	0 €
16				
17	Revenu	(1+AF)*RAI*(1-T)	70 004 €	46 669 €
18	Dividendes Non Imposés		0 €	23 335 €
19	Revenu Imposable avant Abattement	(1+AF)*RAI*(1-T)*(1-A)	70 004 €	23 335 €
20	Abattement	Ab	-2 440 €	-2 440 €
21	Revenu Imposable après Abattement	Max(0;(1+AF)*RAI*(1-T)*(1-A)-Ab)	67 564 €	20 895 €
22				
23	Impot sur le Revenu	-Tir * Revenu Imposable	-4 615 €	-1 427 €
24	Prélèvements Sociaux	-CSG * Revenu Imposable	-7 432 €	-5 134 €
25	Revenu Net des Dividendes	Max(0;(1+AF)*RAI*(1-T)*(1-A)-Ab)*(1-Tir-CSG)	57 957 €	40 108 €
26				
27	Plus Value Escomptée		20 001 €	20 001 €
28	Imposition sur les plus-values		-5 200 €	-5 200 €
29	Plus Value Escomptée nette d'IS		14 801 €	14 801 €
30				
31	Revenu Net des Dividendes		57 957 €	40 108 €
32	Plus Value Escomptée nette d'IS		14 801 €	14 801 €
33	Revenu Net Total		72 758 €	54 909 €

Document 11 : Imposition du petit contribuable

Le gros contribuable est, lui, dans une situation opposée. La réforme lui a été, en effet, légèrement favorable. Au taux marginal d'imposition de 48 %, qui ne s'applique que sur la moitié des dividendes, il se retrouve de fait avec un vrai taux marginal d'impôt de 24 %. Auquel il convient d'ajouter les contributions, qui sont de 11 %. Ce qui fait donc un total marginal d'imposition de 35 %, plus pénalisant que l'imposition sur les plus-values — de 26 %. Son intérêt est donc, toutes choses égales par ailleurs, que l'entreprise distribue le moins possible, pour peu que la valeur actuelle nette des investissements ne soit pas négative, bien sûr.

D33 = =+D32+D31

	A	B	C	D
1		Notation	Montant	
2	Résultat avant Impôt	**RAI**	100 000 €	
3	Taux d'impôt sur les sociétés	**T**	33,33%	
4	Fraction de résultat versée à l'actionnai	**V**	70%	
5	Taux de l'avoir fiscal	**AF**	50%	
6	Taux marginal d'impôt sur le revenu	**Tir**	6,83%	
7	Prélèvement sociaux	**CSG**	11%	
8	Fraction des dividendes Imposés	**A**	50%	
9	Abatemment	**Ab**	2 440 €	
10	Taux d'Imposition des Plus-Value	**Tpv**	26%	
11				
12			Avec Avoir Fiscal	Sans Avoir Fiscal
13	Résultat Théoriquement distribuable	RAI*(1-T)	66 670 €	66 670 €
14	Résultat distribué	v*RAI*(1-T)	46 669 €	46 669 €
15	Avoir Fiscal	AF*RAI*(1-T)	23 335 €	0 €
16				
17	Revenu	(1+AF)*RAI*(1-T)	70 004 €	46 669 €
18	Dividendes Non Imposés		0 €	-23 335 €
19	Revenu Imposable avant Abattement	(1+AF)*RAI*(1-T)*(1-A)	70 004 €	23 335 €
20	Abattement	Ab	-2 440 €	-2 440 €
21	Revenu Imposable après Abattement	Max(0;(1+AF)*RAI*(1-T)*(1-A) -Ab)	67 564 €	20 895 €
22				
23	Impot sur le Revenu	-Tir * Revenu Imposable	-4 615 €	-1 427 €
24	Prélèvements Sociaux	-CSG * Revenu Imposable	-7 432 €	-5 134 €
25	Revenu Net des Dividendes	Max(0;(1+AF)*RAI*(1-T)*(1-A) -Ab)*(1-Tir-CSG)	57 957 €	40 108 €
26				
27	Plus Value Escomptée		20 001 €	20 001 €
28	Imposition sur les plus-values		-5 200 €	-5 200 €
29	Plus Value Escomptée nette d'IS		14 801 €	14 801 €
30				
31	Revenu Net des Dividendes		57 957 €	40 108 €
32	Plus Value Escomptée nette d'IS		14 801 €	14 801 €
33	Revenu Net Total		72 758 €	54 909 €

Document 12 : Imposition du gros contribuable

6- Documents : à chaque type de société son compte de résultat

Bilan et compte de résultat peuvent trahir la vraie nature d'une entreprise.

►►► Compte de résultat d'un industriel

Ainsi, un groupe industriel comme Ciments français a tout naturellement un compte de résultat consolidé, dans lequel les consommations matières représentent près de la motié du chiffre d'affaires, frais de personnel et dotations aux amortissements représentant des fractions importantes.

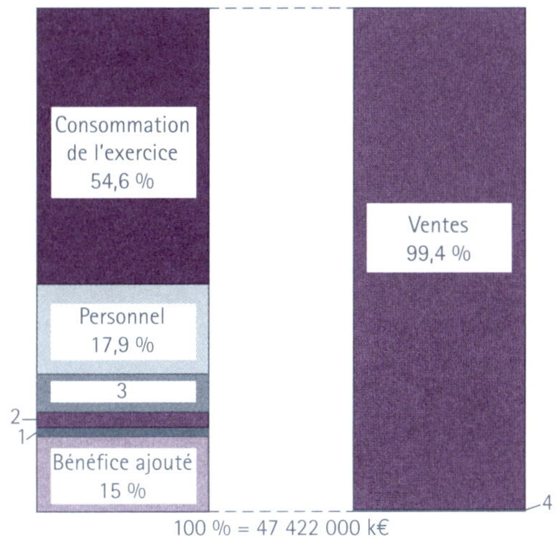

document 13

►►► Compte de résultat d'une société financière

À l'opposé, la société Lafarge, société *holding* du groupe Lafarge a un compte de résultat qui se caractérise par des consommations de matières nulles, mais des intérêts sur emprunts conséquents. Son chiffre d'affaires (100 millions d'euros) ne représente qu'une fraction du chiffre d'affaires consolidé du groupe lafarge.

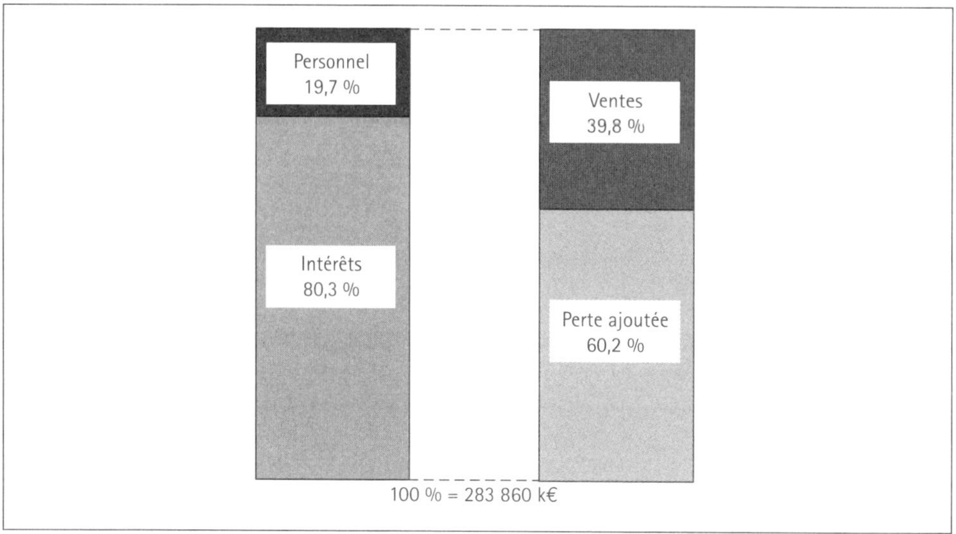

document 14

Compte de résultat d'un distributeur

À l'autre extrême, le compte de résultat d'un distributeur comporte essentiellement des consommations (marchandises achetées et frais généraux), les frais de personnel ne représentant, ici, que 9 % du chiffre d'affaires.

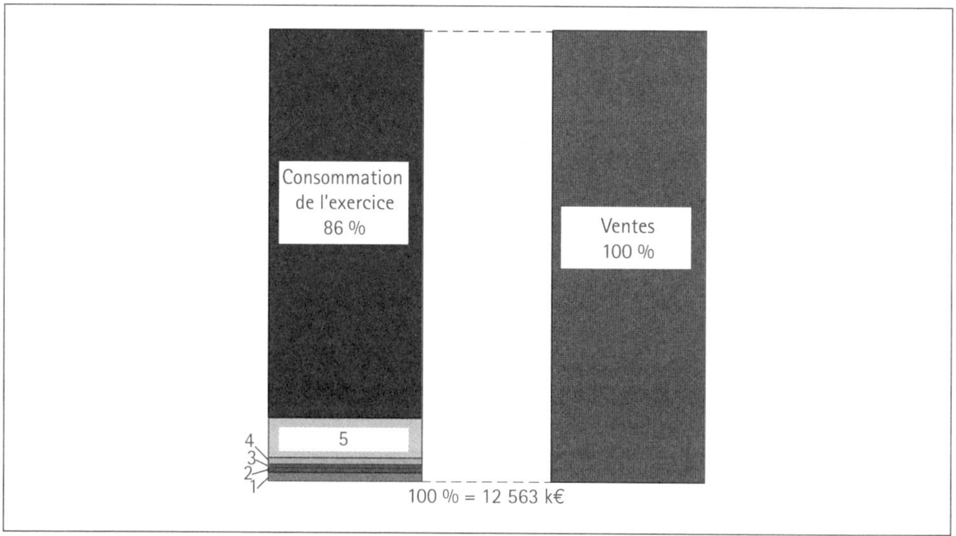

document 15

CHAPITRE 5

Les soldes de gestion

Nous avons analysé l'enchaînement comptable qui conduit à la détermination du **résultat net**. Nous allons maintenant examiner avec un œil de gestionnaire ce **compte de résultat**, en lui faisant dire plus. Nous allons l'exprimer comme un citron pour obtenir quelques gouttes supplémentaires.

En effet, si la comptabilité nous a permis de connaître le profit obtenu hier, une approche « gestion » va nous permettre de comprendre comment s'est dégagé le résultat de l'entreprise, comment ont été répartis les bienfaits de l'entreprise entre le monde économique, les collectivités, le personnel et les apporteurs de capitaux.

De plus, les enseignements tirés de cette analyse des dépenses passées permettront d'éclairer les prises de décision concernant l'avenir.

Cette deuxième approche du compte de résultat, nous allons l'entamer par l'établissement des « soldes intermédiaires de gestion » (SIG). Ce nom barbare indique que lesdits soldes sont des points de passage « intermédiaires » sur le cheminement gestionnaire, qui part du chiffre d'affaires pour aboutir au résultat final. L'objectif final de l'analyste est la compréhension de l'entreprise. Tous les chemins mènent à Rome, et la comptabilité « générale » n'est en fait que l'un d'eux. Les soldes intermédiaires de gestion en sont un deuxième, accessible de l'extérieur de l'entreprise, donc à la portée de l'analyste externe, par opposition aux analyses qui ne sont accessibles que de l'intérieur de l'entreprise, avec les informations fournies, en interne, par les systèmes de gestion. Il en est ainsi de la comptabilité analytique et des analyses coûts fixes/coûts variables. Ces dernières constituent, elles aussi, un éclairage supplémentaire destiné à mieux saisir les raisons profondes de la rentabilité ou de la non-rentabilité de l'entreprise.

Dans le tableau qui suit (double page suivante), apparaissent les comptes de résultat, sous forme de SIG, de Bénéteau, le plus grand constructeur mondial de bateaux de plaisance.

Comptes de résultat de Bénéteau

Date de clôture		31/08/2000	31/08/1999	31/08/1998	31/08/1997
Ventes de marchandises (activité commerciale)	*FC*	2 703	2 391	2 305	2 554
+ Production vendue de biens (activité industrielle)	*FF*	193 419	150 790	119 753	83 040
+ Production vendue de services	*FI*		4 262		0
= Chiffre d'affaires net	*FL*	196 122	157 442	122 057	85 594
+ Production stockée	*FM*	– 20 794	4 681	– 1 663	– 2 324
+ Production immobilisée	FN	2 725	2 661	2 281	2 191
= Production de l'exercice		**178 053**	**164 785**	**122 675**	**85 460**
– Achats de marchandises	*FS*	280	470	463	1 332
– Achats de matières 1res et approvisionnements	*FU*	92 619	77 244	54 974	34 687
– Variation des stocks de marchandises	*FT*	0	0	0	0
– Variation des stocks de matières 1res	*FV*	7 221	– 1 063	– 834	347
= Marge brute		**77 934**	**88 134**	**68 072**	**49 095**
– Autres achats et charges externes	*FW*	32 290	27 143	20 169	14 051
+ Crédit-bail mobilier et immobilier	*HP+HQ*	0	115	0	115
= Valeur ajoutée		**45 643**	**61 107**	**47 903**	**35 158**
+ Subventions d'exploitation	*FO*	11	24	4	– 1
– Impôts, taxes et versements assimilés	*FX*	2 845	2 419	2 405	2 284
– Salaires et traitements	*FY*	24 245	19 929	17 413	16 819
– Charges sociales	*FZ*	10 367	8 437	7 372	6 733
= Excédent brut d'exploitation		**8 196**	**30 345**	**20 716**	**9 322**
– Dotation aux amortissements d'exploitation	*GA*	4 275	3 767	3 416	3 670
– Part amortie du crédit-bail	*60 %(HP+HQ)*	0	69	0	69
– Provisions d'exploitation	*GB+GC+GD*	3 398	2 857	5 278	4 644
+ Reprise sur amortissements, provisions, transferts	*FP*	34 195	3 381	3 754	3 391
+ Autres produits	*FQ*	522	643	694	625
– Autres charges	*GE*	105	329	534	850
= Résultat d'exploitation		**35 137**	**27 347**	**15 936**	**4 105**

= Résultat d'exploitation		**35 137**	**27 347**	**15 936**	**4 105**
+ Bénéfice attribué ou perte transférée	*GH*	0	0	0	0
– Perte supportée ou bénéfice transféré	*GI*	0	0	0	0
+ Produits financiers, à savoir :		3 327	4 484	3 777	771
*Prod. fin. de participations	*GJ*	1 326	3 286	3 063	384
*Prod. des autres valeurs mobilières	*GK*	0	44	0	0
*Autres intérêts et assimilés	*GL*	1 295	142	313	388
*Différences positives de change	*GN*	0	503	0	0
*Produits nets sur cession de VMP	*GO*	707	508	400	0
+ Reprises sur prov. et trans. fin.	*GM*	1 650	323	56	141
– Charges financières, à savoir :		1 852	2 495	1 452	1 853
*Intérêts et charges assimilées	*GR*	1 852	1 566	1 452	1 510
*Part financière du crédit-bail	*40 % (HP + HQ)*	0	46	0	46
*Différences négatives de change	*GS*	0	865	0	298
*Charges nettes sur cession de VMP	*GT*	0	19	0	0
– Dotations fin. aux amortissements et provisions	*GQ*	46	1 568	30	25
= Résultat courant avant impôts		**38 216**	**28 091**	**18 286**	**3 140**
+ Produits exceptionnels, à savoir :		45 898	459	795	203
*Produits exceptionnels sur opération de gestion	*HA*	31 766	0	0	40
*Produits exceptionnels sur opération en capital	*HB*	13 940	413	2	163
*Reprises sur provisions et transferts exceptionnels	*HC*	192	46	794	0
– Charges exceptionnelles, à savoir :		47 125	1 315	989	351
*Charges exceptionnelles sur opération de gestion	*HE*	31 754	0	10	173
*Charges exceptionnelles sur opération en capital	*HF*	13 827	336	654	178
*Dotations aux amortissements et provisions	*HG*	1 544	978	325	0
– Participations des salariés	*HJ*	3 849	3 069	1 382	0
– Impôts sur les bénéfices	*HK*	11 255	9 647	3 661	15
= Résultat net de l'exercice		**21 885**	**14 519**	**13 049**	**2 977**

Nous allons analyser successivement les six soldes de gestion du tableau, prévus par le nouveau plan comptable pour les grandes entreprises relevant du système dit « développé ». Si ces grandes entreprises sont tenues, légalement d'établir ce tableau, les petites entreprises y ont aussi recours[1].

1- Du « total produits » à la production

Le compte de résultat comptable avait comme premier objectif de calculer l'enrichissement par l'exploitation. Pour ce faire, il additionnait, sous forme de francs, diverses sources d'enrichissement, dont le seul point commun était de « remplir la baignoire ». La comptabilité nous avait alors fait parvenir à un « total produits » d'éléments hétérogènes, dont le total n'était pas forcément un bon indicateur de l'activité sur l'exercice considéré.

Or, pour une entreprise industrielle comme Bénéteau la notion de « production », légèrement différente de celle de « recettes », est fondamentale.

La production de l'entreprise a trois principaux volets :
- les produits fabriqués et vendus pendant l'exercice ;
- les produits fabriqués pendant l'exercice et non encore vendus le jour de la clôture ;
- les produits vendus pendant l'exercice et fabriqués l'année d'avant.

►►► La production stockée

On conçoit bien que, toutes choses étant égales par ailleurs, la société est d'autant plus riche que ses stocks de produits finis ont augmenté.[2]

[1] On pourrait d'ailleurs s'interroger sur la qualité de la gestion d'une société qui se contenterait de son seul compte de résultat, sans l'éclairer à la lumière des soldes de gestion, tant ces SIG sont révélateurs.

[2] Sous réserve des provisions pour dépréciation : il faut quand même que les produits soient vendables.

Un exemple

Il illustrera le caractère bénéfique de cette production stockée.

Considérons le travail effectué le 30 août 2000 entre 17 et 18 h, par une centaine de salariés. À la suite de ce travail, effectué juste avant la clôture des comptes, les stocks de produits finis vont augmenter ; des livraisons pourront être effectuées, dès le 2 septembre au matin, juste après le démarrage du nouvel exercice.

Si le coût de revient de l'heure de travail est de 15 €, on considérera que le stock de produits finis a augmenté, grâce à ce travail de :

$$100 \text{ h} \times 15 \text{ €/h} = 1\,500 \text{ €}$$

Ne pas prendre en compte ce travail, alors que les salaires correspondants sont passés en charge – et font donc partie des salaires de l'exercice 2000 – serait une erreur. Ce serait de plus une entorse à l'un des objectifs premiers du bilan : donner une « image fidèle » de la situation de l'entreprise.

Effectivement, pendant l'exercice 1998/99, Bénéteau a vendu 150,8 M€ de bateaux, et a vu simultanément ses stocks de produits finis augmenter de 4,3 M€. Sa production de bateaux à vendre aura donc été, sur cet exercice, de (150,8 + 4,3) = 155,1 M€.

La production déstockée

D'un autre côté, si les stocks de produits finis avaient diminué, c'est-à-dire si l'entreprise avait vendu pendant l'exercice plus qu'elle n'avait produit, il faudrait absolument mettre en contrepartie du chiffre d'affaires la diminution des stocks.

La production stockée serait alors négative et se déduirait du chiffre d'affaires pour indiquer le volume fabriqué pendant l'exercice, c'est-à-dire la production.

C'est précisément ce qui s'est passé sur l'exercice 1999/2000. Bénéteau a vendu pour 193 M€ de bateaux, dont 20,7 millions avaient été produits pendant l'exercice précédent. Sa production de bateaux à vendre n'aura été, sur cet exercice, que de (193,4 – 20,7) = 172,7 M€.

La production immobilisée

La production dite immobilisée subit le même type de traitement. Le terme « immobilisée » est à prendre ici au sens comptable « d'immobilisation ».

Illustrons cette vérité première par un exemple.

Imaginons encore une équipe technique qui a passé 500 h et consommé 5 000 € de matières pour la mise au point des moules de la nouvelle série d'Océanis.

Ce travail de mise au point, qui se chiffre à 15 K€ (500 h × 20 €/h + 5 K€) se trouvera dans les charges, donc dans le compte de résultat. Cependant l'entreprise se trouvera aussi plus riche de 15 K€ de moules, qui permettront de fabriquer pendant au moins trois ans des Océanis. Ces moules se retrouveront à la fois :
– dans la partie « immobilisations du bilan » ;
– dans la partie « production immobilisée » du compte de résultat.

Il convient donc de tenir compte de cette forme d'enrichissement, qui n'a pas porté sur le poste client de l'actif mais sur le poste « immobilisations ».

Synthèse : la production Bénéteau

Date de clôture **31/08/1997**		**31/08/2000**	**31/08/1999**	**31/08/1998**	
Ventes de marchandises (activité commerciale)	*FC*	2 703	2 391	2 305	2 554
+ Production vendue de biens (activité industrielle)	*FF*	193 419	150 790	119 753	83 040
+ Production vendue de services	*FI*		4 262		0
= Chiffre d'affaires net	*FL*	196 122	157 442	122 057	85 594
+ Production stockée	*FM*	– 20 794	4 681	– 1 663	– 2 324
+ Production immobilisée	*FN*	2 725	2 661	2 281	2 191

En conclusion, nous pouvons écrire la définition suivante[3] :

Production = ventes + production stockée + production immobilisée

[3] Production stockée = stock final d'en-cours – stock initial. Pour calculer cette production, il convient de soustraire les valeurs d'en-cours de 2 bilans successifs.

2- La consommation

Les achats (qu'il s'agisse d'une entreprise industrielle ou d'une entreprise de distribution) ne sont pas significatifs s'ils sont pris isolément. Ils doivent être ajustés en fonction de la variation des stocks, pour déterminer un indicateur fondamental : les « consommations » de matières (dans l'industrie) ou de marchandises (dans la distribution).

Les matières consommées ont deux provenances possibles :
- soit elles ont été prélevées sur les stocks, qui ont de ce fait diminué ;
- soit elles sont achetées auprès des fournisseurs.

Voilà pourquoi les quatre premières lignes de charges proposées par les liasses fiscales s'appellent respectivement :
- achats (de marchandises et matières premières),
- variation de stock (de marchandises et de matières premières).

Aussi la définition ci-dessous de la consommation est-elle extrêmement naturelle et intuitive.

Consommation matières = achats – variation de stock

En sachant que la variation de stock s'exprime par l'équation :

Variation de stock = stock final – stock initial

3- La marge commerciale

Si la production est un bon indicateur du volume d'activité d'une entreprise industrielle comme Bénéteau ou Delachaux, elle ne représente rien de significatif pour une entreprise de distribution comme Carrefour ou pour le négociant en vin Calvet, dont la principale activité n'est pas la fabrication mais le négoce. Aussi, dans le cas d'une entreprise purement commerciale, choisit-on la marge commerciale comme indicateur de l'activité.

La notion de marge commerciale est très intuitive. Personne n'ignore que la marge, c'est le prix de vente diminué du prix d'achat, ou, mieux encore, le prix de vente diminué du coût de revient des produits vendus[5]. Pour l'entreprise qui achète des milliers de produits et vend d'autres milliers de produits, mieux vaut utiliser une autre marge que la marge de l'écolier qui a revendu ses billes.

Le montant des achats n'est plus forcément significatif, puisqu'il a pu y avoir variation des stocks de marchandises, dans un sens ou dans l'autre.

Si l'entreprise a moins vendu qu'elle n'a acheté, on devra constater une augmentation des stocks, c'est-à-dire compenser le plus faible niveau de vente par le plus fort niveau de stock. Dans l'autre sens, une diminution des stocks traduira un volume de chiffre d'affaires supérieur à celui des achats, et, cette fois, c'est une diminution de stock qui viendra en contrepartie d'un plus fort niveau de chiffre d'affaires.

Analyse de la marge commerciale d'une entreprise de négoce (Calvet)

Chiffre d'affaires	*CA*	48 586	28 699	66 703	41 905
– Achats de marchandises	*FS*	9 182	6 942	13 963	9 632
– Achats de matières 1res et approvisionnements	*FU*	27 010	15 559	34 321	20 945
– Variation des stocks de marchandises	*FT*	– 1 536	– 1 989	– 5 730	– 3 341
– Variation des stocks de matières 1res	*FV*	0	0	0	0
= Marge brute **= *CA – FS – FU – FT – FV***		**13 929**	**8 187**	**24 149**	**14 669**

5 Il n'est pas trop difficile de le calculer, dans la distribution, en ajoutant aux frais d'achat, les frais de transport sur achats, ainsi que les autres frais logistiques directement identifiables. Cela dit, la marge brute est difficilement estimable à partir de la comptabilité générale ou à partir des comptes de l'entreprise analysés de l'extérieur. L'analyste extérieur n'a pas accès aux frais de transports sur achats, qui sont noyés dans la masse du poste « autres achats et charges externes », avec les loyers, les assurances, et les frais de formation. La marge brute calculée à partir du compte de résultat « général » surestime donc la marge brute réelle.

4- La valeur ajoutée

La valeur ajoutée est un concept issu de la comptabilité nationale. C'est sur la valeur ajoutée qu'est assise la TVA, taxe sur la valeur ajoutée, et dans une autre mesure, la taxe professionnelle.

La valeur ajoutée mesure un résultat de l'entreprise sur **« monde économique »**, en retranchant de la production (ou du chiffre d'affaires, lorsqu'il est plus significatif) l'ensemble des consommations externes. « Monde économique extérieur » signifie le monde des entreprises, par opposition au monde du travail (les salariés), des collectivités (*via* les taxes), et par opposition au monde financier (prêteurs et actionnaires).

Dans ces consommations, figurent non seulement les consommations de matières premières qui nous avaient permis de calculer la marge commerciale, mais aussi les autres achats, effectués à l'extérieur de l'entreprise et regroupés dans le poste comptable « Autres achats et charges externes ».

Font partie de ces autres achats, les dépenses de loyers, d'électricité, de téléphone, de déplacement. Mais font aussi partie des consommations externes les frais de personnel temporaire[6] et les loyers de crédit-bail[7].

Expression de la valeur ajoutée

Arithmétiquement, la valeur ajoutée se calcule à partir de l'équation ci-dessous.

Valeur ajoutée = production – consommations externes

Signification et limites de la valeur ajoutée

Le terme de valeur ajoutée est parfois considéré comme un synonyme de rentabilité. À tort. La valeur ajoutée mesure ce que l'entreprise

---

[6] Cette distinction réalisée par la comptabilité générale, entre frais de personnel interne et externe est, la plupart du temps, sans intérêt, voire dangereuse pour l'analyste externe.

[7] De la même manière, cette classification d'un loyer en charge externe ne met pas en évidence le fait qu'un crédit-bail est plus une opération de financement qu'une opération d'exploitation. Donc une charge financière.

reverse à son personnel, aux collectivités et à ses bailleurs de fonds. Or, l'objectif de l'entreprise n'est pas de dégager de la valeur ajoutée bénéficiant aux diverses collectivités, mais de dégager du résultat pour ses actionnaires.

« Valeur ajoutée » *vs* « résultat »

Montrons, concrètement, comment « valeur ajoutée » et « résultat » peuvent s'opposer.

Donnons l'exemple classique d'un entrepreneur qui a le choix, pour un contrat représentant 10 % de matières, pour produire un CA de 100, entre :
– une sous-traitance externe, au coût de 50 ;
– la production, avec son personnel, au coût de 60.

La première solution est évidemment la plus économique, et dégagera une valeur ajoutée de (100 – 10 – 50) = 40, et une marge « nette » de 40. La seconde solution dégagera une valeur ajoutée de (100 – 10) = 90, donc bien plus importante, mais se traduira par une marge « nette » de 30 (100 – 10 – 60), inférieure à la marge « nette » de la première option.

Une application : la valeur ajoutée Bénéteau

Appliquons cette définition au groupe Bénéteau, en reprenant les consommations externes du compte de résultat, pour arriver à la valeur ajoutée du premier tableau.

Production de l'exercice		178 053	164 785	122 675	85 460
– Achats de marchandises	*FS*	280	470	463	1 332
– Achats de matières 1res et approvisionnements	*FU*	92 619	77 244	54 974	34 687
– Variation des stocks de marchandises	*FT*	0	0	0	0
– Variation des stocks de matières 1res	*FV*	7 221	– 1 063	– 834	347
= Marge brute		77 934	88 134	68 072	49 095
– Autres achats et charges externes	*FW*	32 290	27 143	20 169	14 051
+ Crédit-bail mobilier et immobilier[8]	*HP + HQ*	0	115	0	115
= Valeur ajoutée		45 643	61 107	47 903	35 158

[8] Dans cet exemple, les dépenses de crédit-bail ont été retraitées. Ces « dépenses » sont comptablement considérées comme des dépenses d'exploitation et inclues dans le poste « Autres achats et charges externes », alors qu'elles constituent, en réalité, une charge financière. Elles sont donc rajoutées à la valeur ajoutée.

5- L'excédent brut d'exploitation (EBE)

L'excédent brut d'exploitation (nous utiliserons désormais au fil du texte, l'abréviation EBE) s'obtient essentiellement en retranchant à la valeur ajoutée les impôts et taxes et les frais de personnel. Autrement dit, lorsqu'on est arrivé à l'EBE, presque toutes les dépenses d'exploitation de l'entreprise ont été couvertes.

Arrivé à ce niveau, on corrige les éléments de recettes et de dépenses de second ordre, qui se sont traduits par des flux financiers.

Notamment :

– **les subventions d'exploitation** que l'entreprise s'est vu accorder parce qu'elle avait procédé à des recherches innovatrices, à des embauches, etc. Ces subventions ne pouvaient bien sûr être prises en compte au niveau de la production, puisque ces fruits tombés du ciel sont des effets secondaires de l'activité ;

– certaines provisions[9], ou variations de provisions assimilables à des flux financiers.

Seul l'analyste interne à la société peut réellement faire la part des choses à ce niveau et distinguer quelles sont réellement les provisions à considérer et celles qu'il ne faut pas prendre en compte.

Doit-on pour autant baisser les bras si on ne dispose pas de toute l'information ? Évidemment non, les montants en jeu devant être relativement faibles par rapport aux charges identifiables que sont les frais de personnel, les impôts et les taxes.

Si, par hasard, tel n'était pas le cas, il y aurait sans doute quelque loup dans la bergerie.

Expression de l'EBE

Algébriquement, l'EBE se calcule donc à partir de la formule ci-dessous :

EBE = valeur ajoutée – impôts et taxes – frais de personnel
+ subventions + variations de certaines provisions

9 Ainsi, les provisions passées sur les comptes clients, résultant du non-paiement par un client, doivent être retranchées de l'EBE, puisque celle-ci a été établie en considérant que le chiffre d'affaires était encaissable. Or, si le client a été « provisionné », c'est qu'il n'a pas payé et n'est pas sur le point de le faire. La dotation peut alors être considérée comme un « flux » annulant le « flux » du chiffre d'affaires correspondant.

Interprétation de l'EBE

L'EBE est un indicateur remarquable, au moins à deux points de vue.

D'abord, c'est un solde **d'exploitation** sur lequel les décisions financières n'ont pas pesé. Il est en effet calculé avant la prise en compte des considérations financières et fiscales qui déterminent les montants des impôts et des amortissements.

Enfin, il traduit un **flux financier**, c'est-à-dire le volume des liquidités qui ont été dégagées par l'exploitation. C'est avec ces liquidités que vont être payés de leurs risques, banquiers et actionnaires. C'est avec ces liquidités que l'entreprise pourra financer ses nouveaux investissements, l'EBE, c'est du *cash*.

Une illustration : l'EBE de Bénéteau

= Valeur ajoutée		45 643	61 107	47 903	35 158
+ Subventions d'exploitation	*FO*	11	24	4	– 1
– Impôts, taxes et versements assimilés	*FX*	2 845	2 419	2 405	2 284
– Salaires et traitements	*FY*	24 245	19 929	17 413	16 819
– Charges sociales	*FZ*	10 367	8 437	7 372	6 733
= Excédent brut d'exploitation		8 196	30 345	20 716	9 322

6- Le résultat d'exploitation

Nous avons commenté sa genèse dans le chapitre précédent. Aussi nous contenterons-nous ici de le redéfinir sous forme d'équation, et de rappeler que, comme son nom l'indique, il se calcule avant la prise en compte des éléments financiers ou exceptionnels. Il s'agit réellement du résultat de l'exploitation.

Il se déduit de l'EBE par :

1. soustraction des dotations aux amortissements ;
2. soustraction de certaines dotations aux provisions[10] ;
3. soustraction des **autres charges** qui n'auraient pas été prises en compte[11] ;

[10] Ces dotations sont des charges calculées, qui sont entrées en comptabilité sans qu'un flux financier ait eu lieu.

[11] Ce sont toutes les dépenses annexes à l'exploitation, qui vont des étrennes versées au facteur à toutes les petites dépenses qu'on n'a su où caser.

4. addition des autres produits qui n'auraient pas été pris en compte ;
5. addition des reprises sur provisions[12].

Le résultat d'exploitation apparaît explicitement dans la liasse fiscale, ce qui permet de vérifier que nous ne nous sommes pas trompés dans la cascade de déductions à laquelle nous venons de nous livrer.

Une illustration . le résultat d'exploitation de Dénéteau

Comme précédemment, nous allons sans attendre appliquer cette méthodologie à l'exercice 1993 du groupe Bénéteau.

= Excédent brut d'exploitation		8 196	30 345	20 716	9 322
– Dotation aux amortissements d'exploitation	*GA*	4 275	3 767	3 416	3 670
– Part amortie du crédit-bail[13]	*60 % (HP + HQ)*	0	69	0	69
– Provisions d'exploitation	*GB + GC + GD*	3 398	2 857	5 278	4 644
+ Reprise sur amortissements, provisions, transferts	*FP*	34 195	3 381	3 754	3 391
+ Autres produits	*FQ*	522	643	694	625
– Autres charges	*GE*	105	329	534	850
= Résultat d'exploitation		35 137	27 347	15 936	4 105

7- Le résultat courant avant IS

À partir du résultat d'exploitation, le tableau des soldes de gestion se déroule identiquement au compte de résultat du plan comptable.

Nous sommes maintenant parvenus à la fin de l'analyse des dépenses d'exploitation. Nous devons prendre en compte les dépenses financières, ou plutôt leur solde, le résultat financier dont nous avons déjà parlé. Lui aussi a déjà été calculé dans la liasse fiscale où il est affecté du numéro 2.

12 Ces reprises, qui sont l'opposé des dotations devenues sans objet, traduisent un enrichissement certes, mais sur le papier ; aucun flux financier n'est associé à la reprise.

13 Les dépenses de crédit-bail peuvent se scinder en deux composantes : une première (dans le tableau, forfaitairement moyennée à 60 %) correspondrait à l'amortissement du bien acquis en crédit-bail. Les 40 % restants correspondent à une charge financière pure.

Expression du résultat courant

Le résultat financier se soustrait du résultat d'exploitation pour donner le résultat courant avant impôt, qui est la dernière ligne de la page 3 du compte de résultat de la liasse fiscale.

Une illustration : le résultat courant de Bénéteau

= Résultat d'exploitation		35 137	27 347	15 936	4 105
+ Produits financiers, à savoir :	*GJ + GK + GL + GN + GO*	3 327	4 484	3 777	771
* Produits financiers de participations	*GJ*	1 326	3 286	3 063	384
* Produits des autres valeurs mobilières	*GK*	0	44	0	0
* Autres intérêts et assimilés	*GL*	1 295	142	313	388
* Différences positives de change	*GN*	0	503	0	0
* Produits nets sur cession de VMP	*GO*	707	508	400	0
+ Reprises sur provisions et transferts financiers	*GM*	1 650	323	56	141
– Charges financières, à savoir :		1 852	2 495	1 452	1 853
* Intérêts et charges assimilées	*GR*	1 852	1 566	1 452	1 510
* Participation financière du crédit-bail	*40 % (HP + HQ)*	0	46	0	46
* Différences négatives de change	*GS*	0	865	0	298
* Charges nettes sur cession de VMP	*GT*	0	19	0	0
– Dotations financières aux amortissements et provisions	*GQ*	46	1 568	30	25
= Résultat courant avant impôts		38 216	28 091	18 286	3 140

8- Résultat net

Le résultat net se calcule en déduisant du résultat courant toutes les charges non encore prises en compte dans la détermination des soldes intermédiaires. C'est ainsi qu'on peut ajouter à ce niveau les quotes-parts des résultats des sociétés non consolidées, les éléments exceptionnels, l'impôt sur les sociétés.

Une illustration : le résultat net Bénéteau

L'évolution de la santé financière de Bénéteau apparaît de manière éclatante, avec un résultat en progression rapide et régulière, puisqu'il est multiplié par 7 en 3 ans.

= Résultat courant avant impôts		38 216	28 091	18 286	3 140
+ Produits exceptionnels, à savoir :		45 898	459	795	203
* Produits exceptionnels sur opérations de gestion	*HA*	31 766	0	0	40
* Produits exceptionnels sur opérations en capital	*HB*	13 940	413	2	163
* Reprises sur provisions et transferts exceptionnels	*HC*	192	46	794	0
– Charges exceptionnelles, à savoir :		47 125	1 315	989	351
* Charges exceptionnelles sur opérations de gestion	*HE*	31 754	0	10	173
* Charges exceptionnelles sur opérations en capital	*HF*	13 827	336	654	178
* Dotations aux amortissements et provisions	*HG*	1 544	978	325	0
– Participations des salariés	*HJ*	3 849	3 069	1 382	0
– Impôts sur les bénéfices	*HK*	11 255	9 647	3 661	15
= Résultat net de l'exercice		21 885	14 519	13 049	2 977

9- Exercices

►►► Complétez les blancs

Vous vous rendrez vite compte que la plus grande difficulté, lorsque vous travaillez sur des comptes fournis par diverses bases de données, consiste à chercher ce qui doit être additionné ou soustrait compte tenu des conventions de signes du fournisseur de données. Aussi je vous propose de compléter les quelques blancs du compte de résultat d'un grand négociant en vins de Bordeaux.

Vente de marchandises (total)	**48 393**	**28 623**	**66 262**
Production vendue : biens (total)	0	0	0
Production vendue : services (total)	194	76	441
Chiffre d'affaires net (total)	48 586	28 699	
Production stockée	0	0	0
Production immobilisée	0	0	0
Subventions d'exploitation	0	0	0
Reprises sur amortissements et provisions, transferts de charges	796	880	440
Autres produits	284	164	420
Total des produits d'exploitation		**29 743**	**67 564**
Achats de marchandises (y compris droits de douane)	9 182	6 942	13 963
Variation de stocks de marchandises	– 1 536	– 1 989	– 5 730
Matières 1res et autres approvisionnements (+ droits de douane)	27 010	15 559	34 321
Variation de stocks de matières 1res et approvisionnements	0	0	0
Autres achats et charges externes	7 927	4 047	9 575
Impôts, taxes et versements assimilés	901	585	1 121
Salaires et traitements	3 452	1 694	3 058
Charges sociales	1 363	636	1 550
Sur immobilisations : dotations aux amortissements	1 290	570	822
Sur immobilisations : dotations aux provisions	0	0	0
Sur actif circulant : dotations aux provisions	676	930	547
Pour risques et charges : dotations aux provisions	53	0	421
Total des charges d'exploitation	**50 421**		**59 724**
Résultat d'exploitation	**– 754**	**729**	

►►►

Produits financiers			
Autres intérêts et produits assimilés	4	2	23
Reprises sur provisions et transferts de charges	6	2	1
Différences positives de change		30	150
Produits nets sur cessions de VMP	0	0	51
Total des produits financiers	336	33	226
Dotations financières aux amortissements et provisions	1	6	2
Intérêts et charges assimilées	936	353	135
Différences négatives de change	87	92	35
Charges nettes sur cessions de VMP	0	0	0
Total des charges financières	1 023	451	172
Résultat financier		**– 417**	**54**
Résultat courant avant impôts	– 1 441	311	7 894
Produits exceptionnels :			
Produits exceptionnels sur opérations de gestion	13	37	1
Produits exceptionnels sur opérations en capital	27	10	48
Reprises sur provisions et transferts de charges	0	152	69
Total des produits exceptionnels	40		117
Charges exceptionnelles :			
Charges exceptionnelles sur opérations de gestion	39	14	39
Charges exceptionnelles sur opérations en capital	12	0	42
Dotations exceptionnelles aux amortissements et provisions	0	0	1 354
Total des charges exceptionnelles		14	1 435
Résultat exceptionnel	**– 11**		
Participation des salariés aux résultats de l'entreprise	0	0	356
Impôts sur les bénéfices	0	37	2 637
Total des produits	50 042	29 976	67 906
Total des charges	51 495	29 516	64 324
Bénéfice ou perte			

►►► Dressez le tableau des SIG de ce négociant

Si vous manquez de patience, la solution est donnée en annexe, à la fin de ce chapitre.

Date de clôture	29/02/2000	28/02/1999	31/08/1998
Ventes de marchandises (activité commerciale)			
+ Production vendue de biens (activité industrielle)	0	0	0
+ Production vendue de services			
= Chiffre d'affaires net			
+ Production stockée	0	0	0
+ Production immobilisée	0	0	0
= Production de l'exercice			
– Achats de marchandises			
– Achats de matières 1res et approvisionnements			
– Variation des stocks de marchandises			
– Variation des stocks de matières 1res	0	0	0
= Marge brute			
– Autres achats et charges externes			
= Valeur ajoutée			
+ Subventions d'exploitation	0	0	0
– Impôts, taxes et versements assimilés			1 121
– Salaires et traitements			3 058
– Charges sociales			1 550
= Excédent brut d'exploitation			**8 845**
– Dotation aux amortissements d'exploitation			
– Provisions d'exploitation			
+ Reprises sur amortissements, provisions, transferts	796	880	440
+ Autres produits	284	164	420
– Autres charges	100	39	76
= Résultat d'exploitation	**– 754**	**729**	**7 840**

►►►

+ Produits financiers, à savoir :			
* Autres intérêts et assimilés			
* Différences positives de change		30	150
* Produits nets sur cession de VMP			
+ Reprises sur provisions et transferts financiers	6	2	1
– Charges financières, à savoir :	1 022	445	170
* Intérêts et charges assimilées	936		135
* Différences négatives de change	87		35
* Charges nettes sur cession de VMP	0	0	0
– Dotations financières aux amortissements et provisions	1	6	2
= Résultat courant avant impôts	**– 1 441**	**311**	**7 893**
+ Produits exceptionnels, à savoir :		**199**	**117**
* Produits exceptionnels sur opérations de gestion	13	37	1
* Produits exceptionnels sur opérations en capital	27	10	
* Reprises sur provisions et transferts exceptionnels	0	152	69
– Charges exceptionnelles, à savoir :			**1 435**
* Charges exceptionnelles sur opérations de gestion	39	14	39
* Charges exceptionnelles sur opérations en capital	12	0	42
* Dotations aux amortissements et provisions	0	0	1 354
– Participations des salariés			
– Impôts sur les bénéfices			
= Résultat net de l'exercice			

10- La présentation anglo-saxonne du compte de résultat

Le compte de résultat à la française, qu'il soit dans sa forme comptable « brute » ou qu'il soit sous forme de soldes de gestion, nous apprend bien des choses. Dans ce compte de résultat, les dépenses ont été classées par nature : les frais de personnel d'un côté, les consommations d'un autre, les dotations aux amortissements d'un troisième.

►►► Philosophie de comptabilisation des charges d'exploitation

Les Anglo-Saxons ont une autre conception des charges. Ils les classent essentiellement par fonctions, sachant que l'entreprise a trois fonctions principales : la fabrication, la vente, l'administration. Aussi leur compte de résultat aboutit-il au même résultat que le nôtre, mais en suivant un chemin différent. Le comptable anglo-saxon, lors de l'enregistrement de chaque charge, va positionner la dépense en fonction de sa destination (dans une colonne du tableau ci-dessous), plutôt qu'en fonction de sa nature (dans une ligne du tableau ci-dessous).

Ainsi, la partie « exploitation » du compte de résultat du négociant en vin serait traitée en France sur la colonne de gauche ; outre-Manche, sur les 3 colonnes de droite.

Total des produits d'exploitation	49 666	Traitement en comptabilité anglo-saxonne		
	Comptabilité française	*Cost of sales*	*Selling and marketing expenses*	*General and administrative expenses*
Achats de marchandises (y compris droits de douane)	9 182	9.182		
Variation de stocks de marchandises	– 1 536	(1.536)		
Matières 1res et autres approvisionnements (+ droits de douane)	27 010	27.010		
Variation de stocks de matières 1res et approvisionnements	0			
Autres achats et charges externes	7 927	2.378	4.360	1.189
Impôts, taxes et versements assimilés	901	90	451	361
Salaires et traitements	3 452	690	1.381	1.381
Charges sociales	1 363	273	545	545
Sur immobilisations : dotations aux amortissements	1 290	386	710	194
Sur actif circulant : dotations aux provisions	676	676		
Pour risques et charges : dotations aux provisions	53	40	13	
Total des charges d'exploitation	50 320	39.191	7.460	3.669

En fin de course, le compte de résultat à l'anglo-saxonne, pour sa partie *« operations »* correspondant mot pour mot à l'exploitation, apparaîtra comme ci-dessous.

Income Statement / Period 1999/2000	
Net sales	49.666
Cost of sales	(39.191)
Selling and marketing expenses	(7.460)
General and adminsitrative expenses	(3.669)
Total operating expenses	(50.320)
Profit from operations	**(654)**

Philosophie de comptabilisation de l'exceptionnel

Aux États-Unis, les éléments exceptionnels – et leur impact fiscal – sont vraiment considérés comme exceptionnels. En conséquence, la partie « haute » du compte de résultat ne prend en compte que les éléments récurrents du compte de résultat[14], avec l'impôt sur les sociétés leur afférant.

14 Souvent d'ailleurs en faisant abstraction des frais financiers, qui apparaissent, avec leur impact fiscal, plus bas.

Annexe — Une illustration : le compte de résultat de Microsoft

Les comptes de résultat de Microsoft ci-dessous sont fournis par Disclosure. Nous les avons remaniés pour les rendre plus facilement lisibles par un esprit gaulois cartésien. Les Anglo-Saxons n'ont ni l'habitude, ni l'obligation de formalisme auquel nous sommes habitués...

Fiscal year ending		06/30/2000	06/30/1999	06/30/1998	06/30/1997
Chiffre d'affaires	*Net sales or revenue*	22.956	19.747	14.484	11.358
Coût de revient des ventes	*Cost of goods sold*	(2.254)	(1.804)	(173)	(528)
Dotations aux amortissements	*Depreciation & amort*	(748)	(1.010)	(1.024)	(557)
Résultat brut	*Gross income*	19.954	16.933	13.287	10.273
	Gross income	19.954	16.933	13.287	10.273
Frais de ventes, administration et autres	*Sell gen & admin exp*	(8.925)	(6.890)	(6.347)	(5.143)
Autres dépenses d'exploitation	*Other optg expenses*	(92)	(115)	(230)	0
Résultat d'exploitation	*Operating income*	10.937	9.928	6.710	5.130
	Operating income	10.937	9.928	6.710	5.130
Autres résultats	*Non oper int income*	3 182	1 803	703	443
Frais financiers	*Interest expense*	0	0	0	0
Résultat avant impôts	*Pretax income*	14.275	11.891	7.117	5.314
Impôts sur les sociétés	*Income taxes*	(4.854)	(4.106)	(2.627)	(1.860)
Résultat net avant éléments exceptionnels	*Net inc bef ex items*	9.421	7.785	4.490	3.454
	Net inc bef ex items	9.421	7.785	4.490	3.454
Eléments exceptionnels	*Extra items*	0	0	0	0
Résultat net avant dividendes sur actions à dividendes prioritaires	*Net inc bef pref div*	9.421	7.785	4.490	3.454
Dividendes sur actions à dividendes prioritaires	*Pfd div requirements*	(13)	(28)	(28)	(15)
Résultat net	***Net income***	**9.408**	**7.757**	**4.462**	**3.454**

Annexe

Une illustration : les comptes de résultat consolidés de Saint-Gobain

Nombre de sociétés multinationales françaises, dont Saint-Gobain, ont opté pour ce mode de présentation à l'anglo-saxonne du compte de résultat.

Compte de résultat consolidé de Saint-Gobain	Notes	2003	2002	2001
(en millions d'euros				
Chiffre d'affaires		29 590	30 274	30 390
Coût des produits vendus		-22 263	-22 670	-22 692
Résultat brut d'exploitation		7 327	7 604	7 698
Frais généraux et de recherche	(22)	-4 626	-4 712	-4 774
Autres charges et produits d'exploitation	(23)	-259	-310	-243
Résultat d'exploitation		2 442	2 582	2 681
Dividendes reçus de participations non consolidées		12	22	32
Charge nette de financement	(24)	-457	-504	-603
Charges hors exploitation	(25)	-275	-252	-122
Résultat courant des sociétés intégrées		1 722	1 848	1 988
Résultat des réalisations d'actifs	(26)	86	3	84
Impôts sur les résultats (17)		-595	-612	-721
Résultat net des sociétés intégrées avant dotation aux amortissements des écarts d'acquisition		1 213	1 239	1 351
Dotation aux amortissements des écarts d'acquisition		-154	-169	-184
Résultat net des sociétés intégrées		1 059	1 070	1 167
Quote-part dans les résultats des sociétés mises en équivalence	(6)	6	4	7
Résultat net de l'ensemble consolidé		1 065	1 074	1 174
Part revenant aux intérêts minoritaires	(14)	-26	-34	-40
RESULTAT NET		1 039	1 040	1 134
Résultat par action (en euros)				
Nombre moyen pondéré de titres en circulation		337 226 640	336 727 133	334 139 384
Résultat net de l'ensemble consolidé avant impôts et intérêts minoritaires par action		4,92	5,01	5,67
Résultat net par action		3,08	3,09	3,39
Nombre moyen pondéré et dilué de titres		356 055 169	354 006 928	335 593 088
Résultat net dilué de l'ensemble consolidé avant impôts et intérêts minoritaires par action		4,73	4,82	5,65
Résultat net dilué par action		2,96	2,98	3,38
Nombre de titres émis en fin de période		347 824 967	341 010 680	341 034 512
Résultat net de l'ensemble consolidé avant impôts et intérêts minoritaires par action		4,77	4,94	5,56
Résultat net par action		2,99	3,05	3,33

Annexe

Solution du second exercice : « Dressez le tableau des SIG de ce négociant»

Date de clôture	29/02/2000	28/02/1999	31/08/1998
Ventes de marchandises (activité commerciale)	48 393	28 623	66 262
+ Production vendue de biens (activité industrielle)	0	0	0
+ Production vendue de services	194	76	441
= Chiffre d'affaires net	48 586	28 699	66 703
+ Production stockée	0	0	0
+ Production immobilisée	0	0	0
= Production de l'exercice	**48 586**	**28 699**	**66 703**
Ventes de marchandises	48 393	28 623	66 262
– Achats de marchandises	9 182	6 942	13 963
– Variation des stocks de marchandises	– 1 536	– 1 989	– 5 730
= Marge Commerciale	40 746	23 670	58 029
Production de l'exercice	**48 586**	**28 699**	**66 703**
– Achats de marchandises	**9 182**	**6 942**	**13 963**
– Achats de matières 1res et approvisionnements	27 010	15 559	34 321
– Variation des stocks de marchandises	– 1 536	– 1 989	– 5 730
– Variation des stocks de matières 1res	0	0	0
= Marge brute	28,7 %	28,5 %	36,2 %
– Achats de marchandises	**13 929**	**8 187**	**24 149**
– Autres achats et charges externes	7 927	4 047	9 575
= Valeur ajoutée	**6 002**	**4 139**	**14 575**
+ Subventions d'exploitation	0	0	0
– Impôts, taxes et versements assimilés	**901**	**585**	**1 121**
– Salaires et traitements	3 452	1 694	3 058
– Charges sociales	1 363	636	1 550
= Excédent brut d'exploitation	**285**	**1 224**	**8 845**

►►►

= Excédent brut d'exploitation	**285**	**1 224**	**8 845**
– Dotation aux amortissements d'exploitation	1 290	570	822
– Provisions d'exploitation	729	930	968
+ Reprises sur amortissements, provisions, transferts	796	880	440
+ Autres produits	284	164	420
– Autres charges	100	39	76
= Résultat d'exploitation	**– 754**	**729**	**7 840**
+ Produits financiers, à savoir :	330	32	224
* Autres intérêts et assimilés	4	2	23
* Différences positives de change	327	30	150
* Produits nets sur cession de VMP	0	0	51
+ Reprises sur provisions et transferts financiers	6	2	1
– Charges financières, à savoir :	1 022	445	170
* Intérêts et charges assimilées	936	353	135
* Différences négatives de change	87	92	35
* Charges nettes sur cession de VMP	0	0	0
– Dotations financières aux amortissements et provisions	1	6	2
= Résultat courant avant impôts	**– 1 441**	**311**	**7 893**

CHAPITRE 6

Bilan et Comptabilité

L'objectif de cet ouvrage n'est certes pas de vous transformer en comptable. Cependant, en analyse financière, il faut très souvent avoir recours à des « écritures extra-comptables » afin de donner, de manière cohérente, une tournure plus réaliste aux états financiers analysés. C'est pourquoi ce petit passage dans les plates-bandes de votre comptable est réellement indispensable.

Nous n'avons fait que survoler, implicitement de plus, le principe de la **comptabilité en partie double.** Ce principe est entièrement contenu dans l'équation fondamentale qui décrit l'égalité entre l'actif et le passif. Cette égalité, qui est une constatation et non un résultat, peut s'écrire sous plusieurs formes équivalentes.

Actifs = dettes + fonds propres

ou encore

Fonds propres = actifs – dettes

1- La partie double

Puisque cette égalité compte **deux** membres, il s'ensuit que, **chaque fois** qu'un des membres est modifié par **un événement commercial**, industriel ou financier, **l'autre** membre est modifié en conséquence. D'où la dénomination **« partie double »**. Enfin, chaque fois qu'un **événement** est sans effet sur l'un des membres de l'équation, il est forcément sans effet sur l'autre.

Le terme « événement » est à prendre ici dans le sens le plus générique : un événement peut être, parmi beaucoup d'autres possibilités :

- le règlement d'un fournisseur ;
- l'achat de matières ;
- une vente ;
- la mobilisation d'une créance ;
- la constatation qu'un équipement s'est dévalorisé ;
- la découverte qu'il faudra tirer très fort l'oreille d'un client pour qu'il paie.

Nous allons faire le lien entre comptabilité et finance, afin de dissiper les doutes que vous pourriez avoir.

2- Quelques événements simples

Les deux premiers événements cités peuvent être qualifiés de simples, puisqu'ils ne concernent pas les fonds propres.

Règlement fournisseur

Contrairement au dicton populaire, « Qui paie ses dettes s'enrichit », régler un fournisseur n'enrichit, ni n'appauvrit. Le règlement d'une dette n'a aucun impact sur les fonds propres. Certes la caisse (à l'actif du bilan) diminue. Mais, en contrepartie, la dette diminue du même montant.

L'actif et le passif sont touchés dans les mêmes proportions, et l'équation « Fonds $\text{propres}_{\text{initiaux}}$ = $(\text{actifs} - \text{dettes})_{\text{initiaux}}$ » reste vérifiée, sans impact sur le côté gauche de l'équation qui représente le compte de résultat.

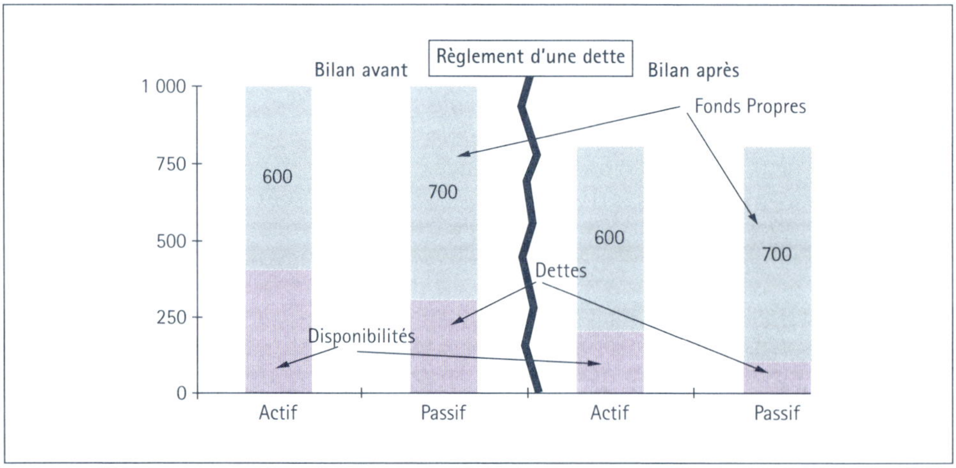

Achat de matières

Cette transaction est, elle aussi, sans effet sur le côté gauche de l'équation – pardon : sur le compte de résultat. L'entreprise n'est ni plus ni moins riche après un achat de matières, contrairement encore au « bon sens » populaire. Si l'achat a été payé comptant, ce qui était en banque est désormais en stock. Si l'achat est réglé à crédit, le compte « fournisseurs » s'est gonflé d'un montant identique à celui des stocks. Le fait qu'il y ait eu, ou non, règlement est sans effet.

Vente

L'interprétation comptable d'une vente est guère plus complexe que les deux exemples précédents.

Vous vendez 100 ce qui valait 80.
Vous vous enrichissez donc de 20, et le premier membre de l'équation va augmenter de 20.

Simultanément, vos stocks vont se dégarnir de 80, et vos disponibilités vont augmenter de 100.

L'équation « Fonds $\text{propres}_{\text{initiaux}}$ = $(\text{actifs} - \text{dettes})_{\text{initiaux}}$ » va donc se mouvementer de la manière suivante :

$$\textbf{Fonds propres}_{\textbf{initiaux}} + 20 = [\textbf{actifs}_{\textbf{initiaux}} + (100 - 80)] - \textbf{dettes}$$

Elle sera donc, grâce au ciel, toujours vérifiée.

Cette transaction élémentaire modifie le bilan initial (premier tableau ci-dessous) pour le transformer (second tableau ci-après).

Bilan avant la vente			
Immobilisations	400	Fonds propres	700
Stocks	180		
Clients	20		
Disponibilités	400	Dettes	300
Total	**1 000**		**1 000**

Bilan après la vente			
Immobilisations	400	Fonds propres	700 + 20 = 720
Stocks	180 – 80 = 100		
Clients	20 + 100 = 120		
Disponibilités	400	Dettes	300
Total	**1 000**		**1 000**

3- Les amortissements

La présence (ou plutôt l'apparence de la présence) simultanée d'amortissements au bilan et au compte de résultat peut être une source de confusion pour le néophyte. Alors que les amortissements figurant au bilan à l'instant t traduisent la déperdition cumulée de valeur des actifs entre la nuit des temps et l'instant t, les dotations aux amortissements de l'année n traduisent la déperdition de valeur des actifs pendant l'année n.

Ainsi l'amortissement a pour objectif de **constater la dépréciation** des immobilisations dans le temps. Le terme « amortissement » fait d'ailleurs partie du vocabulaire courant. On dit d'une vieille voiture qui a beaucoup roulé qu'elle est bien amortie.

Si la dite voiture avait été acquise pour 50 KF, et si aujourd'hui elle ne vaut plus que 10 KF, la traduction de cette réalité du langage courant en langage comptable pourra être illustrée dans le tableau ci-après.

Langage comptable		Langage courant
Valeur comptable brute	10 000 €	Prix d'achat
Amortissements pratiqués	8 000 €	Dévalorisation
Valeur comptable nette	2 000 €	Valeur réelle

Spécificité financière de l'amortissement

Illustrons le caractère financier de l'amortissement par un exemple pris dans la vie de tous les jours, le véhicule automobile. Sous le seul effet du temps, les actifs se dévalorisent. La voiture neuve devient, très vite, voiture d'occasion. Chacun sait qu'une voiture neuve perd une partie non négligeable de sa valeur dès qu'elle est sortie du garage. Elle est achetée 100 le premier janvier. Imaginons que quelques heures plus tard, sa valeur vénale ne soit plus que de 80.

Sous l'effet de cette **dévalorisation,** l'entreprise s'appauvrit. Elle est moins riche de 100 – 80 = 20. Donc ses fonds propres diminuent de 20. Cette **diminution** des fonds propres, qui apparaît sur le bilan, a sa contrepartie sur le compte de résultat, la **dotation** aux **amortissements.**

Cette charge de 20 est une dépense tout à fait particulière à au moins deux points de vue.

D'abord, ce n'est pas une charge **constatée** par une facture ni par une fiche de paye. C'est une charge **calculée** à partir du bon sens et de la réglementation.

De plus, contrairement aux autres dépenses, elle ne se traduit par **aucun décaissement.** Si on payait le personnel de 20, il y aurait un **flux** financier de 20. Le montant du compte en banque diminuerait de 20. Quand on constate un amortissement de 20, il ne s'agit que d'un jeu d'écritures ; on ouvre son livre de comptes mais le chéquier reste au coffre et le compte en banque est inchangé.

> L'amortissement est une charge non décaissée.

C'est pour cette raison que l'excédent brut d'exploitation a été défini avant la prise en compte des dotations aux amortissements. C'est pour cette raison que nous avions pu écrire que l'EBE correspond à un flux financier. C'est pour cette raison que l'EBE s'appelle « excédent d'**exploitation** » : il se calcule, en effet, avant toutes les charges financières, dont font partie ces dotations.

Traitement comptable de l'amortissement

Il sera basé sur l'équation fondamentale :

> Fonds propres = actifs – dettes

Le membre de gauche de cette équation est diminué de 20. Il faut donc que le membre de droite diminue lui-même de 20.

Les actifs, et plus précisément le poste « immobilisations », vont décroître de 20. Plutôt que de diminuer directement ce poste, la comptabilité recommande de regrouper ces amortissements dans un compte dit « amortissements sur immobilisation ».

On soustraira du montant global des immobilisations, dites « brutes », la totalité de ces amortissements. Le résultat de la soustraction donnera le montant des immobilisations que l'on qualifiera alors de « nettes ».

Exemple de traitement comptable

Appliquons ceci au cas de Bénéteau qui acquiert, le 1er septembre 2000, à 9 h, un nouvel appareil pour la modique somme de 100 000 €.

	Solde	Addition	Nouveau solde
	au 31/08 à 24 h	au 01/09 à 9 h	au 01/09 à 9 h
Installations techniques et outillage industriel *AR*	26 110	100	26 210
Amortissements et provisions *AS*	18 921		18 921
Valeur nette des immobilisations	7 189		7 289

Imaginons qu'un comptable scrupuleux dresse un bilan 5 min après l'installation pour prendre en compte la dévalorisation de 20 % du nouvel appareillage. Les actifs vont diminuer de 20 000 €, donc les fonds propres aussi. Les conséquences comptables de cette dévalorisation vont figurer au bilan, qui sera ainsi modifié en deux endroits, partie double oblige.

À l'actif d'abord :

	Solde	Addition	Nouveau solde
	au 01/09 à 9 h	au 01/09 à 9 h 05	au 01/09 à 9 h 05
Installations techniques et outillage industriel *AR*	26 210		26 210
Amortissements et provisions *AS*	18 921	20	18 941
Immobilisations nettes	7 289		7 269

Au passif ensuite :

	Solde	Addition	Nouveau solde
	au 31/08 à 24 h	au 01/09 à 9 h	au 01/09 à 9 h
Capitaux propres *DL*	86 230		86 230
Résultat dégagé entre 9 h et 9 h 05		– 20	– 20
Nouveau niveau des fonds propres			86 210

Vous avez bien sûr constaté :

- qu'aucun mouvement sur la trésorerie n'avait eu lieu ;
- que les fonds propres n'ont pas été modifiés à 9 h par l'adjonction du nouvel équipement ;
- que les fonds propres ont été modifiés entre 9 h et 9 h 05 par l'amortissement de cet équipement.

Conclusion

Les amortissements apparaissant au bilan **représentent le cumul**, depuis la nuit des temps, des **dotations** aux amortissements passées chaque année.

4- Les provisions

Revenons maintenant sur les provisions qui ont, à l'instar des amortissements, le mauvais goût de figurer, apparemment du moins, à la fois au bilan et dans le compte de résultat.

Elles sont, de plus, présentes des deux côtés du bilan, à l'actif et au passif.

À l'actif, elles s'appellent « provisions » et ce mot apparaît juste après le terme « amortissements ».

Par contre, au passif, elles sont dénommées « dotations pour provisions pour risques » ou « provisions pour charges ». De même, au compte de résultat, une ligne est consacrée à chacune d'entre elles.

Les provisions au passif du bilan

Contrairement aux **amortissements qui sont définitifs** (hélas pour votre voiture), **les provisions ne sont que temporaires :** elles doivent nécessairement être reprises un jour ou l'autre.

Cependant, dans une entreprise en régime de croisière, on est régulièrement conduit à prendre de nouvelles provisions. Si on « provisionne » à peu près autant qu'on « reprend », le bilan portera un volume de provisions relativement constant, donnant ainsi une impression de pérennité des provisions.

Oui, le solde peut être régulier, ce qui donne une idée trompeuse de stagnation car, dans une entreprise qui tourne, il y a en réalité un flux de provisions compensant un flux de reprises...

Les provisions sur actifs

Commençons par les provisions pour dépréciations d'actifs, qui trouvent leur place à l'actif du bilan. Ces provisions sont aux actifs (participations, stocks, comptes clients...), ce que les amortissements sont aux immobilisations.

Elles ont été **passées** pour prendre en compte la **différence** entre la valeur comptable du poste considéré et sa valeur « réelle ». Aussi leur fonctionnement est-il identique à celui des amortissements.

Un exemple

Votre société, Créancière SA, a vendu 100 € de marchandises le 1er décembre de l'année à son client, la société Débiteur SA, qui n'a pas payé tout de suite.
Créancière SA a donc une créance sur Débiteur SA de 100 €. Cette créance fait partie des actifs de Créancière SA. Elle figure bien sûr au bilan, au niveau des comptes clients, sous le chapeau duquel sont totalisés tous les montants dus à Créancière SA par ses clients.

Imaginons maintenant que, lors de l'établissement du bilan final de Créancière SA, le 1er janvier à 9 h, vous vous interrogiez sur la capacité de Débiteur SA à payer cette dette. On vous a dit que Débiteur SA a été relancé trois fois par courrier et par téléphone. En outre, les difficultés financières de Débiteur SA sont aujourd'hui notoires. Aussi estimez-vous que, dans le meilleur des cas, vous n'allez récupérer que 60 % de cette créance.

Lorsque vous arrivez à cette conclusion, il vous faut la traduire dans l'équation « Fonds propres = actifs – dettes ».
Il vous faut traduire que vous êtes moins riche de 40 % de 100 €, donc que vous êtes plus pauvre de 40 €. Le membre de gauche de l'équation est diminué de 40 €.
Le membre de droite aussi : c'est le compte du client Débiteur SA qu'il faut diminuer de 40 €.

Comme pour les amortissements, plutôt que de diminuer directement le compte de Débiteur SA, vous allez augmenter le compte de « provisions sur créances clients » de 40 €. La somme des comptes clients, parfois appelée « comptes clients bruts » sera à rapprocher des « provisions sur comptes clients ».

La différence entre ces deux comptes, parfois appelée « compte client net », représente ce qui sera très probablement encaissé de la part des clients.

La constatation d'insolvabilité potentielle du client Débiteur SA, en vertu de l'équation de définition des fonds propres, se traduira sur les états financiers comme l'indiquent les tableaux ci-après :

Compte de Résultat du 01/01/n, de 9 h à 9 h 01	
Dotation aux provisions sur actifs circulants	40 €
Résultat de la période	– 40 €

	Brut	Provision	Net
Client Débiteur SA	100 €	40 €	60 €

Provisions pour risques et charges

Ces provisions constatent les risques prévisibles à la clôture de l'exercice, risques qui ne concernent pas des dépréciations exceptionnelles d'actifs. Nous avons précédemment analysé le caractère parfois ambivalent (mi-fonds propres, mi-dettes) de ces provisions.

Nous nous proposons maintenant d'étudier leur fonctionnement, en utilisant comme toile de fond les comptes de notre fournisseur préféré d'optronique.

Imaginez que vous êtes le 30 décembre 200n, et que votre entreprise vienne d'être informée que les Schmilbliks vendus à France Télécom pendant l'année présentent un taux de défaillance très supérieur à la norme. Vous pensez que 100 000 d'entre eux devront sans doute être révisés, ce qui va occasionner une dépense probable moyenne de 10 € par pièce. Donc une dépense globale probable d'un million d'euros. Quelles sont les conséquences comptables et financières de ce nouvel événement ?

Comme précédemment, la probabilité patente de cette dépense doit apparaître dans les comptes. L'équation fondamentale « Fonds propres = actifs – dettes » restera valide, avec une « dette » augmentée d'un million d'euros, donc des fonds propres diminués d'autant.

La reprise sur provision

La provision a été faite pour prendre en compte une charge à venir. Vient le jour où il faut enfin régler cette charge, c'est-à-dire enregistrer les factures afférant à ces dépenses dans le compte de résultat. La provision est devenue **sans objet**. Allons-nous purement et simplement ajouter une ligne de dépense, entérinant de ce fait un appauvrissement de l'entreprise ?

Certes non.

La provision a déjà été passée pour constater cet appauvrissement. Il convient surtout de ne pas passer une seconde fois en dépense ce qui a déjà été « dépensé » lorsque la provision a été prise.

Aussi la prise en compte de la dépense doit-elle s'accompagner d'une reprise de la provision. Cette reprise de provision sera classée en produit d'exploitation, au même titre que les ventes, la production immobilisée ou la production stockée. Cette reprise, qui viendra augmenter le résultat de l'entreprise, ne se matérialisera cependant pas en flux financier. Il ne s'agit ici encore que d'un jeu d'écriture.

Analysons les écritures, sur le compte de résultat[1], correspondant à la remise en état des Scmilbliks de France Télécom.

Achat de matières premières des Schmilbliks	– 500 000 €
Frais de transport/achat	– 25 000 €
Frais d'installation	– 525 000 €
Reprise sur provision Schmilblik	1 000 000 €
Total	– 50 000 €

Le débouclage de l'opération ne se traduira, globalement, que par une charge de 50 000 € pour l'exercice. La mésaventure Schmilblik aura certes coûté 1,05 millions d'euros à la société, qui seront effectivement versés en 200n+1. Mais la charge figurera essentiellement sur l'exercice 200n.

Il n'est pas étonnant que le résultat global de cette opération soit proche de zéro, puisque l'objectif même du « provisionnement » était

[1] Chaque ligne aura, bien entendu, une contrepartie au bilan.

de faire apparaître la dépense – donc l'appauvrissement de l'entreprise – avant même qu'elle ne se matérialise par une facture à payer.

Lorsque la provision a été initialement prise, elle a été passée sur un montant prévisionnel. Or, bien entendu, prévision n'est pas prophétie. Aussi, les entreprises ont-elles, au niveau des provisions, une marge de manœuvre dans leur appréciation du volume des provisions à passer : l'actualité récente (d'ELF à Nomura, en passant par Péchiney) est là pour en témoigner.

Du bon et mauvais usage des provisions

Le bon usage des provisions est évident : le bilan doit donner une image sincère et véritable du patrimoine et des engagements de l'entreprise. Un responsable d'Air France ou d'EDF qui ne « provisionnerait » pas les dépenses de gros entretien sur les avions ou le prochain démantèlement des centrales nucléaires faillirait à son devoir.

Nous avons cependant vu que :

– la passation de provision était initialement sans effet sur la trésorerie, et se traduisait par une dépense, donc par une diminution du résultat, voire une augmentation de la perte ;

– la reprise de provision était sans effet (hélas !) sur la trésorerie, et se traduisait par une recette, donc une augmentation du résultat, voire une diminution de la perte.

Autrement dit, la passation de provision permet de transférer des dépenses, donc des profits dans le temps. Avec, en conséquence, le transfert du paiement des impôts correspondant au profit, et ce au détriment du fisc. La tentation est donc grande pour certains chefs d'entreprise, de jouer les provisions pour manipuler le résultat de l'entreprise en leur faveur.

Ainsi, après une très bonne année, le dirigeant pourra être enclin à provisionner un maximum, diminuant son résultat sans toucher à sa caisse, mettant ainsi des profits de l'exercice de côté en prévision d'une année à venir qui pourrait être plus dure...

Ainsi, après une année très médiocre, le dirigeant pourra être enclin à provisionner un minimum tout en reprenant des provisions passées lors des années de vaches grasses. Ce faisant, il augmentera le résultat de l'exercice en cours...

Ainsi, lorsque monsieur X succède à monsieur Y en cours d'exercice, il pourra être enclin à passer le maximum de provisions, diminuant le résultat attribuable à son prédécesseur et ménageant son propre avenir. Lorsqu'il reprendra ces provisions, le résultat en sera amélioré et ce sera lui qui sera crédité de cette amélioration...

Ainsi, lorsque monsieur X senior envisage de passer la main à monsieur X junior, il pourra être enclin à passer le maximum de provisions, diminuant le résultat qui lui est attribuable. Il mettra ce faisant au congélateur une partie des profits que son cher fils pourra ressortir le jour qu'il lui conviendra, montrant alors à l'envi qu'il est bon gestionnaire et non un simple usurpateur...

Inutile de dire que les regards de l'analyste doivent se porter prioritairement sur les provisions, ou sur les absences de provisions.

CHAPITRE

7 Le bilan financier

Nous avons déjà fait une première analyse, relativement grossière, en dressant le bilan par grandes masses. Ce premier regard nous a fait entrevoir la silhouette de cette personne (morale) qu'est l'entreprise. Cette première analyse est d'ailleurs très souvent révélatrice. Il n'est pas nécessaire de s'appeler Sherlock Holmes pour constater qu'en mars 1999, AOM était déjà dans une situation des plus inconfortables, alors que le principal problème de Microsoft était de se défaire de ses liquidités.

Cependant, dans les cas « intermédiaires », il n'est pas inutile d'aller au-delà du bilan par grandes masses. Aussi allons-nous maintenant procéder à une analyse plus approfondie, et ne plus nous contenter des seules grandes lignes, en transformant le bilan établi par des comptables, dans le cadre d'une réglementation comptable ou boursière, en un outil de travail établi en fonction des objectifs que l'on nourrit pour l'entreprise analysée. En effet, l'analyse des comptes se fait toujours avec un objectif, et c'est en fonction de cet objectif que se fera l'analyse. Le bilan comptable représente (peut-être) l'entreprise telle qu'elle est. Pas forcément telle qu'elle devrait être, ou encore telle qu'elle pourrait être.

Nous allons constituer, à partir du bilan comptable, ce qu'il est convenu d'appeler le « bilan financier ». Ce bilan porte le qualificatif de **financier** pour bien le distinguer de celui qui est établi dans le **strict** respect des **normes** comptables et appelé abusivement bilan – comme si ce bilan était unique ! Comme si l'approche comptable constituait la seule appréciation possible des finances de l'entreprise.

Pour atteindre notre objectif, nous partirons des informations comptables et nous les agrémenterons d'informations extra-comptables, chaque fois que nous en aurons la possibilité, notamment de tous les éléments figurant en annexe des comptes, qu'il s'agisse des feuillets 8 et 11 de la liasse fiscale, ou qu'il s'agisse des notes de « pied de bilan » ou des annexes figurant en aval des comptes dans le rapport annuel.

Mais il nous faudra souvent aussi recourir à des **sources complètement externes à la société.**

Il conviendra notamment de consulter – la liste ci-dessous n'étant pas limitative :
– des spécialistes de la technique de l'entreprise, afin de comparer la valeur comptable des immobilisations à leur valeur vénale et à leur valeur industrielle ;
– des spécialistes des marchés de l'entreprise afin de réévaluer les fonds de commerce ;
– des cabinets immobiliers lorsque le haut de bilan comporte une part importante d'actifs immobiliers, dont la valeur vénale peut être très éloignée de la valeur comptable[1] ; ou dès lors que les constructions représentent une fraction importante des fonds propres ;
– la presse spécialisée (du *Wall Street Journal* aux *Échos* en passant par *Le Trégor*, *Le Petit Bleu* et *Le Financial Times*) pour connaître et éventuellement évaluer les options stratégiques qui ont pu être prises, être au courant des informations locales qui ne seraient pas parvenues jusqu'aux oreilles averties des salons parisiens ;
– le registre des protêts du tribunal de commerce local, pour vérifier si l'entreprise a fait face à tous ses engagements, notamment fiscaux ;
– ses principaux clients pour connaître la qualité de leur relation avec l'entreprise, et leur propre santé financière ;
– le service d'information de la chambre de commerce locale. Les CCI sont au carrefour des informations économiques et mettent à la disposition des entreprises leurs propres bases de données et un accès privilégié à un grand nombre de bases de données locales, nationales et internationales.

Muni de toutes ces informations (nous devrions dire de ces seules informations), l'analyste va pouvoir se livrer aux retraitements, opérations qui consistent à remplacer une valeur comptable de bilan ou de compte de résultat par une valeur plus financière. Chaque retraitement sera un pas supplémentaire vers la clarté financière. Mais un seul pas, bien modeste, qui ne saurait en aucun cas nous faire parvenir à la réalité complexe et insaisissable, résultant d'une infinité de paramètres.

Une fois les comptes « retraités », l'analyste les classera dans une des catégories du tableau ci-après, proposé par Michel Albouy, l'un des grands théoriciens français de la finance, dans la revue *Banque*. Ce tableau constitue l'architecture autour de laquelle s'articule le bilan financier.

[1] Demandez aux actionnaires de Suez ou de Paribas combien il leur en a coûté de ne pas avoir pris cette précaution.

Actif immobilisé	Capitaux permanents
Immobilisations incorporelles Immobilisations corporelles Immobilisations financières	Fonds propres corrigés Dettes à long et moyen terme corrigées
Actifs circulants	**Passif circulant**
Stocks (matières et encours) Comptes clients Créances hors exploitation Liquidités	Dettes d'exploitation Dettes hors exploitation corrigées Dettes financières court terme

La forme de ce bilan financier nous permettra d'appréhender les principaux paramètres de l'équilibre financier de l'entreprise : fonds de roulement, besoin en fonds de roulement, structure capitalistique.

1- Les postes du bilan financier

Si nous connaissons dès à présent la plupart de ces postes, il convient maintenant de se demander ce qu'ils représentent au juste, et, pour certains d'entre eux, comment ils ont été valorisés. Ou, plus exactement, si leur valeur comptable est réaliste, pour vous. Chaque fois qu'elle ne le sera pas, il faudra la corriger, dans un sens ou dans un autre en fonction des besoins de l'analyste.

Ainsi, l'analyste ne (se) posera pas les mêmes questions lorsqu'il est en situation de :
- prêteur à court terme ;
- prêteur à long terme ;
- fournisseur potentiel ;
- salarié potentiel ;
- acquéreur en situation minoritaire ;
- acquéreur en situation majoritaire.

Selon son optique, l'analyste augmentera, ou diminuera[2] les éléments d'actif ou de passif considéré, avec, bien entendu, une contrepartie sur les fonds propres : partie double oblige.

[2] Pour avoir plus de détails, se reporter au chapitre « Évaluation de l'entreprise ».

►►► Immobilisations incorporelles

Ce sont les investissements faits par l'entreprise, qui ne sont pas physiquement matérialisables. En font notamment partie les brevets d'invention, les frais de recherche, les noms déposés (sur lesquels ont été réalisés des investissements publicitaires importants, comme Quicksilver, Perrier, Courvoisier, Chanel, Jaguar...), les fonds de commerce, etc. Que valent ces immobilisations ? De l'or, parfois. Parfois, pas grand-chose. Une seule certitude : il n'y a pas de règle générale, et la méfiance est de rigueur.

Un exemple

Il est de coutume, dans l'industrie pharmaceutique, de ne pas « immobiliser » les frais de recherche et développement. Aussi, si vous présentez les comptes d'un laboratoire en vue d'une cession, il vous faudra recapitaliser, raisonnablement, les frais de recherche sur les produits en cours d'élaboration.

►►► Immobilisations corporelles

Les immobilisations corporelles regroupent l'ensemble des investissements physiques, matériellement visibles et vérifiables. C'est dans ce tiroir qu'on classera les usines, le mobilier, les équipements, les véhicules, les ordinateurs, etc. Chaque ligne constitutive de ces immobilisations doit correspondre à une facture d'un fournisseur et doit pouvoir être « tracée » dans l'entreprise.

Il faut cependant se garder de prendre pour argent comptant les chiffres apparaissant dans ces postes censés représenter des montants *hard*.

Un exemple

Vous êtes sollicité, en tant que banquier, pour un engagement de 1 M€ sur la Société industrielle de Plounevez-Moëdec (SIPM), au bilan de laquelle, vous trouvez :
- Terrains = 0
- Constructions = 2 M€

Les immeubles en lévitation étant rares, la SIPM a sans doute construit sur le terrain d'autrui, et, dans un tel cas, la valeur patrimoniale de cette construction pour la SIPM est tout simplement égale à 0,00 € !

Dans l'exemple ci-dessus, le bilan de la SIPM pourrait alors très se corriger très simplement comme dans le tableau qui suit :

►►►

	Valeur Comptable	Correction	Valeur financière
Actifs	250	– 2	248
Dettes	100	0	100
Fonds propres	150	– 2	148

Immobilisations financières

C'est sous ce terme que seront regroupées toutes les sommes « immobilisées », c'est-à-dire placées pour longtemps (en pratique plus d'un an) que ce soit en actions de filiales, en prêts consentis dans le groupe ou à des sociétés tierces.

Les sociétés financières, les *holdings* notamment, auront d'importantes immobilisations financières, alors que les sociétés industrielles seront musclées en immobilisations corporelles.

S'il s'agit de participations dans des sociétés cotées en Bourse, il est très aisé de rétablir les valeurs réelles des participations : il suffit pour cela d'ouvrir son journal. Ce cas est toutefois rarissime. La PME de base a d'autres opportunités d'investissement que l'acquisition de titres Alcatel...

Elle peut avoir, pour des raisons compréhensibles, isolé la production dans une filiale, l'importation dans une seconde, la distribution dans une troisième. Autrement dit, notre PME peut avoir constitué un petit « groupe ». **Dans un tel cas, l'analyse des comptes de la société mère peut devenir sans objet**, et il faudra absolument avoir recours à des comptes consolidés, car les titres apparaissant en immobilisations financières peuvent avoir des valeurs réelles très différentes de la valeur comptable. De plus, les éléments d'actif et de dettes se « cachant » derrière les titres peuvent réserver bien des surprises, bonnes ou mauvaises. L'objectif de l'analyse financière est de voir aussi clair que possible, d'essayer de comprendre l'entreprise. Certaines structures peuvent être compliquées par l'histoire, un groupe s'étant constitué au fil d'acquisitions, de rapprochements ou d'intégrations. D'autres structures peuvent avoir été compliquées de manière volontariste...

Actifs circulants

Sous le terme d'« actifs d'exploitation » ou encore d'« actifs circulants », sont rassemblés les actifs qui rendent possible l'exploitation, essentiellement :

– les stocks (avec éventuellement une composante pour les matières, les en-cours, et les produits finis), parfois appelés « valeurs d'exploitation » ;
– les comptes clients ;
– les autres créances.

Le chef d'entreprise a d'autant plus tendance à oublier leur existence qu'ils contribuent au confort quotidien de ses principaux collaborateurs.

Comment fabriquer sans un minimum de pièces détachées, qui sont comptabilisées en stock de matières premières ?

Comment fabriquer instantanément sans passer par le stade de produits semi-finis qualifiés d'« en-cours » ? Les producteurs rêvent de stocks volumineux qui leur permettent de faire face à tout aléa de la production.

Comment vendre sans accorder de crédit à ses clients, comme le veut la coutume dans nos pays où l'offre de produits est supérieure à la demande ? Les commerciaux détestent les conflits avec leurs clients et sont plus préoccupés de leur vendre que de les faire payer. Autrement dit, ces actifs circulants ont une certaine tendance à la génération spontanée, bien que cette spontanéité se fasse par, donc au détriment de, la trésorerie.

Quoiqu'il en soit, il reste au bilan un montant incompressible d'actifs circulants, qui varie avec la saisonnalité de l'activité de l'entreprise, en fonction de ce que les financiers appellent le **cycle d'exploitation**.

De plus, comme nous l'avons vu précédemment, stocks et clients sont, après les provisions, la plus classique et la plus vaste cache à profits et pertes, dissimulés aux yeux du fisc et des actionnaires.

Ne soyez cependant pas trop crédule. Ce n'est pas parce que vous voyez 3,14 en stocks qu'il y a en réalité 3,14[3]. Ni qu'il devrait y en avoir 3,14.

Créances hors exploitation

Ce sont les créances qui ne relèvent pas directement de l'exploitation : par exemple, les avances faites au personnel, les cautions déposées lors d'une location de courte durée, etc. Dans une entreprise en régime de croisière, le montant relatif de ces créances devrait être extrêmement limité. Si tel n'était pas le cas, méfiance !

3 À la limite, on peut faire apparaître au niveau des stocks le montant que l'on veut ; il suffit pour cela de mettre en place un système de comptabilité ou un programme de production qui vous fasse parvenir au niveau financier de résultat, donc de stock, désiré.

Liquidités

Sous ce terme sont regroupées bien sûr les « disponibilités » figurant au bilan, c'est-à-dire l'ensemble des soldes créditeurs des comptes en banque et les sommes dormant dans les caisses de l'entreprise. Il convient de leur ajouter tous les placements à court terme faits par l'entreprise. On a alors ce qu'il est coutume d'appeler la trésorerie.

Lorsque ces liquidités sont importantes, on parle parfois de « trésor de guerre ». Je suis persuadé qu'**une entreprise « normale » n'a pas besoin de disposer d'un « trésor » de ce type**. Sauf, éventuellement à court terme, lorsqu'elle envisage une acquisition majeure ou une restructuration conséquente. En dehors de ce cas de figure très particulier, une trésorerie pléthorique est synonyme de piètre gestion des capitaux des actionnaires. Si vraiment la société ne sait que faire de son argent, qu'elle le rende aux actionnaires. Eux sauront en faire l'usage qui leur convient. L'entreprise appartient aux actionnaires, ne l'oublions pas. Elle n'appartient pas à ses gestionnaires et ne saurait justifier son existence que par sa capacité à faire tourner les capitaux que ses actionnaires ont bien voulu mettre, ou laisser, à sa disposition. Faire tourner, c'est l'opposé de « laisser dormir ».

Prenons l'exemple de l'augmentation de capital de Lafarge de l'hiver 2001. Si nous investissons 1 000 € en actions Lafarge, plutôt que de partir aux sports d'hiver, c'est parce que nous pensons que, grâce à son savoir-faire industriel et commercial, Lafarge fera fructifier nos capitaux en compensation du séjour à la montagne que nous ne ferons pas. Au cas où Lafarge irait placer ces 1 000 € en Sicav monétaires, elle abuserait de nous, et ne remplirait plus son rôle. « Je », « nous », « vous » savons trouver la Caisse d'épargne, et n'avons aucunement besoin de Lafarge pour y placer nos économies...

Par contre, lorsque le volume de liquidité est raisonnable, il est coutume de considérer ces disponibilités, au même titre que les stocks ou les clients, comme un actif d'exploitation. En effet, pour que l'entreprise puisse tourner harmonieusement, il faut un volume de liquidité minimum pour assurer l'échéance du 10, celle du 25, et la paie à la fin du mois. Ce minimum dépend de la taille et du train de vie de l'entreprise. Il n'est pas identique pour IBM et pour Delachaux pour les mêmes raisons qu'un Rockefeller ne saurait se contenter de l'argent de poche d'un Dupont (sauf s'il est de Nemours).

Ce minimum varie aussi avec la saisonnalité de l'exploitation : ainsi, en forte saison, on aura besoin d'un « fonds de caisse » plus important qu'en morte saison.

Ne soyez pas crédule : ce n'est pas parce que vous voyez une trésorerie de 3,14 que l'entreprise a effectivement besoin d'une trésorerie de 3,14. De plus, la trésorerie est l'élément le plus volatil du bilan ; elle peut varier très rapidement du 31 décembre au 2 janvier...

Fonds propres corrigés

Ce sont les fonds propres apparaissant aux bilans, mais « corrigés » pour prendre en compte des réalités financières ignorées par la comptabilité. Corrigés à la baisse pour tenir compte du fait que certains actifs sont gonflés, corrigés à la hausse pour tenir compte que d'autres sont manifestement sous-évalués. Bien entendu, ces corrections, qui sont la conséquence des analyses critiques (précitées, et suivantes), seront intimement liées à la personnalité de l'analyste et à ses besoins.

Dettes à long et moyen termes

Elles sont composées des dettes financières (celles qui ont été contractées auprès de la communauté financière : banques, établissements de crédit) et des dettes ou engagements envers les tiers dont la vocation première n'est pas le financement des entreprises (associés, maison mère, créanciers d'un moratoire). Ces dettes ont plusieurs caractéristiques :
- leur échéance supérieure à un an ;
- leur provenance d'une négociation explicite.

Leur « vraie » valeur peut différer très sensiblement de leur valeur comptable. Demandez donc aux banques japonaises ce qu'il leur en a coûté entre 1998 et 2000 ! La valeur financière d'une dette varie à l'inverse des taux, et de manière d'autant plus importante que la dette est à long terme. Ainsi une dette de 100, dont la maturité[4] est à 5 ans, augmente de 5 % quand les taux baissent de 1 %, et baisse d'autant quand les taux baissent.

Enfin, je ne parlerai pas des emprunts imprudemment contractés dans une devise (yen, dollar, franc suisse), dans laquelle les taux étaient plus (apparemment seulement) faibles, dont on espérait une dévalorisation, ou pour lesquels on s'était insuffisamment couvert. De tels emprunts réservent autant de bonnes que de mauvaises surprises.

En conséquence, les fonds propres devront être corrigés en fonction de la valeur des dettes.

4 Plus exactement, il faudrait prendre la duration.

	Valeur Comptable	Correction	Valeur financière
Actifs	250		250
Dettes	100	– 10	90
Fonds propres	150	10	160

Dettes d'exploitation

Ce sont les dettes qui sont directement liées au cycle d'exploitation. Ces dettes se renouvellent en permanence, parallèlement au volume d'activité, à l'instar des actifs d'exploitation : elles épousent parfaitement la saisonnalité des ventes de l'entreprise. Le plus souvent, **elles ne résultent pas d'une négociation financière, mais d'une pratique commerciale ou réglementaire.**

Ainsi, les crédits accordés par les fournisseurs sont l'exemple même de la dette d'exploitation. Car cette dette « roule » de commande en commande. Les dettes « fiscales et sociales », qui regroupent les sommes dues au fisc au titre de la TVA et aux organismes sociaux (URSSAF, ASSEDIC, caisses de retraite), se renouvellent chaque mois ou chaque trimestre. Plus l'entreprise a fait de chiffre d'affaires dans sa pleine saison, plus ces dettes sont – momentanément – importantes. Puis, quand vient la morte saison, le chiffre d'affaires décroît, entraînant dans son reflux les dettes d'exploitation.

Dettes hors exploitation

On regroupe dans ce poste l'ensemble des dettes qui ne sont pas liées au cycle d'exploitation, mais qui ne sont pas non plus des dettes envers la communauté financière. En feront notamment partie les dividendes à distribuer, les dettes envers les fournisseurs d'immobilisations, la part impôt sur les sociétés non encore versée au titre de l'exercice passé.

2- Les retraitements systématiques

Bien entendu, vous allez devoir systématiquement corriger certains postes comptables, qui font l'unanimité des analystes financiers et pour lesquels il n'est point besoin de faire intervenir un quelconque spécialiste.

Les non-valeurs

Pour des raisons historiques parfois, fiscales surtout, figurent au bilan des actifs qui n'ont d'actif que le nom.

Ainsi, les frais d'établissement, premières dépenses qu'a rencontrées l'entreprise lors de sa constitution. Ces frais peuvent d'ailleurs être augmentés dans le temps à chaque transformation juridique de l'entreprise. Bien qu'ils puissent s'amortir rapidement, certains comptables très conservateurs ne les amortissent que sur trois ans. Même amortis, ils figurent en valeur brute pour leur valeur historique. Or leur valeur financière est totalement nulle. Ils ne sont absolument pas cessibles.

Ainsi, les primes d'émission des obligations, résultant de taux d'intérêt nominalement (et fallacieusement) faibles.

Par exemple, vous empruntez 100, au taux apparemment attractif de 5 %, mais vous vous engagez à rembourser à l'échéance 105. La différence de 5 entre les 100 (effectivement encaissés) et les 105 (réellement dus) n'est pas dans le compte de liquidités à l'actif du bilan, mais dans le poste « prime d'émission des obligations » (un sous-compte des comptes de régularisation d'actif). Inutile de préciser que la valeur réelle de ce poste comptable est absolument nulle.

Ici, on peut encore ajouter le « capital souscrit et non appelé », c'est-à-dire les promesses d'apports de capitaux faites par les actionnaires, lorsque le capital initial n'a pas été totalement libéré. Certes, les actionnaires sont tenus de « libérer » cette partie des fonds propres. Il y a cependant fort à parier que, si besoin était, il serait nécessaire de tirer les oreilles des actionnaires afin qu'ils fassent ce qui est, réellement, et dans ce cas uniquement, leur devoir. Nécessaire, mais non suffisant...

Le premier des redressements va donc porter sur les non-valeurs : dans la mesure où elles ne sont pas susceptibles de générer de profit, ni d'être cédées contre des espèces sonnantes et trébuchantes, elles n'ont pas de valeur financière. On les éliminera donc complètement du bilan financier, en diminuant d'une valeur correspondante le montant des fonds propres.

L'affectation du résultat

Si l'entreprise se bat pour faire un profit, ce profit n'est pas seulement destiné à figurer au bilan et en dernière ligne du compte de résultat, où il fait d'ailleurs excellent effet. Ce profit est destiné à être affecté. Il aura concrètement deux destinations :

- l'entreprise en conservera une partie ;
- le reste sera distribué aux actionnaires.

La partie du profit non distribué passera comptablement en réserves. Mais fi de la comptabilité : pour nous, financiers, cette partie restera dans les fonds propres de l'entreprise, donc en haut du bilan.

Quant à la partie distribuée, elle sera « redescendue » en bas de bilan dans le poste « dettes hors exploitation » : en effet, cet argent quittera très prochainement les comptes de la société pour la poche des actionnaires.

Voilà pourquoi on parle de bilan **« avant affectation »** des résultats, et de bilan **« après affectation »** des résultats. Les bilans que vous analyserez seront le plus souvent établis avant affectation des résultats. On porte en général, en haut du passif, une mention précisant que le résultat n'a pas été affecté.

Le retraitement des provisions

Le terme de provisions faisant désormais partie de notre vocabulaire, nous allons retracer un tableau rapide de chacune d'entre elles et du retraitement dont elles peuvent faire l'objet, lors de l'établissement du bilan financier.

Les provisions pour dépréciation d'actifs

Ces provisions portent principalement sur les stocks et sur les clients. Nous avons analysé leur mécanique précédemment et avons constaté qu'elles avaient été soustraites des actifs sur lesquels elles portaient. Leur traitement éventuel est le symétrique du retraitement des stocks et des comptes clients. Réévaluer les stocks à la baisse est synonyme de les provisionner. Réévaluer les stocks à la hausse (opération rarissime) correspondrait à les dé-provisionner, pour peu que ce mot existe.

Les provisions pour risques et charges

Reprenons les termes qu'utilise le *Plan comptable général* pour les définir : « Ces provisions sont destinées à couvrir les risques et les charges que les événements, survenus ou en cours, rendent probables, nettement précisés quant à leur objet, mais dont la réalisation est incertaine. »

Nous avions déjà cité le caractère hybride de ces provisions. Sont-elles des dettes ? Sont-elles des fonds propres ? On peut avoir des points de vue opposés.

Du point de vue juridique, les provisions ne représentent pas des engagements, au sens légal du terme. Mais elles représentent des engagements de fait, et doivent en conséquence figurer au passif du bilan, sous l'étiquette « dette ».

Cependant, si on a une optique financière, on peut aussi se ranger à l'avis très raisonnable de B. Solnik[5], un maître à penser de la finance française, et considérer que, si d'année en année on constate un volant régulier de provisions au bilan de l'entreprise, ces provisions constituent une ressource permanente pour l'entreprise et peuvent être assimilées à des fonds propres.

Les provisions réglementées

Ces provisions, qui apparaissent en haut du bilan, sont inscrites dans les fonds propres de l'entreprise. Elles ont été constituées en vertu de textes fiscaux particuliers, comme la provision pour hausse des prix et la provision pour investissement. Ce sont donc des cadeaux temporaires du fisc aux sociétés, et en aucun cas des charges incertaines.

Le provisionnement permet à la société de diminuer son résultat fiscal, donc de diminuer son impôt. Il faudra, hélas, reprendre, c'est-à-dire supprimer, la provision quelques années plus tard. Ce faisant, on augmentera son résultat imposable... donc son impôt.

Grâce à ces provisions réglementées, l'entreprise aura repoussé une partie de son impôt dans le temps, et obtenu, de la part du fisc, un crédit gratuit sur cette partie d'impôt.

Ce qui a été prêté n'a pas été donné. L'impôt qu'il faudra payer est une charge parfaitement certaine, et parfaitement connue. Cette part d'impôt, vous devez donc la sortir des fonds propres et la passer en dette.

Ces provisions seront reprises, tranche par tranche, année après année, en fonction des textes en vigueur, et elles généreront des impôts de 33 % (plus 6 % de contribution exceptionnelle) de chacune des tranches reprises.

Les subventions

Le traitement des subventions est analogue à celui des provisions réglementées. Ces cadeaux des pouvoirs publics, parfois chèrement acquis,

5 Solnik B, *Gestion financière*, Paris, Dunod, 2001.

sont bien sûr imposables. Mais leur imposition est étalée dans le temps : chaque année, la subvention est amortie d'une fraction qui se retrouve en résultat imposable. Cette fraction sera donc imposée. Sur chaque euro de subvention figurant dans les capitaux propres dort donc 35,3 % de dettes fiscales.

Détermination des fonds propres de Bénéteau au 1er septembre 2000

Nous allons partir du bilan comptable, dont l'extrait ci-dessous est relatif aux fonds propres.

Fonds propres et quasi-fonds propres		
Capital social ou individuel	DA	1 329
Prime d'émission, de fusion, d'apport	DB	34 125
Écarts de réévaluation	DC	0
Réserve légale	DD	130
Réserves statutaires ou contractuelles	DE	0
Réserves réglementées	DF	1 112
Autres réserves	DG	21 540
Report à nouveau	DH	4 114
Résultat de l'exercice	DI	21 885
Subventions d'investissement	DJ	282
Provisions réglementées	DK	1 713
Total des capitaux propres	**DL**	**86 230**

Fonds propres dont	86 230 €		86 230 €
– Résultat	21 885 €	Dividendes sur exercices 2000	– 4 312 €
– Provisions réglementées	1 713 €	impôts latents (33,33 % + 6 %)	– 605 €
– Subventions	282 €	impôts latents (33,33 % + 6 %)	– 100 €
		Capitaux propres après répartition	81 214 €
		Provisions stables	3 500 €
		Fonds propres après répartition	**84 714 €**

3- Les éléments hors bilan

Nous nous sommes jusqu'à présent cantonnés aux éléments du bilan comptable, sans nous préoccuper de données que la comptabilité n'a pas jugé utile de faire figurer dans le bilan. Ces éléments sont dits « hors bilan ». Le généraliste que nous voulons être s'attardera à deux familles d'éléments hors bilan :

- les financements court terme basés sur des créances ;
- les *leasing*.

Les effets escomptés et non échus

L'escompte est un moyen de financement historique. Rappelez-vous vos cours d'histoire du secondaire et la douloureuse épopée du banquier John Law. À quelle fin les agioteurs louaient-ils le dos des bossus de la rue Quincampoix ?

– À l'escompte de leurs effets.

Ces effets représentaient des créances figurant au compte clients de leur bilan. Mais revenons à notre début de siècle et parlons au présent plutôt qu'à l'imparfait.

Lorsqu'il *escompte* ses effets, le chef d'entreprise les *vend* contre des liquidités. Les sommes escomptées sont sorties du compte clients pour entrer dans les comptes liquidités. Elles ne sont plus au bilan.

Cependant, elles pourraient y figurer, car l'escompte n'est pas une cession de créance, contrairement à l'affacturage. Si le client dont nous avons escompté un effet ne paie pas, le porteur de l'effet se retournera contre nous. Nous sommes donc engagés, jusqu'au paiement de la créance.

L'escompte n'est pas une cession de créance. C'est une avance, garantie par la créance. Donc, quand nous escomptons un effet de 100, nous contractons en réalité une dette de 100. Il faut donc corriger le bilan financier en ajoutant :

- au passif le montant du prêt contracté contre cet effet, dans le poste « dettes financières à court terme » ;
- à l'actif le montant de cette créance, non encore échue, dans le poste « clients ».

À l'échéance de la créance, le client paiera les 100 qu'il nous devait et ce versement éteindra notre dette.

Le traitement comptable de l'escompte a donc tendance à donner une fausse image du compte client en le diminuant artificiellement de la partie qui a été escomptée. De manière très symétrique, puisque le bilan est équilibré, ce traitement sous-évalue également le montant des financements à court terme. Le retraitement, en rétablissant ces effets de part et d'autre du bilan, nous fait faire un pas vers la vérité financière.

De manière pratique, c'est hors bilan qu'on trouvera les montants escomptés. Ils seront :
- soit au pied du bilan ;
- soit dans les annexes de la liasse fiscale (page 11) ;
- soit encore dans les notes de renvoi du rapport annuel.

Le *leasing* (crédit-bail)

Acquérir un bien en *leasing* équivaut à le faire acheter par une tierce personne, communément appelée bailleur (un établissement financier, la plupart du temps), et à le lui louer pendant la durée de vie de ce bien.

En anglais, le terme *leasing* est appliqué sans distinction à la location d'une usine comme à celle d'un appartement. Sa traduction française, crédit-bail, exprime bien sa **dualité.** Dans le terme **« crédit-bail »**, il y a bien **le mot « crédit » qui trahit la vraie nature de ce faux bail.**

Le *leasing* est en fait un achat déguisé. Déguisé d'une part, puisque le propriétaire du bien loué n'en est pas, et n'en sera jamais, l'utilisateur. Déguisé d'autre part, puisque le locataire du bien, dénommé dans le contrat de *leasing* **« crédit-preneur »**, utilise exactement le bien comme s'il en était propriétaire et se comporte en tant que tel.

C'est aussi un mode de financement.

Le preneur n'a pas acheté l'équipement, qui ne figure donc pas dans les actifs de son bilan comptable. Il ne l'a pas acheté. Il n'a pas à le payer. Il n'a pas contracté de dette pour l'acquérir.

Mais il le loue et paye son loyer, sur une base trimestrielle, par exemple. Y-a-t-il une grosse différence entre un versement de loyers et un remboursement d'emprunt par échéances régulières ? Oui et non. La différence aux niveaux comptable et juridique est très nette. Financièrement, elle l'est beaucoup moins.

Certes, le chèque de location va arriver à une agence de la filiale de *leasing* de la banque B – la société B-Bail – alors que s'il y avait eu achat et emprunt, le même chèque serait arrivé à un guichet de la banque B.

Aussi, pour l'établissement du bilan financier, nous appellerons un chat un chat et un *leasing* un engagement, donc une dette. Nous ajouterons aux actifs purement comptables les biens financés en *leasing*, et aux dettes purement comptables les engagements de *leasing* correspondant aux équipements que nous avons mis à l'actif.

Comme pour l'escompte, c'est dans les annexes que nous trouverons les engagements de crédit-bail. Hélas, le législateur n'aime pas les mathématiques et stipule que doit apparaître, en annexe, le montant des « redevances restant à payer ».

En toute logique, ces loyers devraient être actualisés. En conséquence, ce montant à payer peut être très supérieur à la dette correspondante... De plus, les loyers sont fiscalement déductibles. Pour chaque versement de 100 €, l'entreprise réalisera une économie d'impôt de 35,33 €. Ce sont donc les deux tiers des loyers qu'il faut prendre en compte. Cette conséquence fiscale heureuse ne vaut bien sûr pas pour la valeur résiduelle qu'il faut comptabiliser dans son intégralité[6].

Les rapports annuels publiés aux normes IAS le seront en conformité avec la norme IAS 17.

Celle-ci concerne non seulement tous les biens « financés » en crédit-bail, mais encore certains biens qui sont simplement loués dès que le contrat de location fait *« substantially »* (« dans une large mesure ») supporter au preneur les risques et avantages du bien « loué », que cette location soit déclarée comme une simple location ou comme un contrat de crédit-bail. La norme IAS 17 est donc plus sévère encore que la pratique traditionnelle, qui se limitait aux actifs loués dans le cadre d'une location financière.

Elle recommande que le preneur capitalise à l'actif du bilan l'actif loué au minimum de :
- la juste valeur de cet actif,
- la valeur actuelle des loyers qui seront versés.

Aussi, à la lecture d'un bilan établi en conformité aux normes IAS, pourrez-vous ne plus penser au piège potentiel des dettes hors-bilan, ou plutôt des dettes soit-disant hors-bilan que seraient les crédit-baux.

6 En pratique, certaines banques intègrent, à l'actif et au passif, 60 % des engagements de paiement, pour tenir compte des (éventuelles) économies d'impôts et de l'actualisation à pratiquer.

Expression des dettes corrigées

Pour le long terme, on pourra faire une estimation rapide des dettes comme suit :

> Dettes corrigées = Dettes au bilan + T[7] des provisions réglementées + T subventions reçues + partie décaissable des provisions pour risques + partie non récurrente des provisions pour charges + 60 % des engagements de *leasing*.

Estimation de l'endettement long terme de Bénéteau au 31 août 2000

Nous allons une nouvelle fois partir des données comptables...

Provisions pour risques	DP	2 957
Provisions pour charges	DQ	1 111
Total des provisions pour risques et charges	**DR**	**4 068**
Dettes financières		
– Emprunts obligataires convertibles	DS	0
– Autres emprunts obligataires	DT	0
– Emprunts et dettes auprès d'établissements de crédit	DU	25
– Emprunts et dettes financières divers	DV	4 326

Pour arriver à une donnée financière synthétique :

Dettes apparaissant au bilan comptable	4 331 M€
Impôts latents sur provisions réglementées	605 M€
Impôts latents sur subventions	100 M€
Part non *revolving* des provisions (2 957 + 1 111 – 3 500)	568 M€
Valeur capitalisée des futures échéances de crédit-bail	2 M€
Dettes à long et moyen termes	**5 606 M€**

[7] T représentant le taux d'impôt sur les sociétés en vigueur au moment de l'analyse.

4- Conclusion : bilan financier Bénéteau au 31 août 2000

Muni de toutes les informations facilement trouvables, après avoir actualisé les échéances futures de crédit-bail, il est maintenant possible de rassembler dans un tableau toutes les informations, redressements et rétablissements précédemment analysés afin de dresser un « bilan financier » proprement dit.

Actif immobilisé	**65 207 M€**	**90 320 M€**	**Capitaux permanents**
Immobilisations incorporelles	180 M€	84 714 M€	Fonds propres corrigés
Immobilisations corporelles	20 494 M€	5 606 M€	Dettes à long et moyen termes corrigées
Immobilisations financières	44 533 M€		
Actifs circulants	**83 820 M€**	**58 708 M€**	**Passif circulant**
Stocks (matières et en-cours)	19 933 M€	54 389 M€	Dettes d'exploitation
Comptes clients	17 281 M€	4 311 M€	Dettes hors exploitation corrigées
Créances hors exploitation	2 300 M€	8 M€	Dettes financières court terme
Liquidités	44 306 M€		
Total actif	**149 027 M€**	**149 027 M€**	**Total bilan**

CHAPITRE

8 L'équilibre du bilan

Lorsqu'une entreprise ne peut plus faire face à ses échéances, elle dépose son bilan.

Ne plus faire face à ses échéances, c'est, par exemple, se trouver le 29 du mois dans les conditions suivantes :
- des disponibilités nulles : rien en caisse, en langage commun ;
- aucune possibilité de trouver d'argent frais ;
- la paie de 1,5 millions d'euros à verser au 30 du mois.

L'entreprise est dite alors *insolvable*, ou encore *illiquide*. On peut très bien arriver à une telle situation avec des capitaux propres très conséquents. On peut très bien être richissime et insolvable. On peut très bien recevoir l'huissier dans un appartement donnant sur le Champ-de-Mars, les murs couverts de Van Gogh et de Gauguin, de même que le bateau de haute mer peut s'échouer sur le banc de sable à la sortie du port.

Lorsqu'il y a dépôt de bilan, il n'y a plus que des perdants. Qu'ils s'appellent fournisseurs, organismes sociaux, État, banques ou salariés, ils pâtiront tous de la déroute de l'entreprise. Aussi, les financiers ont-ils formalisé un instrument destiné à prévenir une éventuelle déroute prochaine : le « fonds de roulement », que nous appellerons dans la suite FDR.

1- Le fonds de roulement

Il est défini à partir de l'équation ci-dessous.

FDR = actif à court terme – passif à court terme

Le FDR permet de mesurer l'équilibre financier résultant de la confrontation entre les actifs à court terme, qui figurent au bas de l'actif, et le passif à court terme. Le FDR est donc une notion de court terme, de bas de bilan. Ne s'agit-il pas d'esquiver l'écueil de la sortie du port ?

Le « bas du bilan », en langage financier, est en effet constitué d'actifs qui se transformeront en liquidités en moins d'un an (actifs à court terme) et des engagements[1] à moins d'un an (passif à court terme).

Le calcul du fonds de roulement

Le FDR est une notion essentiellement financière et c'est à partir du bilan financier qu'il faudra le calculer plutôt qu'avec les données comptables du bilan tout court. Il ne viendrait pas à l'esprit d'inclure dans le fonds de roulement les primes de remboursement d'obligation, figurant en bas de bilan, dont on sait que ce sont des non-valeurs.

Appliquons la définition de l'équation du FDR (encadré précédent) sur la société Modèle dont le bilan financier par grandes masses apparaît ci-dessous :

Société Modèle / Bilan au 31/12/200n			
Actif immobilisé	100	Fonds propres	60
Actifs circulants	120	Dettes à long terme	60
		Dettes à court terme	100
Total	220	**Total**	**220**
FDR = 120 – 100 = 20			

Cependant, le fonds de roulement peut aussi se calculer par le haut de bilan. En effet, chacune des deux composantes de bas de bilan peut s'exprimer en fonction du total du bilan et de sa partie haute. Si le calcul algébrique est élémentaire, sa constatation graphique l'est plus encore.

Ci-après, le bilan par grandes masses du groupe Ciments français, dans lequel la lourdeur des immobilisations (la cimenterie ne fait pas partie des industries dites légères) fait face à un financement permanent plus lourd encore.

[1] Le bilan comptable proprement dit ne donne pas les dettes à court terme, que vous trouverez en annexe, et/ou sur la page 8 cadre B de la liasse CERFA.

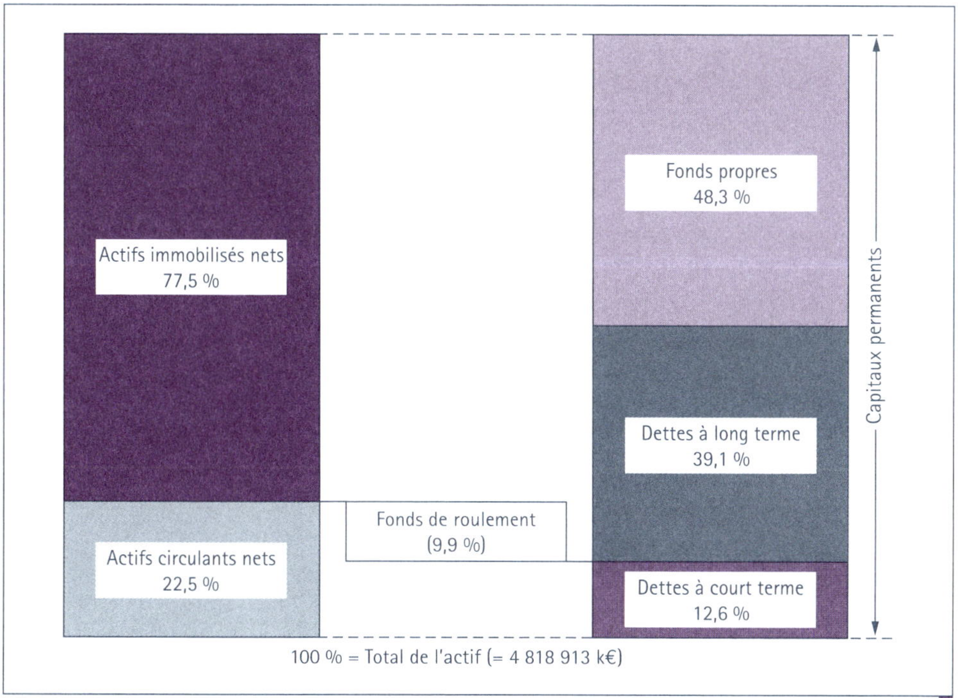

document 16 : Bilan de Ciments français au 31 décembre 2000 – Comptes consolidés

Actif à court terme = total bilan – actif immobilisé

Passif à court terme = total bilan – capitaux permanents

Fonds de roulement = (total bilan – actif immobilisé) – (total bilan – capitaux permanents)

= capitaux permanents – actif immobilisé

L'équation ci-dessus montre que le fonds de roulement représente aussi l'excès des capitaux permanents par rapport aux investissements, c'est-à-dire la partie des capitaux permanents ne servant pas à financer les immobilisations.

Nous constatons donc qu'il y a deux moyens de calculer le fonds de roulement :
– la méthode de bas de bilan qui était la définition même du fonds de roulement ;
– la méthode dite de haut de bilan.

▶▶▶ Comment, en première analyse, interpréter un FDR négatif ?

Si le FDR est négatif, il y a moins d'actifs à court terme que d'engagements à moins d'un an. L'entreprise ne serait pas à même de rembourser immédiatement ses dettes à court terme, si par hasard on le lui demandait. De là à penser qu'il est probable qu'on lui demande de rembourser immédiatement les dettes figurant à son bilan, il n'y a qu'un pas, vite franchi, et « on » a vite fait d'assimiler « fonds de roulement » négatif à instabilité financière.

Voilà qui est peut-être abusif, car *a priori* les dettes à court terme ne sont pas immédiatement exigibles. Cela dit, qui présente un fonds de roulement négatif n'a pas mis toutes les chances de son côté.

Il est en effet un certain nombre de métiers où les clients paient *cash*, voire avant de consommer. Chez Carrefour, vous payez vos yaourts avant que Nestlé ou Danone soient réglés. Aussi n'a-t-on pas besoin de « fonds pour rouler ». Si le titre Carrefour a fortement baissé sur le second semestre 2004, ce n'est pas parce que le marché financier avait émis des doutes sur la capacité de Carrefour à faire face à ses échéances, mais des doutes sur sa capacité à faire revenir ses clients de chez les *hard-discounters*.

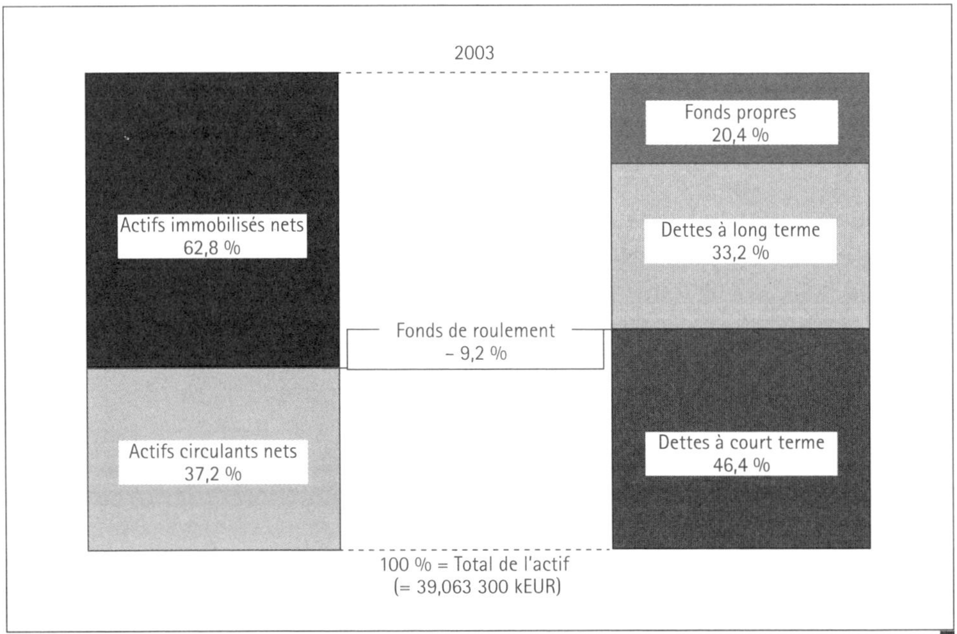

document 17: Comptes consolidés de Carrefour (illustration graphique de la structure du bilan)

►►► Comment, en première analyse, interpréter un FDR positif ?

Au contraire, plus le fonds de roulement est élevé, plus les dettes à court terme semblent susceptibles d'être honorées par la réalisation de l'actif circulant. Donc, en déduit-on, plus l'équilibre financier semble assuré.

Compte tenu de ces constatations, le caractère positif du FDR a été considéré comme un *must*, comme un impératif sur lequel il était hors de question de revenir. Certains banquiers en avaient fait une condition *sine qua non* pour accorder des crédits à l'entreprise. « En dehors d'un FDR positif, point de salut ! », entendait-on toujours et partout. Si toute règle a ses exceptions, il reste vrai que les très belles entreprises industrielles ont des fonds de roulement importants et que les très vilaines ont des fonds de roulement très négatifs.

Ainsi, le bilan de la filiale française de Microsoft laisse à penser que la société, indépendamment de sa riche filiation, devrait pouvoir faire face à ses 36 millions d'euros de dettes à court terme avec les 65 millions d'euros d'actifs circulants (sans compter ceux qui se seront produits entre la date d'arrêté du bilan et la date d'échéance des dites dettes à court terme).

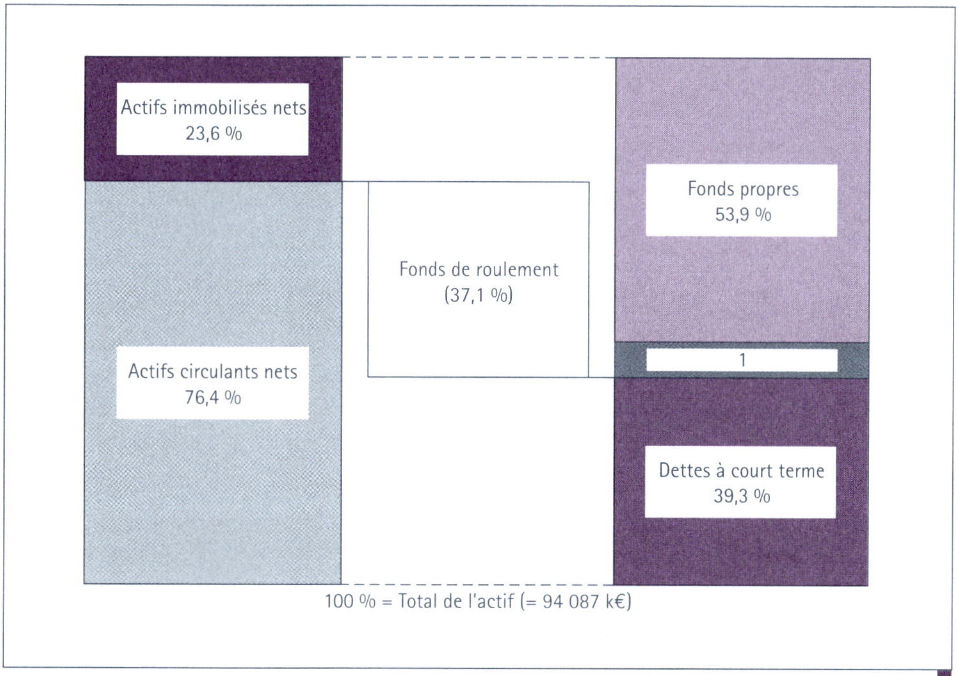

document 18

►►► Est-il vraiment nécessaire d'avoir un FDR ?

Nous avons commenté la genèse de la notion de FDR, lié à la capacité de l'entreprise à faire face immédiatement à ses engagements à moins d'un an. Mais n'est-il pas extravagant de demander à quelqu'un d'être à tout moment susceptible de rembourser immédiatement toutes ses échéances de l'année ?

Imaginons que nous appliquions cette règle de manière universelle.

Prenons un Français moyen, dont le revenu mensuel est de 2 000 €, endetté de telle sorte que ses échéances mensuelles sont de 600 €, le tiers de son salaire. Établissons quelques dettes à court terme figurant sur son bilan du premier janvier au matin :

1. Il y a un poste de dettes à court terme, de 600 × 12, soit 7 200 €.
2. Il y a un poste « impôt sur le revenu », de 2 000 €.
3. Il y a un poste « taxe d'habitation », de 1 000 €.

Si son bas de laine est en deçà du total de 10 200 €, son fonds de roulement sera négatif. Notre homme doit-il aller déposer son bilan ? La profession bancaire va-t-elle lui tourner le dos s'il a moins de 5 mois de salaire sur son compte en banque ?

La réponse à ces questions est évidemment : non.

Certes, avoir un FDR positif est un signe (apparent) de stabilité. Mais on peut se contenter, comme notre français moyen, d'avoir un équilibre apparemment moins stable, en engrangeant à la fin de chaque mois au moins de quoi faire face aux échéances du mois suivant, **en faisant tourner ses actifs à court terme plus vite** que ses dettes à court terme.

On peut même vivre dans le déséquilibre, voire dans la fuite en avant (pour peu qu'elle soit gérée, surtout à son terme).

Notre bonne vieille Terre est-elle en équilibre sur sa trajectoire par rapport au Soleil ? Heureusement que non, car nous serions morts de froid depuis très longtemps sans cette accélération centripète de quelques milliers de km/s^2, grâce à laquelle nous décrivons une orbite presque circulaire au lieu de nous éloigner à vitesse constante de l'astre du jour.

2- Le besoin en fonds de roulement

De même que les Terriens survivent très agréablement au déséquilibre de leur planète, certaines entreprises n'ont guère besoin d'un équilibre marqué du sceau d'un FDR positif.

Tel est le cas bien connu de la distribution.

Un exemple

Imaginez vous à la tête d'une grande surface, le 20 décembre 200n. Vous savez que vos clients vont acheter pour 100 000 € de bûches de Noël, entre ce jour et la fin de l'année. Aussi allez-vous passer commande à votre fournisseur de 90 000 € de bûches, que vous réglerez à 90 jours fin de mois, c'est-à-dire le 31 mars. Vous allez encaisser les 100 000 € immédiatement, mais attendrez néanmoins 3 mois avant de régler votre fournisseur.

Avez-vous besoin d'un fonds de roulement ? Non !

Les capitaux dont vous avez besoin pour vos menues dépenses, vous les prendrez « sur » ces 100 000 €.

Mais ceci ne durera qu'un temps, me direz-vous, car il faudra les rembourser. En pratique, oui. En réalité, non. Vous savez que vos clients vont vous acheter pour 100 000 € d'œufs de Pâques. Aussi allez-vous commander 90 000 € d'œufs de Pâques à un autre fournisseur, vendre immédiatement ces œufs, et « utiliser » le produit de cette vente pour payer votre fournisseur de bûches de Noël. Vous devrez donc, fin mars, 90 000 € à votre chocolatier, que vous réglerez, en juin « avec » le produits des ventes de glaces que vous aurez achetées au fournisseurs de bûches que vous vendrez « comptant » à vos chers clients...

Vous n'avez donc pas besoin de fonds de roulement. Votre besoin en fonds est même « négatif ».

Le besoin de financement du cycle d'exploitation

En deux mots, la règle d'équilibre n'est pas d'avoir un FDR positif, mais d'avoir un FDR au moins égal à ses besoins en FDR. Afin de déterminer l'utilité réelle du FDR, reprenons, en le détaillant, le bilan de la société Modèle.

Imaginons que cette société soit merveilleusement gérée et que le bilan que vous avez sous les yeux soit le résultat d'une remarquable gestion des stocks, des clients, des fournisseurs, ainsi que de tous les postes d'actif et de passif.

Société Modèle / Bilan au 31/12/200n			
Actif immobilisé	100	Fonds propres corrigés	60
Stocks	30	Dettes long terme	60
Clients	30	Dettes d'exploitation	40
Dépôts	50	Dette hors exploitation	40
		Financements courts	20
Disponibilités	10		
Total	220	Total	220

Pour que notre société puisse fonctionner harmonieusement, elle doit avoir un volant minimum de stocks ; c'est précisément ce minimum qui figure au bilan : 30.

De même, pour respecter la tradition commerciale, elle doit faire crédit à ses clients. Sans ce crédit, elle ne pourrait plus vendre. Aussi doit-elle faire à ses clients un prêt permanent de 30, qui figure lui aussi au bilan.

Enfin, en contrepartie, elle est traitée avec les mêmes égards par ses fournisseurs, qui lui accordent un crédit de 40. L'exploitation contraint donc l'entreprise à avoir en permanence à son bilan :
- des **emplois** de 30 correspondant aux **stocks** ;
- des **emplois** de 30 correspondant aux **clients** ;
- une **ressource** de 40 figurant au crédit **fournisseurs**.

Si on synthétise ces 3 chiffres en les sommant, on arrive a un total de 20 (30 + 30 – 40). Ce total représente un besoin pour l'entreprise. Si l'entreprise est en régime de croisière, les postes considérés ne vont pas changer, et le « besoin » va donc perdurer.

Ce « besoin » doit être financé par les capitaux permanents de l'entreprise, dont une partie a déjà permis de financer les immobilisations, et n'est donc, de ce fait, plus disponible.

Seule la partie non utilisée pour le financement des immobilisations permet de financer ce besoin. Cette partie encore « liquide », c'est le fonds de roulement. Ce besoin financier s'appelle donc naturellement **« besoin en fonds de roulement »**. Nous l'abrégerons en BFDR (ou BFR) sigle aussi classique en finance que SNCF sur les voies ferrées. Puisqu'il est lié à l'exploitation de l'entreprise, on précise cette dénomination en la qualifiant de besoin en fonds de roulement d'exploitation. Vous rencontrerez aussi le terme de besoin de financement du cycle d'exploitation.

Évolution du besoin en fonds de roulement

Un tel besoin, lié à l'exploitation, va évoluer parallèlement à la saisonnalité des ventes et à l'évolution à long terme du chiffre d'affaires.

BFR et saisonnalité[2]

Si, en morte saison, on fait la moitié du chiffre d'affaires de la forte saison, on ne sera pas étonné de voir le BFR diminuer d'autant. Il faut moins de stocks en basse saison qu'en haute saison. Il n'est pas nécessaire de prêter beaucoup d'argent à ses clients puisque précisément le chiffre d'affaires instantané est divisé par deux. En un mot, le BFR est au plus bas.

En conséquence, alors qu'en morte saison l'entreprise se trouve souvent déficitaire, elle jouit au contraire d'une trésorerie confortable. Puisque le FDR, stable par définition, n'a plus à s'investir dans le bas de bilan.

C'est l'inverse qui prévaut en pleine saison. Les clients achètent à tour de bras. L'entreprise, contrainte et forcée, leur consent des crédits importants ; elle a constitué des stocks afin de ne pas compromettre « sa » saison : en un mot, le BFR est au plus haut de l'année. La trésorerie peut être exsangue alors que le compte de résultat mensuel est largement bénéficiaire.

BFR et croissance

Si le volume d'activité de l'entreprise croît de 10 % par an, on peut s'attendre à voir le BFR croître de près de 10 %, lui aussi, d'une année sur l'autre. Bien entendu, il ne passera pas instantanément de 100 à 110. Il croîtra lentement mais sûrement, asphyxiant parfois l'entreprise sans même qu'elle s'en rende compte tant elle est sous le charme de la croissance de son chiffre d'affaires et des résultats mirifiques qui en découlent... sur le papier.

[2] La date d'établissement du bilan n'est pas neutre dans la détermination du BFR. Ainsi, un bilan établi à la fin de la morte saison d'une entreprise sera radicalement différent d'un bilan établi à la fin de la haute saison. Avant de porter un jugement péremptoire sur le niveau du BFR, assurez-vous de la saisonnalité – ou de l'absence de saisonnalité – des ventes, afin de savoir si le BFR que vous « lisez » au bilan correspond au BFR maximum, au BFR moyen, ou au contraire au BFR minimum.

Moralité du BFR

Si votre entreprise marche fort, si votre secteur d'activités est en pleine expansion, si votre compte en banque est confortable, c'est maintenant que vous devez prévoir des financements, même si vous n'en avez pas besoin aujourd'hui. Vous êtes en bonne position pour démarcher les banquiers. Dans quelques mois, quand vos ventes auront augmenté de 50 %, quand votre résultat aura explosé, il sera peut-être trop tard pour trouver du financement dans de bonnes conditions parce que votre BFR aura, lui aussi, explosé... et fait exploser votre trésorerie.

Les besoins hors exploitation

Nous venons de régler le cas des stocks, clients et fournisseurs. Abordons maintenant les créances et dettes hors exploitation, qui figurent de part et d'autre du bilan de la société Modèle. Si ces éléments ne sont pas directement liés au cycle d'activité de l'entreprise, ils constituent néanmoins :
- une immobilisation temporaire de capitaux de 50 du côté actif ;
- une ressource temporaire de 40 côté passif ;
- donc un solde de 10. Ce solde doit lui aussi être financé. Financé par quoi ? sinon par la partie encore disponible des capitaux permanents.

Cette partie encore disponible, c'est le FDR, déjà diminué des besoins en fonds de roulement d'exploitation. Aussi, ce solde qui constitue un besoin pour l'entreprise, s'appelle-t-il, vous l'aviez deviné, **« besoin en fonds de roulement hors exploitation »**. Il n'a pas le même comportement d'évolution saisonnière que son *alter ego*. Mais il convient néanmoins de ne pas le négliger, tant au niveau de l'analyse du passé, qu'à celui de l'analyse prévisionnelle.

3- La trésorerie

Les derniers postes que nous n avons pas encore cités dans cette analyse descendante du bas de bilan, ce sont les disponibilités (10) et les financements à court terme (20). La société a donc en caisse moins qu'elle ne doit aux banques à court terme. On peut encore une fois synthétiser ces deux chiffres en constatant leur solde : – 10. Ce solde, c'est la trésorerie qui s'avère ici, être négative.

Cette trésorerie ne constitue pas un besoin *a priori*. Aussi n'a-t-elle pas à être financée par le fonds de roulement, dont elle fait cependant partie, comme l'atteste l'équation :

FDR = actif à court terme – passif à court terme

Réaménageons cette équation en développant les sous-totaux de bas de bilan.

Actif à court terme = stocks + clients + créances hors exploitation + disponibilité

Passif à court terme = dettes court terme d'exploitation + dettes hors exploitation + financement court terme

Portons ces valeurs dans la première équation :

FDR = (stock + clients – dettes d'exploitation) + (créances hors exploitation – dettes court terme hors exploitation) + (disponibilités – financements à court terme)

Entre les premières parenthèses, nous reconnaissons le besoin en FDR d'exploitation, entre les deuxièmes, le BFR hors exploitation, et entre les troisièmes la trésorerie. Nous pouvons ainsi réécrire notre équation initiale de la manière suivante :

FDR = besoin en FDR d'exploitation + besoin en FDR hors exploitation + trésorerie

La somme des deux premiers éléments s'appelle besoin en fonds de roulement. La relation se résume encore sous les formes :

FDR = BFDR + trésorerie | **Trésorerie = FDR – BFDR**

Cette relation est fondamentale car elle indique l'importance que doit avoir le fonds de roulement de l'entreprise.

Si le BFR résulte des contraintes d'exploitation de l'entreprise (il est en effet dicté par les us et coutumes, les règlements, la technique qui permet de fabriquer une voiture en 24 heures, un « vin vieux » en 3 ans ou un Cognac XO en 20 ans), le fonds de roulement ne tombe pas du ciel. Il devra être mis à niveau par les responsables financiers.

Enfin cette relation est encore plus intéressante quand on la différencie dans le temps, entre le 31/12/n+1 et le 31/12/n. Si on nomme Δ la variation des montants entre deux dates, on peut écrire :

$$\textbf{Trésorerie} = \textbf{FDR} - \textbf{BFR} \rightarrow \Delta(\textbf{Trésorerie}) = \Delta(\textbf{FDR}) - \Delta(\textbf{BFR})$$

4- La gestion du BFR

Le BFR est dicté par le marché aval (la coutume des clients), le marché amont (le bon-vouloir des fournisseurs) et les contraintes technologiques (pour les stocks) et réglementaires (fiscal et social). Le BFR, lorsqu'il est positif, constitue une contrainte à laquelle il faut se plier. Le responsable financier s'y pliera en adaptant le fonds de roulement au besoin en fonds de roulement. Pour cela, il devra l'amener au-dessus du niveau du besoin, en trouvant la masse de capitaux permanents suffisante.

On peut, on doit gérer son BFR. Pour autant, on ne fait pas ce qu'on veut.

►► Gestion du BFR dans l'industrie

On ne fabrique, ni ne vend instantanément les sacs de ciment. Voilà pourquoi Ciments français immobilisait quelque 294 millions d'euros en stocks au 31 décembre 2000, soit 60 millions de plus que 6 ans auparavant. De même, les comptes clients ont augmenté de 390 millions à près de 500 millions. Le besoin en fonds de roulement de Ciments fran-

	Exercice 2000	Exercice 1999	Exercice 1998	Exercice 1997	Exercice 1996	Exercice 1995
Stocks nets	294	258	207	209	222	238
Créances clients et comptes rattachés nets	476	432	364	349	327	390
Autres actifs circulants nets	238	251	202	189	237	224
Dettes fournisseurs et comptes rattachés	– 378	– 382	– 282	– 254	– 262	– 311
Dettes fiscales et sociales	–	–	–	–	–	–
Besoin en fonds de roulement	631	559	492	493	524	540
Chiffre d'affaires (en M€)	2 643	2 371	2 086	1 986	1 867	2 191

çais a décru, puis cru, sous l'impulsion de la croissance du chiffre d'affaires.

Si l'industriel maîtrise mal ses besoins en fonds de roulement, en laissant ses stocks grossir plus qu'il ne le faudrait, en ne bridant pas suffisamment ses clients, en se laissant étrangler par ses fournisseurs (ce n'est pas le cas de Carrefour !), il verra son BFR augmenter plus vite que ses ressources. Il lui faudra alors, pour rester solvable, augmenter son FDR en augmentant ses fonds propres et ses emprunts à long terme. Mais si banquiers et actionnaires n'apportent pas de concours supplémentaire, ce sera le dépôt de bilan.

La croissance, même rentable, est donc dangereuse pour l'industriel puisqu'elle génère des besoins financiers supplémentaires instantanés.

Gestion du BFR dans la distribution

Une situation opposée prévaut dans la distribution. Analysons-la par le bas de bilan de Carrefour, entre fin 1998 et fin 2000, c'est-à-dire avant et après le rapprochement avec Promodès. L'évolution du chiffre d'affaires, à périmètre non constant, est de 240 %. L'évolution des stocks et des dettes d'exploitation sont pratiquement parallèles à celles du chiffre d'affaires. Seul le compte client semble augmenter de manière beaucoup plus importante, sans doute en raison de l'activité grossiste de Promodès. Le besoin en fonds de roulement est négatif. On devrait donc parler de ressource en fonds de roulement. La dite ressource a cru de près de 3,3 milliards d'euros, procurant ainsi au groupe près de 3,3 milliards supplémentaires...

	31 déc. 2000	31 déc. 1998	*Évolution*
Stocks	5 716	2 443	*234 %*
Clients	1 325	160	*828 %*
Dettes exploitation	– 12 554	– 4 891	*257 %*
Besoin en fonds de roulement	– 5 513	– 2 288	*241 %*
Chiffre d'affaires	64 802	27 048	*240 %*

Cette situation est-elle saine ?[3] Carrefour répondra par l'affirmative, mais ses fournisseurs ne partageront sans doute pas le même avis. Il ne nous appartient pas de les départager. Restreignons-nous à l'équilibre financier et demandons-nous ce qu'il adviendrait si le CA venait à diminuer. Ce qui n'est pas forcément une hypothèse d'école. Les créanciers de Codec et Félix Potin ont payé pour le savoir : lorsque le CA décroît, la « ressource fournisseurs » décroît encore plus vite. L'entreprise voit alors le crédit fournisseurs se dérober littéralement sous ses pieds...

En conclusion, pour l'industriel comme pour le distributeur, il n'y a guère de choix. Il doit garder une trésorerie structurellement positive, faute de se retrouver sous une épée de Damoclès. À cette fin, il devra structurer son bilan de telle sorte que son FDR soit au moins au niveau de son BFR.

5- La présentation par le bilan fonctionnel

Quelques fournisseurs d'informations financières, dont SCRL, filiale de la Coface, choisissent de présenter l'analyse fonds de roulement/besoin en fonds de roulement, en réintégrant les amortissements cumulés.

Présentation du haut de bilan

La forme de cette analyse reprend le bilan dit fonctionnel, dont nous n'avons pas parlé jusqu'à présent ; il s'agit d'une analyse franco-française, dans laquelle les immobilisations sont évaluées en valeur brute, plutôt que nette. De la même manière, les capitaux permanents sont réévalués des montants amortis. Notre équation de base était :

Fonds propres = actifs – dettes

3 Dans « Plaidoyer pour le financement des fournisseurs » (*in Revue internationale de l'achat*, vol. 16, n° 1), j'ai montré que Carrefour perdait une fraction importante de son résultat d'exploitation par une mauvaise gestion de son FDR et détériorait *de facto* son équilibre financier.

En rajoutant les amortissements des deux côtés du signe égale, on obtient :

Fonds propres + amortissements = actifs + amortissements – dettes

Puis, en faisant passer les dettes à long terme à gauche du signe égale, on obtient une équation (ci-dessous), dont :
– le membre gauche constitue les ressources durables ;
– le membre droit comporte les immobilisations en valeur brute, les actifs circulants et la dette à court terme.

Fonds propres + amortissements + dettes long terme =
actifs + amortissements – dettes court terme

Présentation du bas de bilan actif

Plutôt que de lister l'ensemble des actifs de bas de bilan, à savoir stocks, créances clients, autres créances et disponibilités, dont la somme est égale au total des actifs circulants, cette présentation part du fait que si :

Actifs circulants = stocks + clients + autres créances + disponibilités

alors

Stocks + clients + autres créances = actifs circulants – disponibilités

Équilibre des bilans de Carrefour du 31/12/98 à 2000

A. Fonds de roulement net global				
Capitaux propres		6 645	4 101	3 491
+ Intérêts minoritaires		1 260	756	1 025
+ Provisions pour risques et charges		1 202	681	666
+ Dettes de caractère financier		10 190	5 102	1 555
+ Amort. et prov. (actif immob.)		8 862	4 629	4 114
Ressources durables	**a**	**28 158**	**15 270**	**10 850**
		–	–	–
Actif immobilisé brut		30 269	16 777	12 546
+ Charges à répartir sur plusieurs exercices		–	–	–
+ Écarts de conversion-actif		–	–	–
Emplois stables	**b**	**30 269**	**16 777**	**12 546**
Fonds de roulement net global	**c = a – b**	**– 2 111**	**– 1 507**	**– 1 696**
B. Besoins (res.) en fonds de roulement				
Actif circulant et ch. const. d'av. nets		12 343	5 235	4 820
– Disponibilités nettes		839	291	379
–Valeurs mobil. de placement nettes		1 753	280	221
– Av. & ac. reçus sur com. en cours				
– Dettes fournisseurs et comptes rattachés		66 070	32 084	30 850
– Dettes fiscales et sociales				
– Dettes sur immob. et comptes rattachés				
– Autres dettes		28 741	12 141	11 893
– Produits constatés d'avance				
Besoins (res.) en fonds de roul.		**– 4 704**	**– 2 078**	**– 2 296**
C. Trésorerie				
Fonds de roulement net global		– 2 111	– 1 507	– 1 696
– Besoins (res.) en fonds de roulement		– 4 704	– 2 078	– 2 296
Trésorerie nette		**2 593**	**570**	**600**

CHAPITRE

9 Les flux financiers

Le tableau des soldes intermédiaires de gestion nous a conduits du chiffre d'affaires au résultat, par une cascade de soldes intermédiaires dont nous avons reconnu le bien fondé. Le « résultat » qu'il nous délivre, la *bottom line* des Américains, est une notion fondamentale puisqu'elle est à la base des distributions de dividendes, et sert, à l'instar d'autres indicateurs, de fondement aux évaluations boursières[1].

Le « résultat » traduit l'enrichissement tel qu'il est **mesuré par la comptabilité.** Non seulement ce résultat est une notion comptable, mais encore il est sensible à toutes les manipulations : certaines, au niveau fiscal, ont pour objectif de diminuer[2] l'impôt sur les sociétés, dans le cadre légal bien entendu[3]. D'autres manipulations sont destinées à tromper les actionnaires... On peut jouer sur les amortissements ; valoriser les stocks selon telle méthode plus avantageuse, ou selon telle autre moins généreuse ; passer un maximum de provisions, réglementées ou non (pour des charges incertaines...) afin de diminuer ou d'augmenter, selon le besoin, son résultat.

Mon objectif n'est certainement pas de dire qu'il convient de jeter le compte de résultat aux ordures. Il est de souligner que le compte de résultat, s'il est nécessaire, n'est pas suffisant. De même qu'en dessin industriel on établit une vue de dessus, puis une vue de devant, on établit aussi une vue de derrière, une vue en coupe. Bilan et compte de résultat sont *grosso modo* les équivalents de la vue de devant et de dessus.

1 À en croire certaines personnes bien informées. *Cf.* Chapitre « Évaluation de l'entreprise ».

2 Faute morale, faute juridique, faute rationnelle : l'impôt est, au mieux, repoussé dans le temps.

3 Bien à tort, d'ailleurs, compte tenu de l'avoir fiscal.

La vue en coupe sera d'autant plus utile que le compte de résultat a mis dans le même sac les dépenses décaissées (frais de personnel, par exemple) et les dépenses « calculées » (dotations aux amortissements). Il a soustrait les dépenses des recettes. Il n'a pas soustrait les décaissements des encaissements. Une telle soustraction aurait abouti à un profit en *cash*.

Puisque le compte de résultat a soustrait les dépenses (sur le papier) des recettes (sur le papier), son solde, le « profit », est un profit sur le papier et non pas un profit en caisse.

Enfin, si le plan comptable est l'œuvre de la profession comptable, c'est quand même la Direction générale des impôts (DGI) qui l'a parrainé, et la pratique comptable française est souvent plus préoccupée d'**orthodoxie fiscale** que de **logique financière.**

Nous venons de remettre en cause le caractère économique du résultat net. En effet, il ne faut pas confondre **rentabilité** et **liquidité**. Pendant la grande crise économique de 1929-1933, nombre d'entreprises affichant de beaux bilans et des comptes de résultat non moins brillants ont dû fermer la porte. Quarante ans plus tard, à la fin des années 1970, nous avons pu voir des centaines d'entreprises bénéficiaires, donc apparemment rentables, déposer leur bilan parce qu'elles n'étaient pas solvables. Enfin, en 2000, nous avons été témoins d'entreprises de la nouvelle économie affichant des pertes abyssales apparemment sans sourciller.

Rentabilité et solvabilité sont deux notions bien distinctes et, parfois, antagonistes.

Ce paradoxe vient du fait que le bénéfice mesuré par la comptabilité n'est qu'un des aspects de la « bonne santé » de l'entreprise. C'est pour cette raison, entre autres, que lorsque les chefs d'entreprise sont interviewés dans les journaux économiques, à la radio ou à la télévision, ils sont parfois plus discrets sur leurs résultats que sur leurs investissements, rendus possibles par ce qu'ils désignent sous le nom de *« cash-flow »*, qui n'a pas la connotation péjorative du terme « profit ». Ce terme barbare, qui ne figure même pas dans *Le Petit Larousse*, recouvre pourtant une notion financière fondamentale.

1- Le *cash-flow*

Littéralement flux (*flow*) de **liquidités,** le *cash-flow* mesure de combien les disponibilités de l'entreprise ont augmenté pendant l'exercice. S'il y avait en caisse x au début de l'année, et s'il y a y à la fin de l'année, il n'est pas nécessaire d'être grand clerc ou expert-comptable pour déterminer que le *cash-flow* a été de y – x. Il n'y a aucune manipulation qui puisse altérer cette vérité première, dont les deux composantes, y et x, sont parfaitement visibles sur deux bilans successifs, vérifiables[4] par confrontation des relevés bancaires.

Ce serait trop simple s'il n'existait qu'une seule définition pour ce flux de liquidités, dont la traduction française officielle est **« marge brute d'autofinancement »** abrégée dans le langage usuel en MBA.

Nous continuerons toutefois à l'appeler *cash-flow* car cet anglicisme est plus proche de la réalité financière que l'abréviation MBA.

Le *cash-flow*, traduit littéralement, c'est l'ensemble des fonds générés par l'activité de l'entreprise. Il se mesure sur une période de temps, comme le compte de résultat, et non pas à une date donnée comme le bilan.

On peut encore définir le *cash-flow* par l'opération :
Produits se traduisant par des encaissements – charges se traduisant par des décaissements

Expression du *cash-flow*

Si, dans un premier temps, nous négligeons le décalage dans le temps qui peut exister entre **ventes et encaissements**, ainsi que le décalage entre **achats et décaissements**, et si nous faisons abstraction des variations de stock, nous pouvons écrire la première définition du *cash-flow* :

Cash-flow **= résultat net + dotations aux amortissements + dotations aux provisions pour risques et charges – reprises sur provisions**

En effet, le compte de résultat additionne des fruits et des légumes, tant au niveau des recettes que des produits. Alors qu'il y a des recettes sonnantes et trébuchantes, comme le chiffre d'affaires, il y a des recettes « jeu d'écriture », comme les reprises de provisions. Alors qu'il y a des dépenses sonnantes et trébuchantes, comme les frais de personnel, il y a des dépenses « calculées », comme les dotations aux amortissements.

4 Au rapprochement bancaire près.

Il convient donc de corriger le résultat net, qui est la différence entre les produits et les dépenses, en lui ajoutant les dotations qui sont des « dépenses jeu d'écriture », et non des dépenses décaissées.

Une deuxième analyse des comptes de résultat non consolidé, de la société Bénéteau, de 1997 à 2000, fait apparaître des *cash-flows*, donc des profits en *cash*, progressant de manière irrégulière.

Première analyse des *cash-flows* de Bénéteau

Résultat de l'exercice	21 885	14 519	13 049	2 977
+ Dotation aux amortissements et provisions d'exploitation	7 672	6 694	8 695	8 383
+ Dotations aux amortissements et provisions financières	46	1 568	30	25
+ Dotations aux amortissements et provisions exceptionnels	1 544	978	325	0
– Reprises sur amortissements et provisions, à savoir :				
* exploitation	– 34 195	– 3 381	– 3 754	– 3 391
* financières	– 1 650	– 323	– 56	– 141
* exceptionnelles	– 192	46	794	0
= Capacité d'autofinancement (CAF)	– 4 889	20 101	19 083	7 852

Nous venons d'estimer la forme la plus banale (mais aussi la plus simple et souvent la plus utile) du *cash-flow*.

Un *cash-flow* plus précis

Que cherche-t-on à connaître réellement ? Le profit en *cash* dégagé par l'entreprise sur une période de temps bien précise.

Dans notre précédente analyse, nous sommes partis du résultat, calculé à partir des éléments d'exploitation, des éléments financiers et des éléments exceptionnels. Ne conviendrait-il pas précisément d'éliminer ces éléments exceptionnels pour ne retenir que le *cash* dégagé dans le cadre du métier de l'entreprise, en laissant de côté les profits dégagés sur les ventes d'actifs ?

En effet, en calculant le *cash-flow* de l'exercice 2000, en partant du résultat net comme nous l'avons fait dans le premier tableau du chapitre précédent (p. 100), nous avons implicitement inclus – donc attribué à l'exercice 2000 – les plus-values dégagées en 2000. Or ces plus-values ne se sont pas constituées en 2000, mais au fil du temps. Dans le cas de Bénéteau, on a pu faire apparaître en 2000 une plus-value sur des actifs acquis en 1881 !

D'où l'idée de corriger le résultat de l'an 2000 de ces plus-values. Cette correction se fera en :
– ajoutant les charges exceptionnelles sur opérations en capital (correspondant aux valeurs comptables des actifs vendus) ;
– retranchant les produits exceptionnels sur opérations en capital (correspondant aux prix obtenus des actifs vendus).

Enfin, si un peu de perfectionnisme ne vous effraie pas, on corrigera encore le résultat de l'exercice des subventions « amorties » dudit exercice, afin d'isoler la performance propre de l'entreprise des subventions qu'elle a reçues dans le passé.

Cash-flows dégagés par Bénéteau sur les exercices 97-98-99-2000

Résultat de l'exercice	21 885	14 519	13 049	2 977
+ Dotation aux amortissements et provisions d'exploitation	7 672	6 694	8 695	8 383
+ Dotations aux amortissements et provisions financières	46	1 568	30	25
+ Dotations aux amortissements et provisions exceptionnels	1 544	978	325	0
– Reprises sur amortissements et provisions, à savoir :				
* exploitation	– 34 195	– 3 381	– 3 754	– 3 391
* financières	– 1 650	– 323	– 56	– 141
* exceptionnelles	– 192	– 46	– 794	0
+ Charges exceptionnelles sur opérations en capital	13 827	336	654	178
– Produits exceptionnels sur opérations en capital	– 13 940	– 413	– 2	– 163
– Subventions d'investissement virées en compte de résultat	– 61	– 61	– 61	0
= CAF	– 5 064	19 872	18 087	7 868

2- L'autofinancement

Le terme « autofinancement » est souvent employé à tort et à travers. Commençons par dire ce qu'il représente, puis nous verrons ce qu'il n'est jamais, malgré ce qu'on entend dire bien souvent.

Définition de l'autofinancement

L'autofinancement se définit comme la différence entre la MBA et les dividendes. Il est parfois appelé « capacité d'autofinancement », ou encore « CAF ».

Il mesure donc le volume de liquidités disponible, du fait de l'exploitation, après prise en compte de la rémunération des actionnaires.

Ce que l'autofinancement n'est pas

J'entends parfois des chefs d'entreprise narrer leurs flux financiers de la manière suivante : « J'ai investi 10 millions dans cet atelier, entièrement autofinancés. » Or, à l'examen des comptes de l'entreprise, je m'étonne de constater un résultat nul, et un *cash-flow* de 3 millions. Cette constatation soulève au moins deux questions.

– Comment l'industriel a-t-il financé son atelier ?

Tout simplement en puisant dans ses disponibilités, qui ont pu diminuer de 10 millions, ou même rester inchangées. Dans un tel cas, il y a forcément quelque créancier de l'entreprise qui augmentera ses encours. Bien souvent, ce seront des fournisseurs, dont l'avis n'a d'ailleurs pas été sollicité.

Il est parfois plaisant de voir des comptes traduisant un paiement des fournisseurs décalé de 3 mois à 4 mois, et un *cash-flow* négatif, sur fonds de discours d'autofinancement...

– Qu'entend l'industriel par « autofinancer » ?

L'industriel a voulu dire qu'il n'avait pas eu recours à un emprunt bancaire. Il a utilisé le terme « autofinancement » dans le sens de différence entre le montant investi et montant de l'emprunt associé[5].

[5] Associé à tort, d'ailleurs, à l'investissement. Car vous n'empruntez pas pour acheter votre voiture ou votre appartement. Vous empruntez parce que vous avez besoin d'argent. L'affectation d'un emprunt à un emploi est financièrement factice, même si elle semble juridiquement justifiée. De plus, elle est excessivement dangereuse car elle peut mener à des décisions erronées. Il faut en effet considérer les emprunts de manière globale.

J'ai, hélas, ainsi rencontré quelques entreprises qui ont déposé leur bilan suite à de tels « autofinancements »...

3- Le *cash-flow* libre (première approche)

Dans une deuxième étape de l'analyse, on affinera l'approche précédente en constatant que toutes les ventes n'ont pas été forcément encaissées.

En effet, si vous avez beaucoup vendu sur le mois de décembre, vous aurez dégagé, sur le papier du moins, un résultat important. Mais, entre la constatation comptable de ces ventes (dans le compte de résultat), et leur apparition en banque, beaucoup d'eau coulera sous le pont Mirabeau. Aussi, dans un premier temps, c'est sur le compte clients, et non sur le compte en banque que vont se traduire ces ventes.

Il faut donc retirer du *cash-flow* la variation de ces sommes à percevoir.

De même, tous les fournisseurs n'ont pas forcément été réglés, ce qui se traduit par une élévation du compte fournisseurs. En toute logique, nous devons donc rajouter au *cash-flow* cette augmentation du crédit que nous accordent les fournisseurs. *Idem* en ce qui concerne les autres créanciers d'exploitation.

Enfin, tous les achats n'ont pas forcément été consommés, ce qui entraîne une variation des stocks. Cette non-consommation est sans incidence sur le résultat, puisque les achats ont été corrigés par la variation de stocks. Cependant, ils ont vraisemblablement[6] été payés. Il faut tenir compte de ces matières achetées, mais non consommées, en les soustrayant du *cash-flow*.

Expression du *cash-flow* libre

Nous allons définir le « *cash-flow* libre[7] », parfois appelé « *cash-flow* réel » en corrigeant la MBA de ces variations, qu'il est coutume d'écrire avec la lettre Δ de l'alphabet grec, prononcée « delta »[8].

[6] Peu importe d'ailleurs, car s'ils ne l'ont pas été, il y a une ressource correspondante sur le compte fournisseurs.

[7] De l'anglais *free cash-flow* (demi-concession à monsieur Toubon). Il s'agit là de la première approche.

[8] Ainsi, Δ (clients) = comptes clients 31/12/200n – compte clients 31/12/200n-1.

Cash-flow libre = + cash-flow – Δ(stocks) – Δ(clients et autres créances) + Δ(dettes d'exploitation)

Les *cash-flows* libres de Bénéteau

Appliquons maintenant cette approche à Bénéteau pour l'exercice 2000, en reprenant :
– les *cash-flows* estimés ci-dessus ;
– les variations des postes de bas de bilan : la croissance du chiffre d'affaires dont nous avons été les témoins s'est bien sûr traduite par une augmentation des stocks et des créances (clients et autres). À l'opposé, les dettes d'exploitation ont elles aussi augmenté.

Variation des postes de bas de bilan

	au 31/8/2000	au 31/8/1999	Variation
Stocks et en-cours	19 933	18 728	1 205
Avances et acomptes versés sur commandes	270	163	107
Créances d'exploitation (clients et autres créances)	18 360	14 669	3 692
– Dettes d'exploitation	45 516	42 842	– 2 675
		Total	**2 329**

***Cash-flow* libre de Bénéteau**

Cash-flow	– 5 064
Variation des postes de bas de bilan	– 2 329
Cash-flow libre	– 7 393

4- Le *free cash-flow* (approche Copeland)

Thomas Copeland, l'un des auteurs les plus prolixes et les plus éclectiques du monde de la finance, a développé chez McKinsey (et dans son livre *Valuation*), une approche des *free cash-flow* (ci-après FCF) destinée à discerner les flux de liquidités dégagés par l'exploitation en vue d'évaluer l'entité qui les dégage.

Le FCF

L'idée de Copeland, l'un des apôtres du gouvernement d'entreprise, est que les dirigeants investissent à tort et à travers, au détriment des actionnaires. Il insiste donc particulièrement sur les investissements. Aussi sépare-t-il rigoureusement les flux de l'activité financière, de ceux de l'exploitation en démarrant, non pas au résultat net, mais au niveau du résultat d'exploitation.

De ce résultat d'exploitation, il déduit les impôts qui en sont la conséquence (et qui n'apparaissent d'ailleurs pas dans les états financiers), pour arriver au *Net Operating Profit Less Adjusted Taxes* (NOPLAT), un résultat d'exploitation après impôts et avant frais financiers. À ce NOPLAT, il ajoute les dotations aux amortissements et provisions pour obtenir un *cash-flow* brut, qualifié *gross cash-flow*.

De ce *gross cash-flow*, il déduit tous les investissements réalisés par l'entreprise, qu'il s'agisse d'investissements en immobilisations ou des variations[9] des postes de bas de bilan, que nous venons d'analyser.

Les *free cash-flows* de Bénéteau

Extrait des comptes de résultat classiques		
= Excédent brut d'exploitation	8 196	30 345
– Dotation aux amortissements d'exploitation	4 275	3 767
– Part amortie du crédit-bail	0	69
– Provisions d'exploitation	3 398	2 857
+ Reprise sur amortissements, provisions, transferts	34 195	3 381
+ Autres produits	522	643
– Autres charges	105	329
= Résultat d'exploitation	35 137	27 347

9 C'est à dessein que je n'ai pas encore prononcé l'expression de « besoin en fonds de roulement ». Cette notion franco-française, pourtant utile, n'a pas encore franchi l'Atlantique, et ni Copeland, ni Fred Weston, ni Charles Moyer ne l'ont encore utilisée…

À partir des comptes de résultat classiques, nous allons de nouveau procéder à notre propre analyse financière, en travaillant cette fois sur la base des états financiers.

Estimation des *gross cash-flows* de Bénéteau		
= Résultat d'exploitation	35 137	27 347
Impôts sur le résultat d'exploitation	– 12 883	– 10 027
NOPLAT	22 253	17 320
NOPLAT	22 253	17 320
+ Dotation aux amortissements	4 275	3 767
+ Dotation aux provisions	3 398	2 857
– Reprises sur provisions	– 34 195	– 3 381
Gross cash-flow	– 4 270	20 563

L'examen des bilans 1999 et 2000 de Bénéteau montre que ce sont 37 millions d'euros qui ont été investis entre les deux fins d'exercice, soit un montant considérable pour une entreprise dont la capitalisation boursière était tombée sous la barre des 100 millions de francs lors de la crise de l'osmose.

Investissements réalisés par Bénéteau en 2000				
Actif de Bénéteau au		*31/08/2000*	*31/08/1999*	Variation
		a	*b*	c = a – b
Immobilisations incorporelles				
Concessions, brevets et droits similaires	AF	394	301	93
Fonds commercial	AH	632	632	0
Autres immobilisations incorporelles	AJ	768	629	139

►►►

Immobilisations corporelles				
Terrains	AN	1 563	1 441	123
Constructions	AP	17 090	14 928	2 162
Installations techniques et outillage industriel	AR	26 110	22 751	3 359
Autres immo. corporelles	AT	4 320	3 988	331
Immobilisations en cours	AV	5 091	2 305	2 786
Avances et acomptes	AX	329	0	329
Immobilisations financières				
Autres participations	CU	35 595	12 149	23 447
Créances rattachées à des participations	BB	1 339	4 437	– 3 098
Autres titres immobilisés	BD	6 921	32	6 889
Prêts	BF	674	210	463
Autres immo. financières	BH	32	32	0
Total de l'actif immobilisé (brut)	BJ	100 858	63 835	37 024

Nous avons maintenant tous les éléments pour comprendre pourquoi, même si le résultat dégagé par Bénéteau semblait confortable, avec un déficit en *cash* de près de 45 millions d'euros, les « financiers » de Bénéteau ont dû sortir leurs chéquiers : augmentation de capital (surtout) et 3 millions supplémentaires de dettes n'auront pas été de trop pour maintenir la trésorerie.

***Free cash-flow* de Bénéteau en 2000**		
Gross cash-flow		– 4 270
– Investissements en immobilisations		– 37 024
– Investissements sur les postes de bas de bilan		– 2 329
Free cash-flow		– 43 622

5- Le tableau de financement

Bien qu'il ait plusieurs dénominations (tableau de financement, ou de flux, ou emplois-ressources...), et plusieurs présentations possibles, le tableau de financement a **deux objectifs bien définis :**

– expliquer par les flux financiers les variations de trésorerie entre deux dates ;

– **expliquer la différence entre deux bilans dressés à un an d'intervalle.**

Voici, à titre d'exemple, un modèle de tableau de financement proposé par le *Lamy fiscalo-comptable*, l'une des bibles du monde de la gestion.

Variation du fonds de roulement net global	**Exercice N**			**Exercice N – 1**
	Besoins 1	**Dégagement 2**	**Solde 2 – 1**	**Solde**
Variation « Exploitation » :				
– Variations des actifs d'exploitation :				
Stock et en-cours				
Avances et acomptes versés sur commandes				
Créances clients, comptes rattachés et autres créances d'exploitation *(a)*.................				
– Variations des dettes d'exploitation :				
Avances et acomptes reçus sur commandes en cours				
Dettes fournisseurs, comptes rattachés et autres dettes d'exploitation *(b)*................				
Totaux..	X	X		
A) Variation nette « Exploitation » *(c)*..........			= X	= X
Variation « Hors exploitation » :				
– Variations des autres débiteurs *(a) (d)*..........				
– Variations des autres créditeurs *(b)*..............				
Totaux..	X	X		
B) Variation nette « Hors exploitation » *(c)* ..			= X	= X
Total A + B :				
Besoin de l'exercice en fonds de roulement			– X	– X
ou				
Dégagement net de fonds de roulement dans l'exercice			– X	– X

6- La logique des tableaux de flux

De même que tous les chemins mènent à Rome, de même que le compte de résultat peut se présenter sous sa forme la plus comptable et sous une forme un peu plus élaborée avec les soldes de gestion, les gestionnaires se sont penchés avec insistance sur l'analyse des flux financiers, afin de mieux comprendre l'entreprise. Aujourd'hui, si vous parcourez les rapports annuels des entreprises, vous pourrez constater la forme non standardisée de ces tableaux de flux.

Le principe de base du tableau de flux est issu du bon sens : il se résume parfaitement dans le tableau ci-dessous.

	Emploi	Ressource
Augmentation d'un actif	X	
Diminution d'un actif		X
Augmentation d'une dette		X
Diminution d'une dette	X	

Toute augmentation d'actif constitue un emploi. En contrepartie, il est inévitable qu'il y ait un actif qui diminue ou une dette qui augmente. Toute diminution d'actif constitue une ressource. Symétriquement, toute augmentation de dette constitue une ressource, et toute diminution de dette un emploi.

Exemple

Si vous acquérez un nouveau tour à commande numérique de 500 K€, vous allez augmenter vos immobilisations de 500 K€. Il est inévitable que d'autres postes du bilan soient mouvementés suite à cette acquisition.

Si vous achetez ce tour *cash*, c'est votre trésorerie qui va diminuer de 500 K€, et l'équilibre du bilan se modifiera de la manière suivante :
- Emploi = augmentation des immobilisations = 500 K€ ;
- Ressources = diminution de la trésorerie = 500 K€.

Si vous contractez un emprunt « pour » financer ce tour, votre trésorerie sera globalement inchangée et l'équilibre du bilan se modifiera de la manière suivante :
- Emploi = augmentation des immobilisations = 500 K€ ;
- Ressources = augmentation de la dette = 500 K€.

Dans tous les cas, le total des emplois est forcément égal au total des ressources.

Le tableau de flux du PCG

Si vous n'êtes pas familier des notions de fonds de roulement et de besoins en fonds de roulement, ne vous morfondez pas : le tableau de flux du PCG par le fonds de roulement est de moins en moins usité, au profit de la présentation à l'anglo-saxonne.

Ce tableau des flux provient de la différentiation par rapport au temps de l'équation :

Trésorerie = fonds de roulement – besoin en fonds de roulement

L'objectif étant d'expliquer la variation de trésorerie entre deux dates, la différentielle de cette équation dans le temps a le mérite d'expliquer la variation de trésorerie par la variation des équilibres financiers.

Empruntons à Jean-Pierre Lahille[10] l'exemple suivant. La trésorerie de la société X se dégrade entre deux dates. Cette dégradation a visiblement, dans cette présentation, deux origines distinctes, pour lesquelles les remèdes potentiels sont aussi d'origine distincte :

– d'abord, une dégradation de l'équilibre de haut de bilan qui est purement financière et à laquelle le remède est financier. Il convient de recapitaliser l'entreprise en lui procurant des fonds à long terme ;

– ensuite une « amélioration » de bas de bilan qui compense, en partie seulement, la dégradation du haut de bilan.

Dégradation de trésorerie

Société X		*e* au 31/12/n	*f* au 31/12/n+1	$g = f - e$ Variations
Fonds de roulement	*a*	4 000	3 300	– 700
Besoin en fonds de roulement	*b*	3 500	3 200	– 300
Trésorerie	$c = a - b$	500	100	– 400

Le problème se complique quand on descend d'un degré dans l'analyse, afin d'expliquer les variations de fonds de roulement et de besoin en fonds de roulement.

[10] Lahille J.-P., *Analyse financière*, Paris, Sirey, 2001.

Variation du fonds de roulement = + variation des ressources durables – variation des emplois durables

Chacune des composantes ci-dessus peut se scinder en ses composantes élémentaires. On arrive alors à la définition classique ci-dessous[11] :

Variation du fonds de roulement = résultat net + dotations – reprises + variations des dettes financières – dividendes – investissements nets

Par le bas du bilan, la variation du fonds de roulement s'analyse comme la variation des besoins en fonds de roulement à laquelle on ajoute la variation de la trésorerie.

Variation du besoin en fonds de roulement = + variation des actifs circulants – variation des dettes non financières

Le tableau des flux IAS 7

Ce tableau reprend la présentation anglo-saxonne traditionnelle des flux. Bien que théoriquement obligatoire depuis le 1er janvier 2005 seulement, elle était utilisée depuis longtemps par nombre d'entreprises qui se devaient d'être dans la norme « internationale ». Ainsi faisaient Sagem, Delachaux, Carrefour... Elle utilise bien évidemment la logique de base : toute augmentation d'actif est un emploi, toute augmentation de dette est une ressource. Mais, au lieu de synthétiser sur un unique tableau l'ensemble des flux de l'entreprise, elle prévoit un sous-total pour chacune des grandes sous-familles de flux, à savoir :
– les flux d'exploitation (qui synthétisent les flux de l'entreprise avec ses partenaires commerciaux – clients, fournisseurs, personnels) ;
– les flux de financement (qui synthétisent les flux de l'entreprise avec ses partenaires financiers – actionnaires et prêteurs) ;

11 Dans laquelle les éléments « positifs » sont des ressources, alors que les éléments « négatifs » constituent des emplois.

– les flux d'investissement (qui synthétisent les flux de l'entreprise avec ses fournisseurs d'immobilisations).

Elle se décompose donc, à l'instar du compte de résultat comptable, en trois volets correspondant bien à un centre de responsabilité de l'entreprise.

Le flux d'exploitation

Il s'agit bien sûr du *cash-flow* libre (version simplifiée) qui prend en compte :
– la ressource, donc le *cash-flow ;*
– l'emploi, c'est-à-dire les nécessaires augmentations des actifs circulants diminuées des variations de dettes d'exploitation.

Le flux de financement

C'est le solde des opérations de financement, qui est la différence entre :
– la ressource, à savoir les emprunts contractés, les augmentations de capital[12] ;
– les emplois, c'est-à-dire les emprunts remboursés.

Alors qu'il suffit de regarder les deux colonnes du bilan au niveau des dettes financières pour connaître la différence entre les emprunts contractés et les emprunts remboursés, il est impossible, sans données internes, de connaître les uns et les autres. L'un des objectifs du tableau de flux est précisément de donner le détail des uns et des autres, informations que l'analyste externe ne peut déduire du bilan.

Le flux d'investissement

Certaines présentations de tableau de flux ne font parfois apparaître que l'investissement net, qui peut en première approximation s'estimer par l'équation :

Investissement net = immobilisations nettes$_{\text{année } n}$ – immobilisations nettes$_{\text{année } n-1}$ + dotations aux amortissements de l'exercice

[12] Les « vraies » augmentations de capital, en numéraires, par opposition aux augmentations de capital par incorporation de réserves, qui ne sont que des jeux d'écritures.

D'autres, plus riches, nous donnent le détail des opérations d'investissement **et** de désinvestissement, ce qui permettra de lever le doute et, une fois encore, de mieux comprendre l'entreprise. Ainsi, si l'investissement net d'Air France sur l'exercice 2000-2001 est de 1,6 milliards d'euros, il n'est pas neutre de savoir qu'Air France a investi 2 milliards et a cédé 0,4 milliard d'actifs.

Groupe Air France

TABLEAU DE FLUX DE TRÉSORERIE CONSOLIDÉ

En millions d'euros

Exercices clos le 31 mars	Notes	2001	2000	1999
Flux de trésorerie provenant de l'exploitation		**1 179**	**1 127**	**768**
Excédent brut d'exploitation		1 200	1 176	978
Autres produits et charges décaissés		(7)	20	18
Profits (Pertes) de change		(49)	13	(15)
C.A.F. d'exploitation		**1 144**	**1 209**	**981**
Variation du besoin en fonds de roulement		232	91	70
Décaissements pour restructuration		(60)	(38)	(121)
Intérêts payés		(238)	(204)	(248)
Intérêts reçus		103	70	84
Impôts décaissés		(2)	(1)	2
Flux de trésorerie liés aux opérations d'investissement		**(1 607)**	**(1 162)**	**(630)**
Acquisitions de filiales	28.2	(161)	(139)	(3)
Investissements corporels et incorporels		(1 882)	(1 242)	(1 029)
Cessions de filiales		117	33	105
Produits de cession d'immobilisations corporelles et incorporelles		285	138	291
Dividendes reçus		34	48	6
Flux de trésorerie provenant des activités de financement		**399**	**(19)**	**2**
Sommes reçues à la suite d'une augmentation de capital		-	244	23
Émissions de nouveaux emprunts		387	328	117
Remboursements d'emprunts		(655)	(146)	(431)
Remboursements de dettes résultant de contrats de location-financement		(124)	(125)	(105)
Diminution (augmentation) nette des prêts		(66)	(8)	40
Diminution (augmentation) nette des placements		895	(306)	359
Dividendes distribués		(38)	(6)	(1)
VARIATION DE LA TRESORERIE		**(29)**	**(54)**	**140**
Trésorerie à l'ouverture	28.1	**339**	**393**	**253**
Trésorerie à la clôture	28.1	**310**	**339**	**393**

document 19

Le tableau des flux de Carrefour, entreprise de distribution, diffère totalement de celui d'Air France. Société mûre, avec un *cash flow* d'exploitation très important distribuant généreusement à ses actionnaires, Carrefour a dégagé en 3 ans plus de 9 milliards d'euros en exploitation et a « rendu » à ses financiers près de 4 milliards.

FLUX DE TRÉSORERIE CONSOLIDÉ

En millions d'euros	2003	2002	2001
Activité			
Résultat net	**1 737,6**	**1 539,4**	**1 438,5**
Dotations aux amortissements	2 066,0	1 950,0	2 537,8
Plus et moins-values sur cessions d'actifs	(190,5)	(266,1)	(1 106,5)
Variations des provisions et autres ressources opérationnelles	(118,4)	(119,0)	(82,2)
Élimination des résultats des sociétés mises en équivalence nets de dividendes	(63,2)	(78,5)	(87,4)
Autofinancement	**3 431,6**	**3 025,8**	**2 700,3**
Variations des autres actifs et passifs court terme	323,0	(149,0)	837,9
Variation de la trésorerie issue des opérations d'exploitation	**3 754,5**	**2 876,8**	**3 538,2**
Opérations d'investissement			
Acquisitions d'immobilisations corporelles et incorporelles	(2 717,3)	(2 423,0)	(3 397,8)
Acquisitions de titres de participation	(349,9)	(582,0)	(951,3)
Cessions d'immobilisations	883,2	704,7	1 952,4
Cessions de titres de participation	302,7	245,5	1 705,6
Sous-total investissements nets de désinvestissements	**(1 881,2)**	**(2 054,8)**	**(691,1)**
Autres emplois [1]	(84,9)	(1 108,9)	(314,5)
Variation de la trésorerie issue des investissements	**(1 966,1)**	**(3 163,7)**	**(1 005,6)**
Opérations de financement			
Augmentation de capital en numéraire [2]	17,3	300,4	183,7
Dividendes versés par Carrefour (société mère) et par les sociétés consolidées aux intérêts hors Groupe	(522,5)	(475,5)	(424,6)
Variation de l'endettement	(737,0)	(1 422,1)	(477,2)
Variation de la trésorerie issue du financement	**(1 242,2)**	**(1 597,3)**	**(718,0)**
Incidence des variations de change	(154,5)	115,7	41,3
Variation nette de la trésorerie	**391,8**	**(1 768,4)**	**1 855,9**
Trésorerie à l'ouverture de l'exercice	**3 028,6**	**4 797,0**	**2 941,1**
Trésorerie à la clôture de l'exercice	**3 420,5**	**3 028,6**	**4 797,0**

document 20

CHAPITRE

10 Analyse financière par ratios

Les ratios financiers ont pour objectif de rapprocher deux grandeurs qui n'ont **isolément aucune signification,** mais qui, mises face à face, permettent de porter un jugement financier.

Ainsi, quelles conclusions pouvez-vous tirer sur la corpulence d'une personne pesant 80 kg ? S'il s'agit d'un joueur de basket-ball mesurant 1,90 m, il est plutôt fluet. Si, au contraire, il s'agit d'une dame mesurant 1,50 m, elle est assurément dotée d'un agréable embonpoint.

Les ratios sont aux grandeurs financières ce que la perspective est à la géométrie plane. Prenons un exemple :

La société A a 5,2 M€ de dettes et 420 K€ de frais financiers ; la société B a 52 M€ de dettes et 4 200 K€ de frais financiers. Le poids réel de ces dettes et la capacité des entreprises A et B à y faire face ne peuvent guère s'apprécier qu'en **comparant les dettes de chacune à leurs actifs et à leur *cash-flow*.** C'est à de tels rapprochements que sert l'analyse financière, par les ratios.

1- Du bon usage des ratios

Un ratio pris **isolément**, même s'il est plus parlant qu'un simple chiffre, n'a qu'une utilité restreinte. Pour porter un diagnostic financier, on doit systématiquement utiliser les ratios de l'entreprise A dans l'un des contextes suivants :

a. examen d'une **batterie de ratios** reliés les uns aux autres (par exemple, la batterie DuPont de Nemours) ;

b. **évolution dans le temps** d'une série de ratios ;

c. **comparaison** des ratios obtenus avec les objectifs affichés par les dirigeants ;

d. **comparaison** aux ratios **d'entreprises** significatives du même secteur d'activité ;

e. **détermination d'un objectif** à atteindre.

De telles comparaisons peuvent se faire entre A et B (Westerly et Bénéteau, ou Renault, Peugeot et Chrysler), ou entre A et les sociétés du même secteur rassemblées dans une banque de données, comme la Centrale des bilans de la Banque de France, le Tableau de bord financier des sociétés des collections de l'INSÉE, ou encore la Centrale des bilans de Natexis.

Ces banques de données ont l'avantage d'être relativement exhaustives et très abordables (quelques dizaines d'euros). Elles sont bien sûr moins précises, puisque synthétiques, que les études sectorielles DAFSA et les dossiers PRECEPTA, qui ne se cantonnent pas aux seules données financières et dont le coût d'acquisition se compte en milliers d'euros.

Enfin, Il faut être extrêmement prudent, même lorsqu'on se livre à des comparaisons sectorielles.

On peut comparer Renault et Peugeot, sociétés de taille équivalente. Mais sont-elles au même niveau d'intégration verticale ? Peugeot n'est-elle pas la maison mère de Faurecia, équipementier bien connu et coté en Bourse, réalisant sans doute une partie de son activité pour la maison mère ? Alors que Renault sous-traite réellement à des équipementiers indépendants ce que Peugeot confie à Faurecia. Et, bien évidemment, les activités de Faurecia se retrouvent dans les comptes consolidés de Peugeot, ce qui « fausse » en partie la comparaison des comptes de Renault et de Peugeot.

On peut encore comparer Casino à Carrefour, bien que la première ait quelque activité de fabrication et que la dernière ne fasse que de la distribution. Mais on ne peut pas comparer la société Béton-du-Coin Père & fils au groupe Bouygues. La différence de taille et la possibilité d'accès au marché financier pour l'un et pas pour l'autre sont des inégalités telles que ces sociétés, pourtant du même secteur, ne vivent pas en réalité sur la même planète.

Enfin, si vous analysez une entreprise cotée en bourse, il vaut mieux utiliser pour les fonds propres et les dettes, la valeur boursière des fonds propres, c'est-à-dire la capitalisation boursière de l'entreprise plutôt que la valeur comptable des fonds propres. En effet, la capitalisation boursière a été établie par quelques centaines d'analystes financiers qui, avant vous, et vraisemblablement avec plus d'informations que vous, ont effectué tous les retraitements possibles concernant le passé. Bref, « leur » valeur des fonds propres et « leur » valeur de la dette cotée de l'entreprise ont de grandes chances d'être plus proches de la réalité que les valeurs que vous extrairez des bilans comptables.

Les ratios peuvent se classer en six grandes familles :

- les ratios de liquidité,
- les ratios d'activité,
- les ratios d'endettement,
- les ratios de rentabilité,
- les ratios d'exploitation,
- les ratios boursiers.

2- Les ratios de liquidité

Le risque ultime de l'entreprise, c'est la défaillance. Que ce soit pour Félix Potin, Swissair ou Moulinex, les analystes financiers ont pu se mordre les doigts de n'avoir pas pressenti suffisamment tôt le manque de liquidités de leurs analysés. Afin de « prévenir », il est de coutume de regarder l'entreprise à la lueur de quelques ratios, dits de liquidité.

Le ratio de liquidité générale

La première considération de l'analyste de bilan a souvent trait à la liquidité de l'entreprise, donc à son fonds de roulement : différence entre l'actif à court terme et le passif à court terme.

Le ratio de liquidité générale, défini comme ci-dessous, permet de mesurer la solvabilité liée au FDR :

Ratio de liquidité générale = actifs à court terme / dettes à court terme

Dès que le FDR sera positif, ce ratio sera supérieur à 1, et plus le fonds de roulement sera important, plus le ratio sera élevé.

Y a-t-il une norme pour ce ratio ? Oui, il convient qu'il soit supérieur à 1 pour les entreprises industrielles et entreprises de services.

Le ratio de liquidité réduite

Ce ratio constitue une variante du précédent. Usant de leur prudence légendaire, les banquiers émettent des doutes sur la valeur réelle des stocks et calculent la liquidité en ne gardant au numérateur que les créances et les disponibilités.

Ratio de liquidité réduite = [actifs à court terme – stocks] / Dettes à court terme

Le ratio de fonds de roulement

Cependant, comme le fonds de roulement mesure l'équilibre de l'entreprise à travers le besoin en FDR, lui-même lié au cycle d'exploitation, on rapporte le FDR au chiffre d'affaires pour avoir une idée relative de l'importance du FDR, avec le ratio :

FDR/chiffre d'affaires quotidien moyen

qui s'écrit encore

FDR × 360/chiffre d'affaires annuel

et qui se prononce

FDR en jours de chiffre d'affaires

Ce ratio est fondamental. On le rapproche du ratio dit de **« besoin en FDR en jours de chiffre d'affaires »**. En effet, compte tenu des délais de fabrication qui se mesurent en jours, des délais d'encaissement, des créances clients ou des délais de paiement des achats qui se comptent aussi en jours, on utilise fréquemment l'unité **« jour de chiffres d'affaires »** pour étalonner fonds de roulement et besoins en fonds de roulement.

3- Les ratios d'activité

Ces ratios vont permettre de comprendre et, parfois, de constater l'efficacité de la gestion des actifs de l'entreprise. Ils permettent notamment de déterminer si les montants apparaissant au bilan sont trop élevés, trop faibles ou, au contraire, au bon niveau.

La rotation des stocks

Les stocks représentent un montant non négligeable et souvent un terrain d'affrontement entre collègues de fonctions différentes. Le financier est obsédé par un niveau de stocks trop élevé, pour lesquels il faut trouver un financement, et qui peuvent être à l'origine de provisions qui vont « plomber » son bilan. Son homologue de la fabrication rêve de stocks imposants qui lui permettraient de fabriquer en grandes séries continues, et de ne plus avoir de souci de rupture. Souhaitons que les ratios de rotation permettent de les départager.

Ces ratios peuvent se calculer par rapport au chiffre d'affaires ou par rapport aux achats. Il est évident qu'il est à la fois plus logique et plus parlant de comparer :

- les stocks de matières premières aux achats de matières premières ;
- les stocks de marchandises aux achats de marchandises ;
- les stocks d'en-cours et de produits finis à la production[1].

Enfin, la rotation des stocks peut être approchée de plusieurs manières : ou bien on calculera « combien de fois les stocks tournent » dans l'année, ou bien on rapprochera les stocks du chiffres d'affaires, ou bien on calculera ce que les stocks représentent en jours d'achat ou de CA. Ces trois méthodes donnent bien entendu des résultats arithmétiques différents, mais néanmoins financièrement liés. Ainsi, faire tourner 12 fois dans l'année est équivalent à avoir 30 jours de stocks.

En France, pays dans lequel les achats apparaissent explicitement dans le compte de résultat, il est donc aisé d'avoir une rotation des stocks calculée sur les achats. Par contre, s'il s'agit de comparer Rhodia à ICI (le géant britannique de la chimie), il vaudra mieux rapprocher les

[1] Le terme production est ici à prendre dans le sens de « solde de gestion », c'est-à-dire : production vendue + production stockée + production immobilisée. Cependant, il convient d'être prudent car le chiffre d'affaires est mesuré en prix de vente incorporant une marge, alors que les stocks sont chiffrés au prix de revient.

stocks du chiffre d'affaires ou, mieux, du *cost of goods sold*[2], car vous aurez du mal à trouver le montant des achats de ICI.

Selon les nécessités de la cause, selon les ratios dont vous disposez déjà pour les avoir acquis dans telle ou telle banque de données, vous estimerez les stocks à partir de l'une des relations suivantes :

Rotation des stocks = chiffre d'affaires/stocks
Nombre de jours d'achats en stocks = stocks/(achats/360)
Nombre de jours de consommation en stocks = stocks/consommation quotidienne
Stocks/CA

Y-a-t-il une norme à ces ratios ? Oui. Pas une norme unique, mais des normes sectorielles dictées par le bon sens. Il serait souhaitable que les yaourts vendus par Carrefour ne restent pas en stocks plus de huit jours, que les fax de la Sagem n'aient pas plus de quelques semaines, et que les jantes de Delachaux n'aient pas plus de deux mois.

Le délai d'encaissement des créances clients

Il est destiné à mesurer la durée moyenne du crédit clients et permet de se faire une idée de l'efficacité de la gestion du crédit client. Car si les financiers sont obnubilés par ces clients qui paient trop lentement, ou à qui les commerciaux accordent des crédits trop longs, les commerciaux, eux, souhaitent s'occuper le moins possible de ces basses contingences, qui freinent et polluent l'efficacité de leur action. Les commerciaux abondent dans le sens du client et, du fait qu'ils sont souvent commissionnés sur le chiffre d'affaires, préfèrent leur accorder des délais que des remises – qui diminueraient directement leurs commissions.

Le ratio de rotation des créances clients permet de faire la part des choses. Il doit, bien entendu, se calculer à partir des créances clients figurant au bilan, corrigées des effets escomptés et non échus, et corrigées des créances cédées en affacturage. De plus, puisque les dettes des clients sont portées au bilan avec la TVA correspondante, on ajoutera la TVA aux ventes afin d'avoir un rapport homogène. Il ne rimerait à rien de diviser un compte client grevé de sa TVA par un montant de ventes hors taxes.

[2] Prix de revient des ventes, qui inclut les consommations matières, les amortissements, les frais de personnel, de fabrication, etc.

Rotation des créances clients = clients/CA quotidien moyen TTC

qui s'écrit encore

Rotation des créances clients = clients × 360/CA annuel TTC

Enfin, certaines banques de données vous fournissent systématiquement le ratio :

Clients /CA

dont la traduction en français serait : combien il faut mettre en compte clients pour faire un euro de chiffre d'affaires.

Le délai de règlement des fournisseurs

Ce délai ne déclenche pas, en général, de diatribes dans l'entreprise. On peut d'ailleurs regretter que les fournisseurs ne soient pas toujours traités avec les égards qui leur sont dus. Quoi qu'il en soit, leur délai moyen de règlement peut s'exprimer en rapprochant les achats, ramenés à leur base TTC, du compte fournisseurs, exprimé avec la TVA correspondante.

Délai règlement € = €/achat quotidien moyen TTC

qui s'écrit encore

Délai moyen règlement € = € × 360/achats annuel TTC

Y a-t-il une norme à ce délai ? Oui, de 30 à 60 jours.

Certes, une entreprise qui réglerait ses fournisseurs immédiatement aurait un délai de règlement égal à 0. C'est un cas peu fréquent mais possible, qu'on rencontre dans le cadre d'une stratégie achats bien pensée. On trouve, plus généralement, des durées comprises entre 2 et 3 mois.

Que doit-on penser d'une société dont le ratio de règlement des fournisseurs serait de 120 jours ? Certains en déduisent qu'une telle entreprise dispose d'acheteurs redoutables. L'auteur pense qu'il n'y a pas lieu de se glorifier d'un tel chiffre. Car un ratio de 120 jours est très supérieur aux normes culturelles. Un tel ratio traduit donc deux cas de figure très différents :

- ou bien l'entreprise n'est pas à même de régler ses fournisseurs, auquel cas elle est en grand danger ;
- ou bien l'entreprise « écrase » ses fournisseurs. Dans ce cas, elle devra en changer tôt ou tard, car « écrasés », ils deviendront tôt ou tard non compétitifs. Notre société sera atteinte par la non-compétitivité de ses fournisseurs actuels. Son image de marque risque de se dégrader.

Dans sa recherche de nouvelles sources d'approvisionnement, elle sera précédée par sa réputation d'« écraseur » et courra le risque de voir vérifié l'adage : « Qui manie l'épée périra par l'épée. »

D'un point de vue purement financier, il est d'ailleurs étonnant de voir de grosses entreprises, cotées en Bourse « écraser » leurs petits fournisseurs. Je ne reviendrai pas sur l'aspect éthique, qui pourtant me paraît fondamental, mais je considérerai le seul aspect financier. Lorsqu'une entreprise comme Carrefour, qui a accès au marché financier dans d'excellentes conditions, qui peut emprunter à court terme au niveau de l'euribor[3], préfère se financer auprès de ses fournisseurs, elle emprunte, indirectement par le biais de ses fournisseurs, dans les pires conditions. Nul doute que les frais financiers de ses fournisseurs sont inclus dans leurs prix de vente, et, si ceux-ci se financent directement à Euribor + 3 %, Carrefour emprunte donc implicitement à Euribor + 3 %...

►►► BFR et CA

Nous avons précédemment commenté le bien-fondé de la notion de BFR, liée au décalage entre le règlement des fournisseurs et la durée d'écoulement des stocks et le paiement des clients.

Un exemple

La fabrication et la vente du schmilblic demandent :
- 10 jours de fabrication,
- 5 jours de livraison,
- 60 jours de délai de règlement client.

Chaque schmilblic immobilisera des capitaux pendant 10 + 5 + 60 = 75 jours.

Si, en contrepartie, les fournisseurs accordent un crédit de 50 jours, ces 50 jours seront mis à l'actif du produit dont on considérera qu'il aura nécessité un financement de seulement 25 jours. Ce financement nécessité est précisément le besoin en fonds de roulement.

D'où la coutume de mesurer le BFR en jours de chiffre d'affaires avec le ratio :

BFR/chiffre d'affaires quotidien moyen

3 L'euribor représente le taux interbancaire, c'est-à-dire le plancher des taux, auquel n'ont accès que les emprunteurs très gros et très sûrs.

La rotation des immobilisations

L'entreprise a investi en usines et équipements de toutes sortes pour réaliser son chiffre d'affaires. En divisant le chiffre d'affaires par les immobilisations nettes, on obtient le ratio de rotation des immobilisations, qui indique le montant de ventes réalisé avec 1 € d'immobilisation.

Rotation des immobilisations = chiffre d'affaires/immobilisations

La rotation des actifs

Le ratio de rotation des actifs est une variante du précédent. Il divise les ventes par le montant de tous les actifs (des immobilisations aux disponibilités), donc par le total du bilan. Il mesure donc le niveau du chiffre d'affaires réalisé par la mise en œuvre de 1 €, réparti sur l'ensemble des postes du bilan.

Rotation des actifs = chiffre d'affaires/total actif

Y a-t-il une norme pour ces deux ratios ? La réponse est évidemment non. Cependant, plus ces ratios sont faibles, plus l'industrie est « capitalistique », donc lourde ; plus l'entreprise aura de besoins, donc de problèmes, dans le domaine financier.

Entre un centre Leclerc et une centrale nucléaire, il y a pléthore de cas intermédiaires. Aussi, c'est plus à des fins de comparaison intersectorielle que des normes seront développées. Ce qui n'exclut pas, sur un secteur donné, qu'il y ait des spécificités propres à chaque entreprise et une évolution dans le temps. Ainsi, dans tous les métiers, il existe des « règles d'or », le plus souvent non écrites : ces ratios de rotation font l'objet de telles règles. Bien souvent, l'évolution de ces ratios traduit les heurs et malheurs de l'époque.

4- Les ratios d'endettement

Venons en maintenant à l'étude de la structure du financement, qui peut s'éclairer à la lueur d'au moins deux ratios : le **ratio d'endettement** et le **ratio d'endettement à long terme**.

Ratio d'endettement global

Le ratio d'endettement global se définit par la relation :

Total dettes/total actifs

Le ratio d'endettement global mesure la part des dettes dans l'ensemble des actifs de l'entreprise, donc dans l'ensemble des ressources, puisque – par définition – l'actif est égal au passif. Plus ce ratio sera élevé, plus l'entreprise sera endettée, ce qui n'est pas forcément un mal en soi, aux yeux des prêteurs, pour peu qu'elle puisse faire face à ses échéances. L'endettement n'est pas non plus un mal en soi, aux yeux des actionnaires, si les actifs utilisés rapportent au moins autant que les capitaux qui les financent[4].

Il est de tradition, en France, que ce ratio soit inférieur à 80 %. Au-delà de cette limite, les sociétés sont considérées comme très endettées et auront *a priori* des difficultés à contracter de nouvelles dettes.

Endettement à long terme

Le ratio d'endettement à long terme compare les dettes à long terme aux fonds propres, sous la forme :

Dettes à long terme/fonds propres

Là encore, il y a une norme culturelle, qui varie d'ailleurs d'un pays à l'autre. Chez nous, Français, on considère que 100 % est une limite supérieure qu'il est malséant de dépasser.

Les ratios que nous venons de décrire éclairent la structure du financement, et non la solvabilité à long terme[5] de l'entreprise. Il importe, après avoir constaté la structure de l'endettement, d'étudier comment les engagements correspondants seront honorés.

Il est évident, puisque c'est avec le résultat net, ou plutôt avec le *cash-flow*, que les dettes sont remboursées, qu'il doit y avoir des relations précises entre dettes, résultat et *cash-flow*. Aussi, le ratio

4 Globalement, donc en moyenne, bien sûr.

5 Pour la solvabilité à court terme, ce sont les ratios de liquidité qu'il faudrait utiliser.

Dettes à long et moyen termes/*cash-flow* annuel

qui indique le nombre d'années de *cash-flow* nécessaires au remboursement de la dette à long terme, est fondamental. La plupart des dettes ayant une durée initiale comprise entre 5 et 10 ans, et étant amortissables, ont une durée de vie moyenne d'environ 5 ans. En conséquence, il est souhaitable que ce ratio ne soit pas supérieur à 4 ou 5 années.

Enfin, comme les frais financiers sont prélevés sur l'excédent brut d'exploitation, il faut qu'il n'y ait pas de disproportion entre eux, et le ratio **EBE/frais financiers**, qui mesure combien de fois l'entreprise gagne ses frais financiers, et illustre la marge de sécurité séparant la rentabilité actuelle du point mort, en deçà duquel l'exploitation n'est plus rentable.

5- Les ratios de rentabilité

Il existe plusieurs aunes auxquelles il convient de rapporter la rentabilité.

Rentabilité commerciale

Il est de coutume de la rapporter au chiffre d'affaires, pour obtenir la notion courante de rentabilité commerciale.

Rentabilité commerciale = résultat net/chiffre d'affaires

Compte tenu des commentaires que nous avons faits sur le caractère peu économique du résultat net, on peut aussi adjoindre au précédent ratio les rapports :

- **excédent brut d'exploitation/chiffre d'affaires**
- ***cash-flow*/chiffre d'affaires**

qui déterminent la marge sur le coût de revient de fabrication, et qui ont l'avantage de ne pas être entachés par la politique financière de l'entreprise, pour le premier, et par des « manipulations » comptables pour l'autre.

Rentabilité financière

D'autre part, le résultat net étant destiné aux actionnaires, apporteurs des fonds propres, ceux-ci sont au premier chef enclins à comparer le résultat net aux fonds propres pour déterminer la rentabilité financière.

Rentabilité financière = résultat net/fonds propres

Cette rentabilité financière peut être avantageusement complétée par le ratio

***Cash-flow*/fonds propres**

qui rapproche le flux financier dégagé par une année d'exploitation à la « mise » des actionnaires.

Rentabilité des actifs

Plus connu sous le sigle ROI[6], le taux de rendement des actifs est plus un outil de contrôle financier utilisé à l'intérieur de l'entreprise, qu'un ratio utilisé par les analystes externes.

Le taux de rendement des actifs, dont l'expression analytique est :

Résultat net[7]/investissement

dans laquelle « investissement » représente les immobilisations nettes pour les uns, les immobilisations brutes pour les autres, ou encore l'actif économique[8], peut revêtir de multiples visages, en fonction de l'utilisation qu'on veut en faire. Il s'agit donc d'un outil dont la manipulation est délicate.

L'analyse DuPont

Notons enfin la relation liant la rentabilité des fonds propres à l'endettement de l'entreprise et provenant de la gymnastique décrite dans l'encadré ci-après.

6 Pour *return on investment.*

7 Il existe un certain nombre de variantes à ce ratio. Par exemple, au numérateur, on mettra l'EBE plutôt que le « résultat net » lorsque la société « contrôlée » dispose de l'autonomie d'investissement sans avoir l'autonomie de financement.

8 C'est-à-dire la masse des capitaux qu'il convient d'immobiliser, tant en immobilisations qu'en BFR, pour faire tourner l'entreprise.

Rentabilité des fonds propres = résultat net/fonds propres
= [résultat net/ventes] × [ventes/total actifs] × [total actifs/fonds propres]
(1) (2) (3)

Nous reconnaissons en (1) la rentabilité commerciale, en (2) le ratio de rotation des actifs et en (3) un ratio lié à l'endettement qui peut s'écrire (1 + taux d'endettement).

Cette relation met en relief les trois composantes de la rentabilité d'une affaire :
– la rentabilité commerciale liée à la politique de fixation des prix, *a priori* le domaine des responsables commerciaux qui déterminent prix et remises ;
– le volume d'activité de l'entreprise mesuré par la rotation des investissements, *a priori* le domaine des responsables opérationnels ;
– le taux d'endettement déterminé par la politique financière, *a priori* le domaine réservé des responsables financiers. Lorsque l'entreprise est cotée en bourse, il convient d'ailleurs de substituer la valeur de marché des fonds propres (le cours de bourse multiplié par le nombre d'actions) à leur valeur comptable (basée sur des valeurs historiques, donc vraisemblablement dépassées).

Dans le tableau ci-dessous, établi à partir de valeurs comptables, il apparaît comment :
– deux très grosses entreprises cotées, Air France et Carrefour, parviennent à obtenir pour leurs actionnaires une rentabilité de l'ordre de 10 % ;
– Bénéteau et son petit concurrent Alubat arrivent à surfer sur le boom de la plaisance, l'un grâce à une bonne rentabilité commerciale, l'autre compensant une marge nette plus faible par un taux d'endettement très élevé.

Rendement des fonds propres 2000 par analyse DuPont

		Carrefour	Air France	Bénéteau	Alubat
Chiffre d'affaires	a	245 094 000	12 280	446 381	5 973
Résultat net consolidé	b	5 714 000	421 000	42 521	150
Capitaux propres du groupe	s	43 586 000	3 874 000	107 022	302
Total actif	d	221 389 000	12 457 000	258 733	3 710
Rentabilité nette = res. net/CA	e = b/a	2,3 %	3,4 %	9,5 %	2,5 %
Rotation des actifs = CA/total actifs	f = a/b	1,11	0,99	1,73	1,61
Endettement = total actifs/fonds propres	g = d/c	5,1	3,2	2,4	12,3
Rendement des fonds propres = RN/FP	h = e × f × g	13,1 %	10,9 %	39,7 %	**49,7 %**

6- Les ratios d'exploitation

L'analyse de l'évolution de l'exploitation dans le temps est riche d'informations. Comment qualifier la marge commerciale sans suivre ses méandres ? Comment la limiter au seul rapprochement avec le chiffre d'affaires ? Comment parler de la valeur ajoutée sans la comparer au chiffre d'affaires, aux effectifs de l'entreprise, à l'activité de l'entreprise ? Comment évaluer l'insuffisance de l'EBE sans le rapporter à cette même toise ?

Aussi est-il d'usage de calculer une foule de ratios du type de ceux qui suivent, la liste ci-dessous étant loin d'être limitative :

- **évolution du CA = $[Ca_n - CA_{n-1}]/CA_{n-1}$**
- **évolution de la valeur ajoutée = $[VA_n - VA_{n-1}]/VA_{n-1}$**
- **évolution de la rentabilité = $[EBE_n - EBE_{n-1}]/EBE_{n-1}$**
- **taux de valeur ajoutée = valeur ajoutée/CA**
- **rentabilité « industrielle » = EBE/immobilisations**
- **rentabilité « de la main-d'œuvre » = EBE/effectifs.**

Comment peut-on se restreindre aux seules données comptables sans utiliser les données du système d'information de l'entreprise, qu'il s'agisse des *listings* fournis par les ordinateurs, des tableaux noirs remplis à la craie par les chefs d'atelier, ou des calepins que les contremaîtres gardent jalousement dans la poche extérieure de leur blouse ? Comment ne pas rapporter le CA, la VA, l'EBE aux tonnes transportées, au nombre de personnes transportées, au nombre de mètres parcourus, au nombre de mètres carrés de voilure ou au nombre de pages imprimées ?

Aussi n'est-il pas rare de voir des ratios du style de :

- CA/personne ;
- CA/mètre carré d'établissement ;
- VA/personne.

Bien entendu, chaque responsable d'entreprise a à cœur de surveiller son ou ses ratios, qu'il calculera en fonction du facteur qu'il sait être critique. Sa position d'observateur interne à l'entreprise le met dans une situation privilégiée pour suivre les événements.

Le facteur critique peut être un facteur contraignant par son prix ou sa disponibilité : ainsi, un bijoutier n'a pas besoin de parcourir ces pages pour se douter que le poids de l'or est une donnée non négligeable. Mais il peut être une donnée stratégiquement importante, sans aucun rapport avec la comptabilité : le nombre de nouveaux clients, la fraction de CA réalisée avec les nouveaux produits, le nombre de pièces par personne...

Aussi, compte tenu des paramètres que le chef d'entreprise considère comme des facteurs clés de succès ou d'échec, chaque entreprise aura dans son tableau de bord « ses » ratios à côté des ratios purement financiers.

L'analyse financière par ratios n'est pas une fin en soi. Quand elle ne permet pas de comprendre l'entreprise en mettant en évidence les conséquences financières de sa stratégie (parfois de son absence de stratégie), elle doit suggérer à l'analyste quelles sont les questions à poser, et quelles sont les directions dans lesquelles il doit poursuivre son investigation.

Toutefois, l'analyse financière est plus qu'un simple outil d'analyse. C'est aussi un outil de gestion. De même que le médecin diagnostique puis soigne, les ratios financiers permettent de chiffrer les objectifs.

Un exemple

Ainsi, si la société S a 100 M€ de fonds propres et 200 M€ de dettes à long terme, il n'est pas suffisant de dire qu'elle est trop endettée. Il convient de se fixer un objectif d'endettement considéré comme raisonnable (50 %/50 %, par exemple), et d'en déduire que S doit faire une augmentation de capital de 50 M€, destinée à rembourser 50 M€ de dettes pour arriver à des fonds propres de 100 + 50 = 150 M€, d'un niveau équilibré par rapport à une dette qui sera de 200 – 50 = 150 M€.

7- De la bonne pratique des ratios

Dans la pratique, si quelques ratios sont universels, ou si les normes de certains sont universellement connues, il n'est plus nécessaire de faire chauffer sa calculatrice. La plupart des bases de données fournissent des batteries de ratios relativement exhaustives. Ces batteries contiennent non seulement les grands ratios classiques, mais aussi leurs propres ratios, comme chacun d'entre nous a ses propres références.

La dénomination de ces ratios particuliers ne sont pas toujours évidentes, et la terminologie doit être vérifiée car ce que l'un appelle « marge brute » l'autre l'appelle « marge commerciale », etc. L'usage répété d'une base de données est donc extrêmement pratique car toutes les entreprises sont vues à travers le même prisme. À l'opposé, l'utilisation de la base de données A pour l'entreprise 1 et de la base données B pour l'entreprise 2 est à proscrire formellement, même si A a bien toutes les données pour l'entreprise 1 et B toutes celles concernant l'entreprise 2. Il serait dangereux de comparer l'entreprise 1, vue sous un angle, à l'entreprise 2, vue sous un angle différent.

Annexe Documents Bénéteau

Entreprise(s):	BENETEAU			
Date de clôture	**31/08/2000**	**31/08/1999**	**31/08/1998**	**31/08/1997**
Ratios d'activité				
% Variation du chiffres d'affaires	24,56%	28,99%	42,60%	0,00%
% Variation de la production	8,05%	34,32%	43,54%	0,00%
% Variation de la valeur ajoutée	-25,30%	27,56%	36,24%	0,00%
% Variation de l'E.B.E.	-72,99%	46,47%	122,24%	0,00%
% Variation du résultat d'exploitation	28,48%	71,61%	288,16%	0,00%
% Variation des frais de personnel	22,01%	14,44%	5,23%	0,00%
Valeur Ajoutée / Effectifs	41	67	0	43
Equipement productif par salarié	49	50	0	45
Chiffres d'affaires / Effectifs	177	173	0	105
E.B.E. / Valeur ajoutée	17,96%	49,66%	43,25%	26,52%
Ratios de structures financières				
Fonds propres / Total bilan	60,58%	48,88%	50,62%	41,92%
Endettement total / Total bilan	39,42%	51,12%	49,38%	58,08%
Dettes à LMT / Capitaux permanents	4,59%	2,96%	2,53%	26,87%
Dettes à LMT / Bénéfice brut	-59,26%	9,51%	7,12%	254,19%
Capacité de remboursement	0,00%	0,00%	0,00%	0,00%
Ratios de liquidité				
Fonds de roulement / BFR global	-197,82%	-134,20%	-210,57%	245,80%
BFR d'exploitation en jours de CA	- 2	- 3	- 2	5
BFR global en jours de CA	- 4	- 5	- 4	3
Fonds de roulement net global en jours de CA	54	44	52	48
Frais financiers / Chiffres d'affaires	0,94%	1,02%	1,19%	1,82%
Frais financiers / Valeur Ajoutée	4,06%	2,64%	3,03%	4,42%
Frais financiers / E.B.E.	22,59%	5,31%	7,01%	16,69%
Ratios de rentabilité				
Taux de marge commerciale	1,24%	1,22%	1,51%	1,43%
Taux de valeur ajoutée	25,63%	37,08%	39,05%	41,14%
Rentabilité brute d'exploitation	4,60%	18,42%	16,89%	10,91%
Rentabilité nette d'exploitation	19,73%	16,60%	12,99%	4,80%

►►►

Rapport d'entreprise

BENETEAU SA

RATIOS SCRL-BvD

	31/08/2000	31/08/1999	31/08/1998	31/08/1997	31/08/1996	Moyenne 5 Années
A. Structure et liquidité						
1. Equilibre financier	1,73	1,53	1,50	1,46	1,31	1,50
2. Indépendance financière (%)	56,61	55,17	51,08	42,30	34,82	48,00
3. Endettement (%)	3,59	0,54	0,83	13,81	13,15	6,38
4. Autonomie financière (%)	41,30	39,17	38,17	38,81	26,68	36,83
5. Degré d'amort. des immob. corp. (%)	nd	nd	nd	nd	nd	nd
6. Financ. de l'actif circulant net	0,40	0,32	0,32	0,41	0,25	0,34
7. Liquidité générale	1,57	1,47	1,51	1,64	1,78	1,59
8. Liquidité réduite	1,14	0,97	1,04	0,83	0,84	0,96
B. Gestion						
1. Rotation des stocks (J)	49	58	51	79	91	66
2. Crédit clients (J)	23	29	24	27	41	29
3. Crédit fournisseurs (J)	120	48	58	68	64	71
4. C. A. par effectif (milliers/emploi)	163	170	154	110	93	138
5. Taux d'intérêt financier (%)	0,74	0,87	1,01	1,95	2,14	1,34
6. Intérêts / Chiffre d'affaires (%)	1,00	1,06	1,04	2,09	2,97	1,63
7. Endettement global (J)	109	108	101	115	146	116
8. Taux d'endettement (%)	5,16	6,47	4,29	25,95	75,68	23,51
9. Capacité de remboursement	0,12	0,02	0,03	0,76	0,55	0,30
10.Capacité d'autofinancement (%)	12,47	10,79	11,35	9,59	11,15	11,07
11.Couv. du C.A. par le f.d.r. (J)	64	50	47	60	39	52
12.Couv. du C.A. par bes. en fdr (J)	-14	-15	-17	23	53	6
13.Poids des BFR d'exploitation (%)	1,91	0,82	0,72	1,24	1,63	nd
14.Exportation (%)	65,56	64,11	65,80	63,10	61,54	64,02
C. Productivité et rentabilité						
1. Efficacité économique (milliers/emploi)	63	65	57	43	38	53
2. Prod. du potentiel de production	1,64	1,54	1,49	1,20	1,20	1,42
3. Productivité du capital financier	0,86	0,87	0,91	0,98	0,93	0,91
4. Productivité du capital investi	0,53	0,52	0,52	0,49	0,49	0,51
5. Rentabilité économique (%)	20,38	19,44	16,24	12,10	14,08	16,45
6. Performance (%)	17,01	15,55	11,21	5,86	5,35	11,00
7. Rend. brut des f. propres nets (%)	117,67	105,31	80,12	40,87	41,26	77,05
8. Rentabilité nette (%)	9,52	7,65	6,23	8,02	3,15	6,92
9. Rend. des capitaux propres nets (%)	65,89	51,93	44,72	56,17	24,38	48,62
10.Rend. des res. durables nettes (%)	61,03	55,08	47,34	24,53	17,06	41,01
D. Marge et valeur ajoutée						
1. Taux de marge commerciale (%)	100,00	100,00	nd	nd	nd	100,00
2. Taux de valeur ajoutée (%)	38,73	38,11	36,74	39,46	41,08	38,82
3. Part des salariés (%)	49,32	50,76	55,06	65,42	61,11	56,33
4. Part de l'Etat (%)	16,98	18,28	12,51	5,18	4,77	11,54
5. Part des prêteurs (%)	1,91	2,29	2,75	4,93	5,21	3,42
6. Part de l'autofinancement (%)	32,20	28,33	30,90	24,32	27,15	28,58

document 21

CHAPITRE 11

Évaluation de l'entreprise

Combien vaut votre entreprise ? Il peut paraître incongru, voire mal élevé de se poser une telle question. Vous viendrait-il à l'idée d'évaluer l'appartement d'amis chez qui vous êtes invité à dîner ?

Dans le monde économique, comme dans les domaines de notre vie quotidienne dans lesquels la dynamique prévaut, la situation est toutefois différente. S'il n'est pas stupide de se demander combien vaut (ou vaudrait) sa voiture avant d'en changer l'embrayage, nombreuses sont les situations dans lesquelles il conviendrait, **absolument,** de se demander combien vaut l'entreprise, ne serait-ce que dans le cas de l'assujettissement à l'ISF. La liste ci-dessous est loin d'être exhaustive.

- Vous êtes gérant d'une société familiale.

Vous avez donc prise directe sur la valeur du patrimoine de vos actionnaires[1]. Évaluer régulièrement la valeur de l'entreprise que vous gérez, sur une base semestrielle par exemple, vous donnera une mesure de votre performance. La meilleure mesure qui soit, d'ailleurs.

Soyez persuadé que si vous ne le faites pas, vos actionnaires sont légitimement en position de le faire, et le font peut-être déjà à votre insu.

- Vous êtes actionnaire minoritaire.

Vous avez donc une partie de votre patrimoine immobilisée dans une société que vous ne contrôlez pas. Le terme « immobilisé » peut alors

[1] La théorie financière considère d'ailleurs que l'objectif exclusif de la gestion financière est la maximisation de la valeur de l'entreprise. Dans la pratique, certains P-DG qui avaient par trop oublié cet objectif se sont vus contraints de démissionner par leur conseil d'administration. Ainsi, ceux de Coca-Cola, Procter ou Alcatel ont été les exemples les plus visibles de cette récente révolte des actionnaires.

prendre tout son sens. Vous avez mandaté un gérant ou P-DG pour gérer vos intérêts dans votre sens. Votre sens, ce sont des dividendes et une revalorisation de votre participation.

- Vous êtes prêteur potentiel.

Avant de vous engager sur l'entreprise en lui consentant une avance, vous devez vous interroger sur le rapport entre votre engagement et la valeur de l'entreprise. Allez-vous immobiliser un million d'euros sur une entreprise qui en vaut le quart ? Ou, au contraire, l'apport que vous êtes sur le point de faire ne représente-t-il qu'une fraction marginale de la valeur de votre client ?

Il va de soi que la force de votre position, dans les négociations en cours, n'est pas la même dans l'un et l'autre cas, que les taux que vous êtes en droit d'attendre ne sont pas les mêmes non plus. Il est bien connu qu'on ne prête qu'aux riches, et l'évaluation a précisément pour objectif de déterminer le niveau de richesse de l'emprunteur. *Dura lex, sed lex.*

- Vous êtes client potentiel.

Vous venez de découvrir un nouveau fournisseur et vous êtes sur le point de lier – partiellement du moins – votre sort au sien. Sera-t-il encore commercialement vivant dans cinq ans, alors que votre nouvelle ligne de produit, fabriquée à partir de ses produits, ou encore sous-traitée chez lui, sera dans la phase rentable de son cycle de vie ?

Sa probabilité de survie est directement liée à sa valeur aujourd'hui.

- Vous êtes salarié potentiel.

Allez-vous consacrer les plus belles années de votre vie, orienter définitivement votre carrière dans une entreprise qui vaut 100 000 € ou 100 000 000 € ? Vous sentez-vous aussi en sécurité dans une entreprise valant 100 000 € que dans une entreprise qui en vaudrait 100 millions ?

- Vous êtes un fournisseur potentiel.

Vous avez donc un nouveau client. Qui ne vous paiera pas comptant. Vous allez donc vous retrouver membre à part entière du club des « financiers » de ce nouveau client. Membre, certes ; membre privilégié, certainement pas. Vous devez vous poser la question : « Le financement que je vais lui apporter représente-t-il 0,1 %, 1 %, ou 10 % de sa valeur ? » Pour y répondre, vous allez devoir procéder à une évaluation en règle.

- Vous avez une part de marché que vos concurrents vous envient.

Si l'un de vos dynamiques confrères lorgne sur votre entreprise, il est préférable que vous ayiez une idée assez précise de sa valeur afin d'éviter de passer à côté d'une bonne occasion de vendre, ou de décourager un acquéreur potentiel en démarrant des négociations à un niveau irréaliste.

- Votre concurrent a une position de marché enviable.

Vous vous sentez en position concurrentielle défavorable vis-à-vis de tel confrère. Alors pourquoi ne pas l'acheter ? Dans un tel cas, mieux vaut l'évaluer aussi justement que possible.

Et puis, si vous n'avez pas les liquidités pour l'acheter, pourquoi ne pas l'acheter avec vos propres actions ? Ceci vous permettra, une fois au moins, de faire tourner la « planche à actions », faute de pouvoir, à l'instar du gouverneur de la Banque de France, faire tourner la « planche à billets ». Dans un tel cas, vous devrez non seulement évaluer votre futur associé, mais encore la valeur de vos propres actions à l'aide[2] desquelles vous allez précisément l'acheter.

- L'entreprise est en difficulté.

À l'instar de votre voiture dont l'embrayage a des faiblesses, votre société va être analysée par des financiers qui vont se demander si l'enjeu en vaut la chandelle. Ils vont donc évaluer l'enjeu. Faites en sorte que leur évaluation ne diffère pas trop de la vôtre.

- Votre secteur est, ou va être, en restructuration.

Les restructurations industrielles ont toujours existé. L'histoire récente a montré que les entreprises changeaient de main en moyenne tous les 25 ans. La probabilité que vous soyez directement mêlé à l'achat ou à la vente de votre entreprise est donc extrêmement élevée. De plus, l'analyse de la démographie des entreprises françaises permet de découvrir que nombre de PME ont aujourd'hui disparu parce qu'elles avaient été surévaluées, c'est-à-dire mal évaluées.

---

[2] C'est par ce mode de financement que sont constitués la plupart des grands groupes industriels et financiers. Si payer avec ses propres actions est particulièrement aisé, il faut néanmoins être reconnu pour avoir accès à ce type de financement. Aucun problème si vous vous appelez Danone, Cisco ou Pernod-Ricard. La tâche est beaucoup plus ardue si vous vous appelez Ricaud-Pernard.
Enfin, il n'est pas sans conséquence d'émettre des actions pour racheter d'autres sociétés. Chaque fois que vous émettez 10 % d'actions supplémentaires, votre propre position d'actionnaire est diluée puisque vous vous retrouvez en face d'actionnaires plus nombreux. Si vous étiez majoritaire et aviez, avant augmentation de capital 52 % des parts, vous aurez, après-coup, 52 % × 100/110, donc moins de la majorité absolue.

- Votre P-DG fondateur devrait penser à sa retraite.

Une évaluation flatteuse mais irréaliste de l'entreprise peut être à l'origine d'une catastrophe.

Ainsi, vous avez sûrement connu, autour de vous, un P-DG-fondateur vieillissant, naturellement amoureux de sa société qu'il estimait inestimable. Notre P-DG avait naturellement repoussé les offres qui lui avaient été faites : « Ridiculement basses », disait-il. Or, il a vieilli, et avec lui son entreprise. L'âge de la retraite a sonné, et aucun repreneur sérieux ne s'est manifesté aux conditions exigées par le fondateur. Les années ont passé et P-DG et entreprise se sont retrouvés dans l'au-delà, entraînant à la trappe quelques dizaines ou centaines d'emplois, avec des savoir-faire parfois séculaires à jamais engloutis.

1- Quelques manières de répondre à la question

S'il est aisé de se poser la question « Combien vaut mon entreprise ? », il est beaucoup plus difficile d'y répondre.

Rappelez-vous l'achat (ou la vente) de votre dernière voiture, la Peugeot 25. Un modèle relativement courant, dont le constructeur a sorti quelques centaines de milliers d'exemplaires pendant quelques années. *L'Argus* sous le bras, vous avez analysé de manière extrêmement critique les propositions qui vous ont été faites. Vous avez pu constater que, d'une voiture à l'autre, ces propositions pouvaient varier de plusieurs dizaines de points de pourcentage. Enfin, vous avez su imposer votre volonté, ou vous avez dû vous plier à la volonté de votre cocontractant.

Dans les négociations d'entreprise, il existe aussi une espèce d'argus, qui s'appelle la Bourse. Mais cet argus des entreprises est beaucoup plus éloigné de votre société que l'argus ne l'est de votre voiture. Et même s'il ne sert que de référence indirecte, même s'il ne sert que de point de départ, auquel on doit ajouter des mois supplémentaires ou retrancher des multiples de vingt centimes pour un kilométrage insuffisant, votre société est unique... Comme votre voiture d'ailleurs.

Compte tenu, de plus, de la difficulté à discerner la réalité économique de l'entreprise, il n'est pas étonnant que plusieurs méthodes puissent être utilisées afin de déterminer un « ordre de grandeur » de la valeur de l'entreprise. C'est cet ordre de grandeur réaliste qui rendra possible les négociations.

Ces différentes méthodes ne donneront bien sûr pas le même résultat. Cela dit, procéder à une évaluation en suivant ces diverses méthodologies constitue un exercice certes fastidieux, mais extrêmement instructif : en effet, l'écart entre la valeur obtenue par la méthode A et la valeur obtenue par la méthode B est souvent aussi révélateur des performances de la gestion passée, que de l'appréhension de l'avenir.

Volatilité dans le temps

La valeur de l'entreprise est extrêmement volatile dans le temps. Elle ne saurait, comme celle de votre voiture ou de votre appartement, être immuable.

Si vous avez fait 1 000 km depuis le 31 décembre, la valeur argus de votre véhicule aura baissé de quelques milliers de centimes depuis le 31 décembre ; si votre société a perdu 100 000 € depuis le 31 décembre, elle vaut (peut-être) de l'ordre de 100 000 € de moins. Vraisemblablement beaucoup plus de 100 000 € de moins d'ailleurs...

A contrario, ce n'est pas parce que vous avez changé votre volant contre un volant recouvert de cuir, ou parce que vous venez de rénover le local de votre direction régionale de Plounevez-Moëdec que votre voiture ou votre entreprise vaut un sou de plus.

La valeur des entreprises cotées en Bourse est analysée de manière quasi quotidienne par les analystes financiers, dont les travaux sont tournés sur le devenir de l'entreprise beaucoup plus que sur son passé. Les analystes étudient les répercussions sur le futur de l'entreprise des péripéties de la vie des affaires de tous les jours. Ainsi, peut-on expliquer les raisons des tendances fondamentales de l'évolution du cours des actions.

Le document ci-après présente l'évolution récente du cours, donc de la valeur, de Lafarge, un groupe pas précisément petit, bien diversifié géographiquement et relativement diversifié horizontalement.

Certes, le marché a salué la cession de branches périphériques aux métiers de base. Ces événements ont contribué aux variations des cours, au même titre que les hauts et les bas de la conjoncture économique, donc boursière.

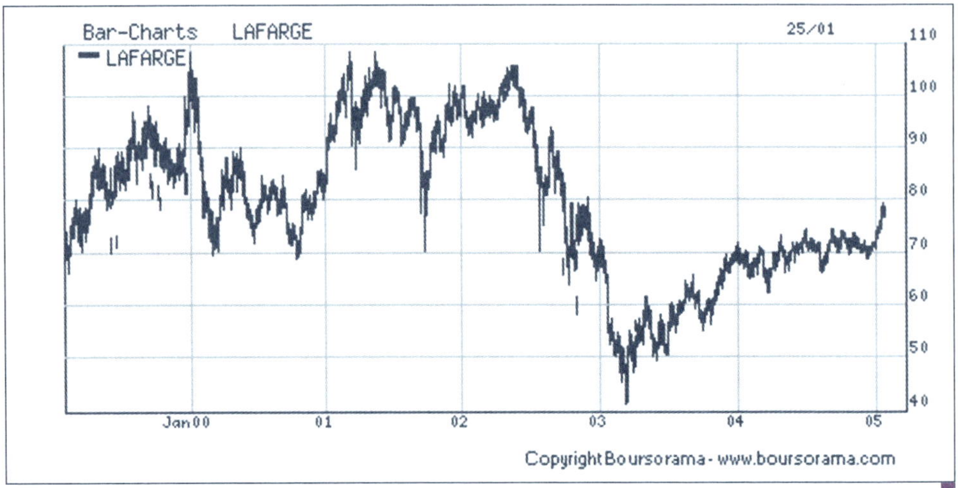

document 22

Le cours est néanmoins passé de 70 à 110, puis de 110 à 70, puis de 70 à 110, puis de 70 à 40, puis de 40 à près de 80. Tout sauf un calme plat ! La courbe qui précède illustre les achats et les tentatives de rachat de Blue Circle en 2000, les attentats du 11 septembre, la guerre d'Irak en 2003, l'augmentation de capital de juin 2004.

Relativité dans l'espace

Enfin, comme dans tous les domaines, il convient d'être très prudent et de ne pas parler de *la* valeur de l'entreprise. L'entreprise n'a pas de valeur intrinsèque. La valeur de l'entreprise est indissociable de la personne qui l'évalue et qui entend l'acquérir. Le même bien vaut tant pour l'un et tant pour l'autre. En l'absence de telles dissymétries d'évaluation, aucune affaire ne se ferait d'ailleurs.

Ainsi les cognacs Martell valaient-ils 1 milliard de francs en 1989. Cette valorisation faisait du reste le consensus de quelques milliers d'analystes financiers particulièrement clairvoyants. Puis, le groupe Seagram ayant jeté son dévolu sur Martell, se l'est offert pour 5 milliards. Alors, la Bourse s'était-elle trompée ? Seagram était-il dans l'erreur ? La réponse à ces deux questions est « non ». Pour le petit (ou gros) porteur, Martell valait bien de l'ordre du milliard. Pour Seagram, dont les lignes de produit et le réseau de distribution étaient complémentaires de ceux de Martell, il en allait tout autrement et Seagram a fait une affaire en achetant Martell 5 milliards.

Puis Seagram a décidé de se défaire de sa branche spiritueux... Mais c'est une autre histoire !

Par contre, certaines évaluations, faites par l'entreprise achetante, peuvent être analysées comme une erreur par les marchés financiers, à tort ou à raison d'ailleurs. Ainsi, le cours de Lafarge a chuté au printemps 2000, lorsque le groupe cimentier français se lança dans des acquisitions que le marché jugeait chères. La valeur d'une entreprise ne devrait être basée que sur l'avenir, et non sur le passé. Seul problème : alors que le passé est écrit, l'avenir ne l'est pas. Il dépendra de ce que l'acquéreur fera de l'entreprise acquise. Aussi la valeur d'une entreprise est-elle indissociable de la politique qui sera suivie par l'acquéreur.

2- Les méthodes patrimoniales

La méthode d'évaluation qui vient immédiatement à l'esprit est basée sur la comptabilité, l'histoire passée de l'entreprise, et consiste à poser la question : à combien m'est revenue l'entreprise ?

Il y a cependant plusieurs variantes de réponses à cette question apparemment simple, et diverses manières d'y répondre : de la moins sophistiquée à la plus raffinée...

La valeur comptable nette

Évaluer l'entreprise à partir de sa valeur nette comptable est un jeu d'enfant. Point besoin de calcul ! Pas d'interrogation ! Pas d'état d'âme ! Il suffit de se reporter à la page 2 de la liasse fiscale, de regarder le total des fonds propres et le tour est joué.

Tableau 1 : évaluation de la SA Laboratoire X, au 31/12/200n

Frais d'établissement	10	Fonds propres	200
Immobilisations nettes	300	Provisions	50
Stocks	50	Dettes à long terme	150
Clients	60	Dettes exploitation	50
Disponible	90	Dettes court terme	50
Total	**500**	**Total**	**500**
Valeur de l'entreprise = valeur des fonds propres = 200!			

À l'actif de cette méthode, on peut apporter sa vérité historique. Chaque dette apparaissant au bilan a été contractée au centime près pour la valeur figurant au passif. Chaque actif, du côté gauche, a été acquis pour le montant précis pour lequel il figure. Alors, pourquoi ne pas faire confiance à l'histoire et à la théorie des grands nombres...

En plus de sa simplicité, cette méthode a un grand avantage : elle a la bénédiction de la profession comptable. Et pour cause[3] ! La comptabilité traditionnelle a une approche essentiellement patrimoniale et son principal objectif, l'établissement du bilan, n'est autre qu'un inventaire, au sens premier du terme.

La valeur comptable nette réévaluée

Là encore, il s'agit d'une approche essentiellement bilantielle. Mais au lieu de prendre au pied de la lettre les montants apparaissant au bilan, on les réévaluera systématiquement, et dans les deux sens bien sûr, systématiquement encore. Cette approche, à peine plus sophistiquée que la précédente, nécessite pour sa mise en œuvre des informations internes à l'entreprise.

La valeur comptable nette réévaluée de l'entreprise sera alors :

Valeur comptable réévaluée = valeur comptable nette + $\sum$ré-évaluations

Les non-valeurs

Il y a certes des postes sur lesquels il n'est guère possible d'avoir d'état d'âme, dans un contexte d'évaluation, et qui valent résolument zéro. Il convient donc de les rétablir à leur vraie valeur : zéro. Ainsi, les frais d'établissement, que l'entreprise est condamnée à laisser au bilan, ne valent pas un liard. Ainsi encore, les primes d'émission des obligations, les droits de mutation sur les immeubles récemment acquis... Le passage du tableau 1 au tableau 2 est particulièrement aisé.

3 Votre expert-comptable adore probablement ce type d'évaluation. Il omet cependant de vous dire qu'à ce niveau, il est à la fois juge et partie.

Tableau 2 : évaluation de la SA Laboratoire X, au 31/12/200n			
Frais d'établissement	10-10	Fonds propres réévalués	200-10
Immobilisations nettes	300	Provisions	50
Stocks	50	Dettes à long terme	150
Clients	60	Dettes exploitation	50
Disponible	90	Dettes court terme	50
Total	**500**	**Total**	**500**
Valeur de l'entreprise = 200 – 10 = 190			

Les immobilisations techniques

L'analyse critique des immobilisations techniques est beaucoup plus délicate que celle que nous venons de faire précédemment. Il y a deux écueils qu'il convient d'éviter.

Premier écueil : surévaluer ces équipements

Il est vrai que dans notre société postindustrielle, que Voltaire[4] aurait sans doute qualifiée de « siècle de fer », les équipements ne constituent plus une rareté et que la plupart des équipements traditionnels ont des valeurs vénales qui peuvent approcher de zéro. Du reste, avez-vous déjà entendu dire que les petites annonces de *L'Usine nouvelle*, dans lesquelles presses, moteurs, transfos, tours, fraiseuses, etc., se bousculent, aient déjà provoqué une émeute d'acheteurs potentiels ?

Second écueil : considérer ces équipements comme quantité négligeable

Certes, une vieille presse, un vieil ordinateur, peuvent avoir une valeur vénale dérisoire. S'ils sont toutefois en état de marche, s'ils sont utilisés couramment par du personnel qualifié qui connaît ces matériels et les utilise au maximum de leur capacité, ils peuvent avoir une valeur d'usage très supérieure à ce que la comptabilité pourrait laisser entendre.
In media stat virtus !

L'immobilier

Dans ce domaine encore, les écueils sont nombreux et fort pointus.

4 « Oh le bon temps que ce siècle de fer », Voltaire, *Le Mondain*.

Bien sûr, la crise de l'immobilier a obligé certaines personnes physiques et morales à de poignantes révisions. Bon nombre de chefs d'entreprise se sont imprudemment fourvoyés dans l'immobilier, oubliant que la raison d'être de leur entreprise résidait dans un savoir-faire industriel ou commercial ; ils ont négligé d'investir dans leur métier de base (la vente de vin aux compagnies aériennes ou la réalisation de pièces en plastique moulé avec une tolérance de 1/1 000e), et ils ont investi dans des mètres carrés de bureau en région parisienne... Ils se retrouvent aujourd'hui avec des bilans où l'immobilier pèse plus lourd (sur le papier du moins) que leurs installations techniques. Il est certain que de tels égarements n'ont pas contribué à valoriser leurs entreprises.

Quitte à évaluer l'entreprise en utilisant une méthode bilantielle, il convient donc d'évaluer à leur valeur « vénale » les actifs immobiliers de l'entreprise. Ceci devrait être d'ailleurs d'autant plus facile qu'il n'y a, en principe, que peu de « lignes » immobilières dans le bilan de la société.

Bilan après correction des immobilisations

Après cette analyse au peigne fin de toutes les immobilisations de l'entreprise, on peut alors, si on a découvert qu'elles étaient comptablement surévaluées de 40, établir un bilan à nouveau redressé.

Tableau 3 : évaluation de la SA Laboratoire X, au 31/12/200n

Frais d'établissement	10-10	Fonds propres réévalués	200-50
Immobilisations nettes	300-40	Provisions	50
Stocks	50	Dettes à long terme	150
Clients	60	Dettes exploitation	50
Disponible	90	Dettes court terme	50
Total	**500**	**Total**	**500**
Valeur de l'entreprise = 200 – 50 = 150 !			

Les provisions réglementées

Le fisc fait des cadeaux. Parfois[5]. C'est au niveau des provisions réglementées que ces « cadeaux » sont le plus apparents. Car j'assimile un prêt gratuit à un cadeau.

5 Au demeurant beaucoup plus souvent qu'on ne le croit. Notamment dans le cadre de l'incitation de l'entreprise à exporter, le code des Impôts recèle, dans l'article 90 *octies*, des kyrielles de prêts gratuits...

En vous autorisant aujourd'hui à passer une provision de 100 €, pour des raisons bien précises, le fisc vous permet de :
- diminuer votre résultat courant de 100 €;
- donc de diminuer l'impôt de cette année de 100 € × 33 % = 33 €.

Lorsque vous reprendrez cette provision dans 5 ans, vous allez augmenter votre résultat imposable de 100 €, donc votre impôt de 33 €. Tout se sera donc passé comme si le fisc vous avait prêté 33 € pendant ce laps de temps.

Tableau 4 : évaluation de la SA Laboratoire X	
Actif net comptable réévalué	150
dont provisions réglementées	30
moins impôt latent sur provisions réglementées	– 10
Valeur comptable de l'entreprise/provisions reprises	**140**

Conclusion pratique

Si le bilan comporte des prévisions réglementées dans les fonds propres, redressez les fonds propres en les diminuant d'un tiers de ces provisions.

Les autres postes du bilan

Bien entendu, l'intégralité des postes du bilan est à passer ainsi à la loupe. Si vous êtes acheteur, le vendeur n'aura pas tendance à sous-estimer ses actifs. C'est sur ses actifs manipulables que vous aurez le regard le plus critique : les postes « créances clients » et « stocks » sont ceux sur lequel votre vendeur aura eu la plus grande marge de manœuvre. Vous devez donc exercer sur ces postes votre esprit critique avec, comme outils principaux, les ratios financiers, un peu de prudence, et beaucoup de bon sens.

Les stocks de produits finis représentent-ils un volume normal de production ? La normalité se précise par rapport aux délais de production, à la durée de vie du produit, à sa rareté, à son caractère stratégique.

Si le volume des stocks de produits finis représente 10 jours de production, il n'y a peut-être rien à redire. Si, au contraire, les stocks de produits finis représentent un mois de production, il y a fort à parier qu'une fraction (de 30 % à 70 %) de ces stocks sont sans grande valeur, et qu'il conviendrait de leur faire supporter un abattement correspondant.

Les stocks de marchandises et de matières représentent-ils un volume normal de consommation ? La norme est, ici encore, à considérer avec les délais d'approvisionnement et le caractère critique de la marchandise considérée. S'il s'agit d'un produit extrêmement banalisé (ciment, bouteille de verre, tôle d'acier ordinaire...), un stock correspondant à quelques jours de consommation[6] semble normal, alors qu'un stock correspondant à quelques semaines de consommation semblerait[7] nécessiter des provisions.

Toutes les provisions que vous estimeriez devoir passer sur les stocks diminueraient bien entendu d'autant la valeur des fonds propres, donc celle de l'entreprise.

Du côté des comptes clients, un vendeur peu scrupuleux ou négligent aura tendance à se faire des illusions sur des paiements qui ne viendront jamais. C'est par le ratio de règlement des créances clients[8] que vous pourrez découvrir si laxisme il y a dans la comptabilisation de ces créances. Attention cependant à ne pas vous fourvoyer[9]. Si l'activité est saisonnière et si la date de clôture du bilan est à la fin de la forte saison, attendez-vous à un compte client élevé.

Par compte, soyez sans pitié pour toutes les créances supérieures à 90 jours, et « provisionnez-les » au maximum.

Quant aux dettes, elles ne valent pas forcément la valeur pour laquelle elles figurent au bilan, comme nous l'avons vu précédemment, du fait des variations de taux entre la date à laquelle la dette a été

6 Décelé par le ratio [stock matières/(achats annuels/365)].

7 Je parle ici au conditionnel, parce que vous pouvez aussi avoir de bonnes surprises : des stocks anciens, de valeur, valorisés à des prix de revient anciens, mais négligés par le vendeur...

8 Délai de règlement des clients = (clients/1,196)/(CA annuel/365).

9 Afin de limiter les risques d'un tel piège, demandez une « balance âgée ». Ce tableau, dans lequel les créances clients sont classées par tranche d'âge (factures inférieures à un mois, factures ayant de un à deux mois, factures ayant de deux à trois mois, factures de plus de trois mois...), fait partie des annexes des bilans « bien établis ».

contractée et la date de l'analyse. Si les taux ont baissé depuis, elles se sont renchéries au profit du prêteur, et ceci d'autant plus qu'elles sont à plus long terme. Si les taux ont monté, l'emprunteur aura fait la bonne affaire.

La prise en compte de « survaleurs »

Enfin, bien que tous les postes de bilan aient pu être réévalués avec autant de sagesse que possible, on arrive souvent à la conclusion que l'entreprise ne pourrait raisonnablement valoir cette valeur comptable nette réévaluée (140, dans le cas de la SA Laboratoire X), car une telle valeur n'est pas compatible avec le résultat que l'entreprise dégage. En effet, certaines entreprises dégagent un résultat sans commune mesure avec les moyens mis en œuvre pour l'obtenir.

Une société comme Jaguar[10], grâce à la magie de son nom, peut vendre ses voitures comparativement beaucoup plus cher que Renault ou Peugeot. En conséquence, toutes choses égales par ailleurs, donc tous éléments de bilan étant égaux par ailleurs, Jaguar vaut sensiblement plus que Renault ou Peugeot. C'est en partie pour cette raison que Ford a payé[11] Jaguar 1,6 milliards de dollars (1,6 fois son chiffre d'affaires 1989), à une époque où Peugeot n'était évalué par le marché financier qu'à 40 milliards de francs, soit encore 0,25 fois son chiffre d'affaires 1989. Autrement dit, si par hasard le chiffre d'affaires était un critère d'évaluation, *ceteris paribus*, Jaguar valait aux yeux de Ford près de 7 fois plus que Peugeot.

Le nom d'une entreprise fait partie de son fonds de commerce. Au même titre que certains éléments que la comptabilité n'avait pas introduits dans le bilan[12] de l'affaire. De même, la localisation peut avoir un impact sur la valeur de l'entreprise sans grand rapport avec le chiffre porté au bilan. Une pharmacie de 100 mètres carrés située à l'arrivée des trains de la gare Saint-Lazare vaudra sensiblement plus que celle de 100 mètres carrés située à l'arrivée des trains de la gare de... Plounevez-Moëdec.

[10] Exemple emprunté à Véronique Bessière et Olivier Coispeau, *L'Évaluation des entreprises*, Paris, éditions Sefi, 1996.

[11] En 1989, après quelques malheurs subis lors du rachat avorté d'Alfa-Romeo.

[12] Alors qu' un fond de commerce acheté figure au bilan pour le montant auquel il a été payé, un fond, créé *ex nihilo*, ne sera pas porté au bilan de son « créateur ».

Le *goodwill* : définition

Le *goodwill* est conçu comme la valeur capitalisée des « superbénéfices » de l'entreprise, où :

– les « superbénéfices » constituent la différence entre le bénéfice obtenu et le bénéfice « normal » auquel on aurait pu s'attendre, compte tenu de l'actif net réévalué de l'entreprise ;

– la « capitalisation » consiste à ne les prendre en compte qu'un nombre limité d'années, et à écraser d'autant plus ces « superbénéfices » qu'ils apparaîtront tardivement dans le temps, en les actualisant avec un taux approprié.

Les définitions ci-dessus nécessitent quelques précisions de ma part, sur le caractère normal d'un bénéfice, sur la limitation dans le temps, et sur le coefficient d'actualisation à retenir.

Normalité du bénéfice

En ce début de siècle, on peut considérer qu'une entreprise normale doit avoir dégagé un résultat net moyen sur les cinq années passées de l'ordre de 10 % à 15 %[13] de ses fonds propres. La fourchette est relativement large, m'objecterez-vous. C'est volontairement que je me refuse à tracer, pour vous, une frontière précise séparant le normal de l'anormal. Les marchés financiers, par les coups de yoyos auxquels ils nous ont habitués, montrent bien que leur humeur peut être changeante, que la ligne de frontière est large et mouvante.

Toute rentabilité au-delà de 15 % constitue une « super-rentabilité », que l'entreprise a réussi à obtenir grâce à son nom, ou grâce à la qualité supérieure de ses produits, ou grâce à son dynamisme commercial.

Toute rentabilité en deçà de 10 %, à une époque où les OAT à 10 ans rapportent de 5 % à 6 %, constitue réellement une « sous-performance » de l'entreprise, qui, capitalisée, va venir en déduction de la valeur actif net réévalué de la société. En déduction puisque la non-rémunération du risque va compenser, négativement, la valeur des actifs de l'entreprise.

[13] Le rendement des fonds propres doit être au moins égal au rendement des placements sans risque, augmenté d'une prime de risque que les économistes ont évalué à une moyenne historique d'environ 7 %, pour une société de risque moyen.

Tableau 5 : superbénéfice	
Actif net réévalué de la SA Laboratoire X	+ 146
Résultat normal de SA Laboratoire X	de 15 à 22
Résultat moyen dégagé de 1990 à 1995	30
Superbénéfice	8

Limitation dans le temps

Sur quelle durée l'entreprise pourra-t-elle continuer à dégager ce superbénéfice ? Il n'y a certes pas de réponse unique à cette question. L'histoire économique fournit des exemples très contrastés. La suprématie d'IBM, liée à son avance technologique sur la gamme des 360, lui a assuré plus de 20 ans de très gros résultats. *A contrario*, la suprématie d'Asystel ou de Métrologie n'aura duré que l'espace d'un matin.

Une chose semble sûre aujourd'hui : à l'heure de la mondialisation de l'économie, les avantages compétitifs sont de plus en plus durs et coûteux à maintenir. Pour des métiers à évolution technologique rapide, il convient de compter en mois. Pour des métiers plus traditionnels, vous vous raconteriez des histoires en comptant au-delà de 5 ans.

Coefficient d'actualisation

Enfin, quelle que soit la durée, il faut batailler pour garder cet avantage compétitif. Batailler, c'est-à-dire entretenir de coûteuses salles d'exposition, organiser des tournois de golf, prendre des pages de publicité, entretenir une écurie de course dans le cas de Jaguar. Batailler, pour IBM, c'est croiser le fer avec Dell, Fujitsu ou Compaq, participer aux salons de Paris, Hambourg, Dusseldorf, entretenir des équipes de recherche et développement, doter les universités...

Tous ces efforts ne seront d'ailleurs pas forcément couronnés de succès.

Puisque le superbénéfice est des plus incertains, il convient de l'actualiser à un taux relativement élevé. En tout cas, à un taux très supérieur au taux de rendement des fonds d'État[14]. Par exemple au taux de rentabilité des actions attendu par la communauté financière, c'est-à-dire de l'ordre de 15 %.

[14] Le taux de rendement des fonds d'État, RF, est en effet le niveau auquel se réfèrent en permanence les professionnels de la finance. Après avoir été aux alentours de 10 % au début des années 1990, il n'était plus que de l'ordre de 8 %, à 10 ans, début 1995, puis de 5 % en fin de siècle.

Le *goodwill* : évaluation

L'évaluation du *goodwill* est plus une affaire d'estimation ou de prospective, qu'une affaire de calcul proprement dit. On est, en effet, obligé de faire un grand nombre d'hypothèses, parfaitement gratuites, sur l'évolution du superbénéfice. Sera-t-il constant, comme nous l'avons supposé dans le tableau ci-dessous ? Ira-t-il en décroissant dans le temps ? Existera-t-il sur 5 ans, 6 ans ou 4 ans ?

Tableau 6 : estimation du *goodwill* de la SA Laboratoire X

		Valeur	Actuelle
	Super B.	de 1,00 €	du superbénéfice
2001	8 €	0,87 €	6,96 €
2002	8 €	0,76 €	6,05 €
2003	8 €	0,66 €	5,28 €
2004	8 €	0,57 €	4,57 €
2005	8 €	0,50 €	3,98 €
		Total	26,82 €

Utilisation du *goodwill*

Après l'évaluation de l'actif qui permettait des bénéfices, il convient, dans la logique de ces méthodes patrimoniales, de rajouter cet actif au bilan de l'entreprise.

Tableau 7 : évaluation de la SA Laboratoire X à partir du *goodwill*

Actif net réévalué	+ 146
+ *goodwill*	+ 27
Valeur de l'entreprise	173

Le *goodwill* comptable

Dans les comptes de certaines sociétés, il existe un poste appelé *goodwill*[15]. Alors que, la plupart du temps, il n'y en a pas. Pourquoi une telle différence ?

Lorsqu'une entreprise a créé son fonds de commerce à partir de rien, elle n'a pas de raison de faire apparaître sur son bilan quoi que ce soit. Rien n'empêche d'ailleurs une tierce personne qui l'évaluerait, de lui attribuer des éléments de survaleur.

Par contre, lorsqu'une entreprise fusionne[16] avec une autre entreprise qu'elle a payé plus cher que l'actif comptable, elle se doit de faire apparaître un *goodwill* dans son propre bilan, afin de justifier l'écart entre le prix d'acquisition et la valeur des actifs rachetés. En France, pour respecter la loi Toubon, on écrira « écart d'acquisition » et « survaleur » plutôt que *goodwill*.

C'est ainsi que si la SA Laboratoire X était rachetée 160, les comptes consolidés de l'acquéreur feraient apparaître une survaleur de 10, ainsi calculée :

Tableau 8 : *goodwill* comptable

Prix d'acquisition de la SA Laboratoire X	160 €
– Actif net comptable de la SA Laboratoire X	– 150 €
Goodwill lié à la SA Laboratoire X	10 €

Voilà pour les approches comptables de la valeur de l'entreprise, dont l'avantage principal est l'arrimage à l'histoire et à la comptabilité de la société. Si de telles approches ne sont pas suffisantes pour arriver à la « valeur » de l'entreprise, les valeurs intermédiaires auxquelles elles aboutissent font souvent partie de la pondération finale sur laquelle les parties en présence se mettront d'accord pour déterminer enfin « la » valeur de l'entreprise.

15 Il s'intitule ainsi dans les rapports annuels. Sur une liasse fiscale, le *goodwill* fait partie des immobilisations incorporelles.

16 Ou consolide ses comptes avec ceux d'une filiale achetée plus cher que sa valeur comptable nette.

3- Les méthodes basées sur le rendement

À l'opposé des méthodes patrimoniales, essentiellement basées sur le passé de l'entreprise, les méthodes de rendement considèrent qu'une entreprise ne vaut que par ce qu'elle sera capable de rapporter, ce « rapport » pouvant être mesuré à plusieurs plusieurs types de toise : du résultat net à la MBA.

L'évaluation à partir du résultat net : le PER

Commençons par le plus simple. Puisqu'une entreprise a pour objectif de dégager des profits, pourquoi ne pas l'évaluer à un « certain nombre d'années de profit », avec l'idée sous-jacente, jamais exprimée, qu'au bout de ce certain nombre d'années, on aura récupéré ses fonds.

L'économiste distingué utilise un langage plus sophistiqué, usant des termes suivants, d'ailleurs équivalents, mais mieux appropriés à la valorisation d'une entreprise cotée en Bourse qu'à une entreprise non cotée : PER (prononcez « père ») ou encore P.E.R., ou encore P.E.ratio, de l'anglais *Price-earnings ratio*, avec ses équivalents en français :
- rapport cours-bénéfice ;
- multiple de bénéfice.

On entend aussi dire qu'une valeur se paie « 8 fois », alors qu'une autre en est à « 12 fois » ses bénéfices. On ajoute dans ce cas que la première est « moins chère » que la seconde.

Cette méthode d'évaluation empirique est utilisée en permanence et les journalistes la citent avec un tel aplomb que certains ont fini par croire que le PER était quelque vérité descendue du ciel.

Erreur à ne pas commettre avec le PER

Selon cette vérité divine, chaque société aurait son PER, largement déterminé par son secteur d'activité.

De là à penser que ce PER, incontournable, est à son tour immuable dans le temps, il n'y a qu'un pas, allègrement franchi par quelques imprudents qui auront vite fait de conclure que si le résultat 2002 est de 10 % supérieur à celui de 2001, eh bien, la société vaudra fin 2002 10 % de plus de sa valeur à fin 2000.

Voilà une erreur à ne pas commettre.

Bonne utilisation du PER

Le PER doit s'analyser avec prudence. Il est loin d'être stable dans le temps. Il dépend **essentiellement du taux de croissance attendu du bénéfice par action** de l'entreprise et de son risque. C'est pour cette raison que des sociétés dont on attend peu de croissance (Usinor, par exemple) ont des PER très faibles, alors que les sociétés travaillant sur des secteurs à croissance explosive (Cisco ou Microsoft, par exemple) peuvent avoir des PER sensiblement plus élevés.

Pourquoi le PER est-il avant tout une fonction du taux de croissance attendu ?

Parce qu'il se calcule sur les résultats d'aujourd'hui, alors que l'action s'évalue à partir des résultats de toutes les années à venir. Illustrons ceci par un exemple.

Vous avez 10 000 € à placer et vous voulez profiter de la baisse récente de la Bourse pour acquérir à bon prix quelques valeurs prometteuses. Vous hésitez entre :
- Usinor, leader mondial de l'acier, la base de l'industrie ;
- Lafarge, leader mondial des matériaux de construction ;
- Bénéteau, leader mondial de la navigation de plaisance.

Ci-après, les plus récentes données de ces trois entreprises concernant

		Usinor	Bénéteau	Lafarge
Cours (en €)	*a*	12,2	109,8	100,6
PER (cours/bénéfice)	*b*	4,0	20,0	13,0
Croissance récente du CA	*c*	5 %	34 %	19 %
Croissance du bénéfice/action	*d*	0,60 %	100 %	11 %
Bénéfice par action en 2000	*e*	3,1	4,9	6,8

Comme le montre le tableau ci-dessous, vos espérances de bénéfice immédiat sur les actions à acquérir ne sont pas du tout du même ordre de grandeur. Votre investissement de 10 000 € devrait, sur les bases de l'exercice 2000, vous procurer 2 600 € de bénéfice sur Usinor, contre 450 sur Bénéteau.

Pourquoi attendre si peu de Bénéteau par rapport à Usinor ?
– Parce que les bénéfices des années à venir devraient, semble-il, être beaucoup plus importants chez Bénéteau (positionnée sur un marché en plein développement) que chez Usinor (alors frappée par le ralentissement mondiale de la conjoncture).

		Usinor	Bénéteau	Lafarge
Nombre d'actions	*f* = *10 000/a*	820	91	99
Bénéfice espéré	*g* =*10 000* × *e*	2 558	446	676

Alors que faut-il acheter ? Si les marchés financiers sont efficients, les 3 placements devraient être identiquement rentables compte tenu des niveaux de risque intrinsèque à chaque entreprise.

Puis-je dire en conclusion que :

– le PER est à l'investissement action ce que le prix du mètre carré est à l'investissement immobilier ;

le nombre d'action est le pendant de la surface exprimée en mètres carrés. Deux appartements situés sur la place de l'Étoile devraient avoir un prix au mètre carré équivalent, et des valeurs proportionnelles à leur surface. Maintenant, le prix du mètre carré n'est pas forcément le même à Monaco qu'à Dunkerque...

Attention aux PER extrêmes

Il convient enfin d'avoir beaucoup de méfiance vis-à-vis des PER extrêmes.

Un PER très élevé (concrètement : au-delà de 20) peut traduire une évaluation raisonnable d'une entreprise, normalement saine, qui aurait un résultat conjoncturellement très faible. Mais il peut aussi provenir de la conjonction d'un excellent résultat d'une entreprise en très forte croissance.

Un PER très faible (concrètement : en deçà de 5) peut s'expliquer aussi bien par des résultats temporairement excellents, que par des espérances de croissance très faibles.

Dans le monde des PME, le PER s'utilise essentiellement de manière comparative.

Vous pouvez utiliser les données boursières des confrères de la SA Laboratoire X, pour en déduire un PER moyen du secteur, et appliquer ce PER[17] à la SA Laboratoire X.

Tableau 9 : utilisation du PER	
PER Sanofi	15,7
PER Glaxo-Wellcome	15,0
PER moyen secteur	15,35
PER à appliquer au Laboratoire X	13,0
Résultat net estimé 2001	30,0
Valeur SA Laboratoire X	390,0

17 Avec éventuellement une décote, pour tenir compte du fait que la petite SA Laboratoire X est plus fragile que ses confrères cotés en Bourse. D'où un PER de 13.

L'évaluation à partir du résultat d'exploitation

Deux chercheurs américains, Modigliani et Miller, prix Nobel depuis peu, se sont penchés sur l'optimisation de la valeur de l'entreprise. Ils ont notamment montré que, sous certaines conditions, la valeur de l'entreprise s'exprimait aisément à partir du résultat d'exploitation.

Vous vous rappelez du résultat d'exploitation, déterminé par la différence entre produits d'exploitation et dépenses d'exploitation, c'est-à-dire avant la prise en compte des frais financiers.

Si on considère que :
1. ce résultat d'exploitation est le résultat avant impôt disponible pour les bailleurs de fonds de l'entreprise, actionnaires et banquiers,
2. l'entreprise, pour se maintenir à son niveau actuel, doit réinvestir ce qu'elle passe en amortissement pendant l'exercice,

le résultat d'exploitation après impôt (2/3 du résultat avant IS) constitue alors le flux rémunérant les apporteurs de capitaux. Il suffit de le capitaliser à l'infini pour avoir la valeur totale de l'entreprise (valeur des actions + valeur de la dette).

L'entreprise ne valant que ce qu'elle dégage, Modigliani et Miller ont alors montré que la valeur de l'entreprise pouvait s'exprimer à partir de l'équation ci dessous :

Valeur de l'entreprise = [[résultat d'exploitation] × (1-T)/k] – dettes financières × (1-T)

Équation dans laquelle :
- T est le taux d'impôt sur les sociétés ;
- k est le taux de capitalisation, correspondant au coût du capital.

L'évaluation à partir des flux

Flux de dividendes ?

Quoi de plus naturel que de considérer que seuls les dividendes sont importants et qu'en conséquence, l'entreprise ne vaut que par ses dividendes ? Puisque les dividendes sont régulièrement espacés dans le temps, c'est donc la valeur actuelle des dividendes qu'il convient de considérer.

L'entreprise vaut alors :

$$\text{Valeur} = \sum_{t=1}^{\infty} \frac{D_t}{(1 + K_e)^t}$$

Équation dans laquelle :

– P_0 représente le prix de l'action, à l'instant « t = 0 » ;

– D_1 représente le dividende versé l'année « t = 1 » ;

– k_e représente le rendement exigé par la communauté financière pour cette action, compte tenu du risque qu'elle représente.

Si la formule ci-dessus ne paraît guère exploitable dans le cas général, il est au moins un cas de figure dans lequel elle donne lieu à une écriture particulièrement simple : celui où on peut penser que les dividendes à venir de l'entreprise vont croître de manière régulière et infinie, à un taux constant *g*. Dans un tel cas, la valeur de l'action peut s'écrire :

$$P_0 = D_1/(k_e - g)$$

Équation dans laquelle :

– P_0 représente le prix de l'action, à l'instant $t = 0$;

– D_1 représente le dividende attendu l'année $t = 1$;

– k_e représente le rendement exigé par la communauté financière pour cette action, compte tenu du risque qu'elle représente.

Ce modèle d'évaluation, connu sous le doux nom de « modèle de Gordon[18] » peut être d'ailleurs être utilisé dans tous les sens :

– pour évaluer une action dont on connaîtrait le taux de croissance et le taux de rendement attendu ;

– pour évaluer le taux de croissance d'une action dont on connaîtrait la valeur et le taux de rendement attendu ;

– pour évaluer le taux de rendement attendu d'une action dont on connaîtrait la croissance prévisionnelle et la valeur.

Ainsi, dans le tableau ci-après, le modèle de Gordon est utilisé pour évaluer l'action de la société SA Rapide.

18 Du nom de son auteur Myron T. Gordon.

Tableau 10 : estimation du PER de la SA Rapide par Gordon	
	SA Rapide
Bénéfice par action	44 €
Taux de distribution (dividende/résultat net)	25 %
Rendement attendu par les actionnaires	15 %
Dernier dividende versé	11
Taux de croissance dividendes	13,5 %
Valeur action par modèle de Gordon	832 €
Rapport cours/bénéfice (PER)	18,9

De la même manière, on peut appliquer le modèle de Gordon, à la SA Lente, sœur « presque jumelle » de la précédente société.

Elles sont jumelles parce qu'elles ont le même résultat par action et qu'elles sont jugées de même risque. Mais « presque » seulement, parce que Lente est très généreuse avec ses actionnaires, à qui elle distribue 50 % de ses résultats.

En dépit de cette plus grande générosité, Lente se voit affecter une valeur par action (donc un PER), du quart de celle de Rapide.

Et, en dépit de cette différence, si vous voulez une rentabilité de 15 % sur vos 10 000 € d'économie, vous avez le choix : 43 actions de Lente ne vous rapporteront ni plus ni moins que 12 actions de Rapide. Dans l'un et l'autre cas, vous aurez vos 15 % !

Tableau 11 : estimation du PER de la SA Lente par Gordon	
	SA Lente
Bénéfice par action	44 €
Taux de distribution (dividende/résultat net)	50 %
Rendement attendu par les actionnaires	15 %
Dernier dividende versé	22
Taux de croissance dividendes	5 %
Valeur action par modèle de Gordon	231 €
Rapport cours/bénéfice (PER)	5,3

►►► *Cash-flows* libres ?

Aujourd'hui, les théoriciens de la finance, qu'il s'agisse d'Albouy, de Colasse, de Copeland, d'Hirrigoyen[19], de Rappaport[20], s'accordent sur les deux paramètres déterminant la valeur de l'entreprise :

1. les flux que l'actionnaire peut en retirer, sous forme de dividendes, bien sûr, mais aussi sous forme de *royalties*, de redevances de gestion, etc. Ces flux sont après impôts, après prise en compte des augmentations du besoin en fonds de roulement, après prise en compte des besoins d'investissements en immobilisations ;
2. la rentabilité minimale que l'actionnaire exige, qui dépend des autres opportunités d'investissement (offertes à l'actionnaire) de risque équivalent.

Munis de ce savoir, si vous estimez disposer des bonnes informations, ou plutôt si vous êtes mieux informés que les autres, votre fortune est assurée. Vous devriez être à même de sélectionner les entreprises sous-évaluées, sur lesquelles vous pouvez investir.

Afin d'être parfaitement honnête – et ce sera le mot de la fin –, je vous citerai une conversation que j'ai eu le privilège de tenir en 1972 avec Joseph Hirschorn, le père du Hirschorn Museum de Washington. Jeune émigré russe élevé sur les poubelles de New York au début du siècle dernier, il était devenu millionnaire en dollars en 1928, avant de quitter la Bourse en septembre 1929, quelques jours avant le Jeudi noir, pour investir dans l'art contemporain et les mines d'uranium canadiennes.

Celui qui avait été appelé le roi de l'uranium était alors propriétaire d'une parcelle de terrain de 36 hectares située au cap d'Antibes, que le ministère de l'Industrie, en la personne du sénateur Laffitte, envisageait d'acheter afin d'y construire ce qui est devenu depuis Sofia-Antipolis. J'avais été en contact avec monsieur Hirschorn au sujet de la cession de ses terrains. Je me permis de lui demander quel conseil il pourrait prodiguer au jeune ingénieur que j'étais alors.

Il hésita un court instant avant de me dire : « *Young man, never invest. Speculate* ! »

19 *Cf. Revue française de gestion*, janvier 93.

20 Rappaport, « Strategic Analysis for more profitable acquisitions », *Harvard Business Review*, 1978.

CHAPITRE

12

Application : un problème de financement dans une PME familiale

Créée il y a près d'un demi-siècle, la société des Tissus muraux de Limoges, ci-dessous dénommée STML, a été la première entreprise à s'installer dans la zone industrielle de Limoges-Nord. Elle y occupe un terrain de 2 hectares, et ses locaux couverts sont de 4 000 mètres carrés. Elle jouxte l'une des usines Legrand, constructeur internationalement renommé de petit appareillage électrique, qui est depuis des années l'une des vedettes de la Bourse de Paris.

1- Le produit

Comme sa dénomination sociale l'indique, STML est avant tout une imprimerie de matières textiles fabricant des tissus d'ameublement et de décoration. La technologie est d'ailleurs relativement simple : il suffit d'imprimer des textiles relativement courants. Pour ce faire, la société achète donc des rouleaux de tissu aux industriels du secteur (DMC, par exemple), des colorants à ICI et Exxon Chemicals, Bayer. Elle fait passer les premiers sur des rotatives... et, merveille de la technologie, le tissu sort imprimé quelques secondes plus tard. Le plus difficile, c'est la mise au point des collections. En effet, ces tissus de décoration sont vendus à des femmes, par des femmes, très sensibles à la mode. Certaines années, les motifs à fleurs sont boudés. Certaines années, les mêmes motifs avec les mêmes fleurs provoquent des émeutes car ces dames se les arrachent. Il faut alors produire très vite, avec des variantes. Et pour ce faire, il faut une nouvelle quatre-couleurs, qui coûte la bagatelle de 1 million d'euros...

2- Les actionnaires

SARL au capital social de 600 000 €, STML est détenue par quatre actionnaires descendant du fondateur, monsieur Pierre Roin. Son petit-fils, Jacques Roin, a pris les fonctions de gérant lors du départ de son père à la retraite.

Il y a quatre associés à parts égales. L'un d'eux est gérant, et là est le début du problème.

Si l'associé gérant tire profit de sa situation d'actionnaire à travers la gérance, les autres associés, qui habitent chacun un coin du monde différent, estiment tirer peu de profit de leurs actions. Ils reprochent à leur frère et cousin de ne pas leur verser de dividendes. Peut-être est-ce la raison pour laquelle, lorsqu'il a été question d'augmentation de capital pour faire face à l'achat de la nouvelle quatre-couleurs, deux d'entre eux ont catégoriquement refusé de mettre un centime dans l'affaire.

C'est de Jacques Roin, gérant, que vous tenez les éléments qualitatifs exprimés ci-dessous. Il vous a fait remettre la dernière liasse fiscale (pages 240 à 243).

3- Le marché

Il y avait encore, à la fin des années 1980, près de 30 fabricants en France. La plupart ont déposé leur bilan à la suite de leurs difficultés propres et de celles de leurs clients, les décorateurs. Certaines entreprises (Laura Ashley, Canovas, Frey, par exemple) ont particulièrement bien résisté du fait qu'elles maîtrisaient ou possédaient leurs propres réseaux. Mais beaucoup n'ont pas su prendre le virage du marché qui s'est progressivement partagé entre la grande distribution spécialisée et les décorateurs haut de gamme.

Les malheurs des uns ont, hélas, fait tâche d'huile sur l'ensemble de la profession. Les confrères qui ont déposé leur bilan, ont confié gestion et stocks à des syndics dont le souci a été de liquider. C'est ainsi qu'en 1999, près du tiers des tissus muraux vendus en France ont été bradés en dehors de leur marché normal par des auxiliaires de justice.

Aujourd'hui, ces stocks excédentaires ont disparu de ces points de vente parallèles et les lieux de vente traditionnels ont vu revenir vers eux leur clientèle traditionnelle. Ils ne peuvent se fournir qu'auprès des importateurs ou des imprimeurs français qui, s'ils ne sont pas toujours mieux placés au point de vue du prix, peuvent néanmoins offrir une souplesse de livraison et une qualité de produit incomparables. Dans ce nouveau contexte, les cinq fabricants français se trouvent devant des carnets de commandes impressionnants. Le malheur veut que devant cette reprise commerciale attendue depuis si longtemps, STML bute devant des problèmes de financement.

4- La stratégie commerciale

La STML a choisi une politique commerciale explicite : les éditeurs.

Les « éditeurs » sont des commerciaux qui font fabriquer leurs dessins par la STML, puis les vendent sous leur propre nom. Ce pari stratégique de distribution *via* les éditeurs rééquilibre le caractère de fabrication de STML par rapport à son caractère de distributeur. Il met l'accent sur la capacité à fabriquer de manière compétitive, qui a été la force de la société depuis toujours.

« De plus, ajoute monsieur Roin, nous mettons à leurs dispositions des collections de “leurs” produits, ce qui nous oblige à financer ces mêmes collections. »

En effet, les clientes finales n'achètent qu'après avoir compulsé de volumineux classeurs, dont chaque page est constituée d'un morceau du tissu convoité. Chaque « référence » se retrouve ainsi sur des centaines de catalogues. C'est-à-dire que STML fabrique sur son matériel, avec son personnel, ses propres matières premières, les prototypes – qui dans ce métier s'appellent des cylindres – et les fameux cahiers d'échantillonnage qui sont « donnés » aux revendeurs. Une telle politique commerciale n'est pas sans impact financier...

En contrepartie, chaque facture aux éditeurs se décompose en deux parties :
- le tissu proprement dit ;
- l'amortissement des collections, évalué forfaitairement à 5 % du tissu facturé.

5- Conséquence comptable de la politique commerciale

Les collections confectionnées pour les éditeurs sont donc passées au bilan. Les éléments correspondant à leur élaboration, frais de main-d'œuvre et de matières, sont passés au crédit du compte transfert de charges. On les retrouve sur le côté actif du bilan, ainsi que dans le compte transfert de charges du compte de résultat.

Puis, au fur et à mesure de la vente de ces collections, l'investissement est amorti, selon un accord contractuel entre STML et ses clients, à raison de 5 % du chiffre d'affaires réalisé sur « leurs » collections. Ainsi, le compte chiffre d'affaires comprend des lignes de facturation de ces 5 %.

Une collection a une durée de vie moyenne de 2 ans. Hélas, les clientes finales se lassent extrêmement vite d'un produit, aussi bon soit-il. Le meilleur motif, quand il a été vu dans *Art et Décoration* ou *La Maison de Marie-Claire* devient obsolète dans les 6 mois.

« Enfin, conclut Monsieur Roin, l'investissement a été fait, il n'est donc plus à faire. Il convient néanmoins de le maintenir. »

6- Le problème financier

Comme un malheur n'arrive jamais seul, à l'investissement rotative quatre-couleurs s'ajoute le problème « fournisseurs ».

Les fournisseurs de la profession ont bien sûr été touchés par la cascade des défaillances de leurs clients imprimeurs ou des clients de leurs clients, les distributeurs.

Ces grosses entreprises de la profession ont, en conséquence, resserré leurs conditions de crédit : aussi, depuis plus d'un an, la STML doit-elle se battre pour arriver à payer à 30 jours les fournisseurs de tissus (30 % du CA en moyenne). Ceux-ci exercent une très forte pression en vue d'être payés comptant, voire contre remboursement pour certains. Monsieur Roin s'estime confronté à un double besoin de financement :

- 1 M€ pour la nouvelle rotative ;
- 100 000 € pour se constituer un fonds de roulement et pouvoir payer ses fournisseurs.

Monsieur Roin est convaincu que l'avenir n'est pas entièrement rose. C'est pour cette raison qu'il a fait appel à vous.

En effet, il voudrait investir pour être encore plus performant sur le plan technique. Il est un peu étonné que les banques ne le suivent pas alors que sa société dort sur des trésors immobiliers. En 1999, le cabinet Galtier, dont la notoriété est incontestée, avait estimé la valeur vénale du terrain et des bâtiments à près de 2 M€.

Monsieur Roin envisage de faire de nouveau appel à ses parents « coactionnaires », mais n'est pas sûr d'être entendu. Peut-être, ajoute-t-il, qu'un engagement moral de verser des dividendes serait un bon moyen de faire « passer la pilule » et de leur faire sortir leur chéquier.

Votre tâche : déterminer les besoins financiers et les moyens de les satisfaire. Bien entendu, dans ce type d'analyse, il n'est pas question de déterminer des chiffres exacts, ou plutôt des chiffres qui donneraient l'impression d'être exacts. L'objectif est d'arriver à des ordres de grandeur raisonnables, quitte, dans un deuxième temps, à affiner les premiers résultats.

Agrément N° B2101.1001
N°11937*03 Formulaire obligatoire (article 53 A du Code général des impôts).

① BILAN - ACTIF

D.G.I. N° 2050 [1]
(2001)

Désignation de l'entreprise : SA STML — Durée de l'exercice exprimée en nombre de mois * 12
Adresse de l'entreprise : ZI Bernard Palissy 87049 LIMOGES CEDEX — Durée de l'exercice précédent * 12
Numéro SIRET* 3 5 0 3 6 0 5 9 3 0 0 0 1 3 — Code APE

Déclaration souscrite en : F A7 X € A8 — Cocher obligatoirement une case

Exercice N clos le, 31122001 — N-1 311200

			Brut 1		Amortissements, provisions 2	Net 3	Net 4
	Capital souscrit non appelé (I)	AA					
ACTIF IMMOBILISÉ * — IMMOBILISATIONS INCORPORELLES	Frais d'établissement *	AB		AC			
	Frais de recherche et développement *	AD		AE			
	Concessions, brevets et droits similaires	AF		AG			
	Fonds commercial (1)	AH		AI			
	Autres immobilisations incorporelles	AJ		AK			
	Avances et acomptes sur immobilisations incorporelles	AL		AM			
IMMOBILISATIONS CORPORELLES	Terrains	AN	970 000	AO		970 000	970 000
	Constructions	AP	1 156 586	AQ	974 977	181 609	203 428
	Installations techniques, matériel et outillage industriels	AR	1 239 296	AS	1 033 791	205 505	230 095
	Autres immobilisations corporelles	AT	2 540 558	AU	1 911 168	629 390	773 237
	Immobilisations en cours	AV		AW			
	Avances et acomptes	AX		AY			
IMMOBILISATIONS FINANCIÈRES (2)	Participations évaluées selon la méthode de mise en équivalence	CS		CT			
	Autres participations	CU		CV			
	Créances rattachées à des participations	BB		BC			
	Autres titres immobilisés	BD		BE			
	Prêts	BF		BG			
	Autres immobilisations financières *	BH	6 408	BI		6 408	6 223
	TOTAL (II)	BJ	5 912 848	BK	3 919 936	1 992 912	2 182 983
ACTIF CIRCULANT — STOCKS *	Matières premières, approvisionnements	BL	557 379	BM		557 379	648 205
	En cours de production de biens	BN		BO			
	En cours de production de services	BP		BQ			
	Produits intermédiaires et finis	BR	1 210 639	BS		1 210 639	1 604 068
	Marchandises	BT		BU			
	Avances et acomptes versés sur commandes	BV		BW			
CRÉANCES	Clients et comptes rattachés (3) *	BX	1 146 626	BY	171 317	975 309	1 520 766
	Autres créances (3)	BZ	615 621	CA		615 621	108 827
	Capital souscrit et appelé, non versé	CB		CC			
DIVERS	Valeurs mobilières de placement (dont actions propres..........................)	CD		CE			
	Disponibilités	CF	6 266	CG		6 266	29 010
Comptes de régularisation	Charges constatées d'avance (3) *	CH	1 480 958	CI		1 480 958	625 141
	TOTAL (III)	CJ	5 017 489	CK	171 317	4 846 172	4 536 017
	Charges à répartir sur plusieurs exercices * (IV)	CL					
	Primes de remboursement des obligations (V)	CM					
	Ecarts de conversion actif * (VI)	CN					
	TOTAL GÉNÉRAL (I à VI)	CO	10 930 337	1A	4 091 253	6 839 084	6 719 000

Renvois : (1) Dont droit au bail : — (2) part à moins d'un an des immobilisations financières nettes : CP — (3) Part à plus d'un an : CR

Clause de réserve de propriété : * Immobilisations : — Stocks : — Créances :

*Des explications concernant cette rubrique sont données dans la notice n°2032

document 23a

Agrément N° B2101.1001
N°10938*03 Formulaire obligatoire (article 53 A du Code général des impôts).

(2) **BILAN - PASSIF avant répartition**

D.G.I. N° 2051 (2001) [1]

Désignation de l'entreprise : SA STML

			Exercice N	Exercice N - 1
CAPITAUX PROPRES	Capital social ou individuel (1)* (Dont versé : ....)	DA	600 000	600 000
	Primes d'émission, de fusion, d'apport, ...	DB		
	Écarts de réévaluation (2)* (dont écart d'équivalence EK)	DC	869 225	869 225
	Réserve légale (3)	DD	11 332	11 332
	Réserves statutaires ou contractuelles	DE		
	Réserves réglementées (3)* (Dont réserve spéciale des provisions pour fluctuation des cours B1)	DF	72 703	72 703
	Autres réserves (Dont réserve relative à l'achat d'oeuvres originales d'artistes vivants* EJ)	DG	49 060	49 060
	Report à nouveau	DH	(342 865)	(443 070)
	RÉSULTAT DE L'EXERCICE (bénéfice ou perte)	DI	(211 538)	100 204
	Subventions d'investissement	DJ		
	Provisions réglementées *	DK	639 911	729 557
	TOTAL (I)	DL	1 687 828	1 989 011
Autres fonds propres	Produit des émissions de titres participatifs	DM		
	Avances conditionnées	DN		
	TOTAL (II)	DO	0	0
Provisions pour risques et charges	Provisions pour risques	DP		
	Provisions pour charges	DQ		
	TOTAL (III)	DR	0	0
DETTES (4)	Emprunts obligataires convertibles	DS		
	Autres emprunts obligataires	DT		
	Emprunts et dettes auprès des établissements de crédit (5)	DU	223 986	321 784
	Emprunts et dettes financières divers (Dont emprunts participatifs EI)	DV		
	Avances et acomptes reçus sur commandes en cours	DW		
	Dettes fournisseurs et comptes rattachés	DX	1 856 005	2 092 160
	Dettes fiscales et sociales	DY	2 240 009	1 572 434
	Dettes sur immobilisations et comptes rattachés	DZ		
	Autres dettes	EA	831 256	743 611
Compte régul.	Produits constatés d'avance (4)	EB		
	TOTAL (IV)	EC	5 151 256	4 729 989
	Écarts de conversion passif * (V)	ED		
	TOTAL GÉNÉRAL (I à V)	EE	6 839 084	6 719 000
RENVOIS	(1) Écart de réévaluation incorporé au capital	IB		
	(2) Dont Réserve spéciale de réévaluation (1959)	IC	869 225	869 225
	Écart de réévaluation libre	ID		
	Réserve de réévaluation (1976)	IE		
	(3) Dont réserve spéciale des plus-values à long terme *	EF	72 703	72 703
	(4) Dettes et produits constatés d'avance à moins d'un an	EG	5 151 256	4 729 989
	(5) Dont concours bancaires courants, et soldes créditeurs de banques et CCP	EH		

* Des explications concernant cette rubrique sont données dans la notice n°2032

document 23b

Agrément N° B2101.1001

N°10167*05 Formulaire obligatoire (article 53 A du Code général des impôts).

(3) COMPTE DE RESULTAT DE L'EXERCICE (En liste)

D.G.I. N° 2052 (2001) **1**

Désignation de l'entreprise : SA STML

			Exercice N France		Exercice N Exportation et livraisons intracommunautaires		Total	Exercice (N-1)
PRODUITS D'EXPLOITATION	Ventes de marchandises *	FA	6 601 942	FB		FC	6 601 942	6 659 079
	Production vendue { biens *	FD		FE		FF		
	Production vendue { services *	FG		FH		FI		
	Chiffres d'affaires nets*	FJ	6 601 942	FK	0	FL	6 601 942	6 659 079
	Production stockée *					FM		
	Production immobilisée *					FN		
	Subventions d'exploitation					FO		
	Reprises sur amortissements et provisions, transfert de charges * (9)					FP	929 014	169 804
	Autres produits (1) (11)					FQ		
	Total des produits d'exploitation (2) (I)					FR	7 530 956	6 828 883
CHARGES D'EXPLOITATION	Achats de marchandises (y compris droits de douane) *					FS		
	Variation de stock (marchandises) *					FT		
	Achats de matières premières et autres approvisionnements (y compris droits de douane) *					FU	2 553 418	2 307 915
	Variation de stock (matières premières et approvisionnements) *					FV	484 255	(191 503)
	Autres achats et charges externes (3) (6 bis) *					FW	1 307 332	1 105 117
	Impôts, taxes et versements assimilés *					FX	272 315	292 031
	Salaires et traitements *					FY	1 726 693	1 818 080
	Charges sociales (10)					FZ	740 193	757 781
	DOTATIONS D'EXPLOITATION — Sur immobilisations { - dotations aux amortissements *					GA	369 422	370 200
	DOTATIONS D'EXPLOITATION — Sur immobilisations { - dotations aux provisions *					GB		
	DOTATIONS D'EXPLOITATION — Sur actif circulant : dotations aux provisions *					GC	255 858	66 704
	DOTATIONS D'EXPLOITATION — Pour risques et charges : dotations aux provisions					GD		
	Autres charges (12)					GE		
	Total des charges d'exploitation (4) (II)					GF	7 709 486	6 526 325
1 - RÉSULTAT D'EXPLOITATION (I - II)						GG	(178 530)	302 558
opérations en commun	Bénéfice attribué ou perte transférée * (III)					GH		
	Perte supportée ou bénéfice transféré * (IV)					GI		
PRODUITS FINANCIERS	Produits financiers de participations (5)					GJ		
	Produits des autres valeurs mobilières et créances de l'actif immobilisé (5)					GK		
	Autres intérêts et produits assimilés (5)					GL		
	Reprises sur provisions et transferts de charges					GM		
	Différences positives de change					GN		
	Produits nets sur cessions de valeurs mobilières de placement					GO		
	Total des produits financiers (V)					GP	0	0
CHARGES FINANCIERES	Dotations financières aux amortissements et provisions *					GQ		
	Intérêts et charges assimilées (6)					GR	157 284	296 431
	Différences négatives de change					GS		
	Charges nettes sur cessions de valeurs mobilières de placement					GT		
	Total des charges financières (VI)					GU	157 284	296 431
2 - RÉSULTAT FINANCIER (V - VI)						GV	(157 284)	(296 431)
3 - RÉSULTAT COURANT AVANT IMPôTS (I - II + III - IV + V -VI)						GW	(335 814)	6 127

(RENVOIS : voir tableau n°2053) *Des explications concernant cette rubrique sont données dans la notice n°2032

Ccmx http://www.ccmx.com

document 23c

Agrément N° B2101.1001

N°10947*03 Formulaire obligatoire (article 53 A du Code général des impôts).

(4) **COMPTE DE RESULTAT DE L'EXERCICE (Suite)** D.G.I. N° 2053 (2001) [1]

Désignation de l'entreprise : SA STML

			Exercice N	Exercice N - 1
PRODUITS EXCEPTIONNELS	Produits exceptionnels sur opérations de gestion	HA	307	269 491
	Produits exceptionnels sur opérations en capital *	HB	325 000	
	Reprises sur provisions et transferts de charges	HC	39 041	
	Total des produits exceptionnels (7)(VII)	HD	364 348	269 491
CHARGES EXCEPTIONNELLES	Charges exceptionnelles sur opérations de gestion (6 bis)	HE	214 146	175 414
	Charges exceptionnelles sur opérations en capital *	HF	14 426	
	Dotations exceptionnelles aux amortissements et provisions	HG		
	Total des charges exceptionnelles (7) (VIII)	HH	228 572	175 414
4 - RESULTAT EXCEPTIONNEL (VII - VIII)		HI	135 776	94 077
Participation des salariés aux résultats de l'entreprise (IX)		HJ		
Impôts sur les bénéfices * (X)		HK	11 500	
TOTAL DES PRODUITS (I + III + V + VII)		HL	7 895 304	7 098 374
TOTAL DES CHARGES (II + IV + VI + VIII + IX + X)		HM	8 106 842	6 998 170
5 - BENEFICE OU PERTE (total des produits - total des charges)		HN	(211 538)	100 204
RENVOIS	(1) Dont produits nets partiels sur opérations à long terme	HO		
	(2) Dont { Produits de locations immobilières	HY		
	(2) Dont { Produits d'exploitation afférents à des exercices antérieurs (à détailler au (8) ci-dessous)	1G		
	(3) Dont { - Crédit-bail mobilier *	HP		
	(3) Dont { - Crédit-bail immobilier	HQ		
	(4) Dont charges d'exploitation afférentes à des exercices antérieurs (à détailler au (8) ci-dessous)	1H		
	(5) Dont produits concernant les entreprises liées	1J		
	(6) Dont intérêts concernant les entreprises liées	1K		
	(6 bis) Dont dons faits aux organismes d'intérêt général (art. 238 bis du C.G.I.)	HX		
	(9) Dont transfert de charges	A1	929 014	169 804
	(10) Dont cotisations personnelles de l'exploitant (13)	A2		
	(11) Dont redevances pour concessions de brevets, de licences (produits)	A3		
	(12) Dont redevances pour concessions de brevets, de licences (charges)	A4		
	(13) Dont primes et cotisations complémentaires personnelles : facultatives A6 obligatoires A9			

(7) Détail des produits et charges exceptionnels (Si ce cadre est insuffisant, joindre un état du même modèle) :	Exercice N Charges exceptionnelles	Exercice N Produits exceptionnels

(8) Détail des produits et charges sur exercices antérieurs :	Exercice N Charges antérieures	Exercice N Produits antérieurs

* Des explications concernant cette rubrique sont données dans la notice n°2032

document 23d

Devant tous les chiffres apparaissant dans les comptes nous allons, à l'aide du théorème n° 1 de la comptabilité, orienter le sens de nos recherches. Ensuite, très naturellement, nous allons procéder à l'analyse des plus gros postes du bilan, laissant dans l'ombre les montants « mineurs ».

Le théorème n° 1 de la comptabilité

Ce théorème, qui ne figure dans aucun livre, stipule que :
– la perte réelle d'une entreprise est toujours supérieure à la perte apparaissant au bilan ;
– le bénéfice réel d'une entreprise est presque toujours supérieur au bénéfice apparaissant au bilan.

Contexte général : l'entreprise s'est vu refuser un financement. Or, comme l'ont fait remarquer les plus grands chefs d'entreprise, il n'y a pas de problème de financement, il n'y a que des problèmes de rentabilité. Si l'entreprise s'est vu éconduire par la banque, c'est sans doute parce que sa solvabilité paraissait douteuse. Or, vous pouvez constater que l'entreprise affiche des pertes. Si perte il semble y avoir au bilan, la perte réelle est sans doute très supérieure à la perte affichée au bilan. Par un réflexe naturel, mais malheureux, les chefs d'entreprise se donnent beaucoup de mal pour diminuer – en apparence du moins – leur déficit. En effet, des déficits importants ou répétés risquent d'affoler banquiers, clients, fournisseurs, actionnaires et personnel. Aussi, une comptabilité créative s'efforcera de cacher les pertes.

À l'opposé, lorsque l'entreprise est bénéficiaire, vous pouvez parier que le résultat réel est supérieur à celui qui est affiché au bilan. En effet, un résultat significativement positif pourrait, dans notre douce France, déclencher l'ire du personnel, et même – horreur ! – éveiller un esprit revendicatif chez les actionnaires qui, rappelez-vous, n'ont qu'un seul droit : faire leur devoir d'actionnaire[1]. Sans parler du fisc à qui il faudra reverser une quote-part. D'où le réflexe naturel et malheureux du chef d'entreprise moyen : cacher les profits.

Dans le cas de STML, nous allons chercher les cachettes à pertes, qui sont d'ailleurs essentiellement les mêmes que les cachettes à profit : les stocks et les provisions.

[1] Il s'agit d'une boutade !

7- Les dettes fiscales et sociales

C'est l'importance relative de ce poste qui doit attirer notre première attention. Est-il en effet normal que le montant de ces dettes représentent près du tiers des emplois de l'entreprise ? Les organismes fiscaux ont-ils pour vocation de financer l'entreprise ? La réponse est non.

Alors, comment interpréter financièrement, un tel niveau de dettes ?

Il convient d'abord de déterminer un niveau normal de dettes fiscales et sociales au 30 septembre, date d'arrêté du bilan. L'entreprise doit essentiellement :
- la TVA sur les ventes de septembre ;
- les charges sociales sur les salaires de septembre[2] ;
- les impôts et taxes non réglés, c'est-à-dire essentiellement la taxe[3] professionnelle et les taxes foncières ; celles ci étant dues au titre d'une année, il serait logique qu'elles aient été portées au bilan *prorata temporis*, c'est-à-dire pour 9/12e de leur valeur.

Nous en resterons d'ailleurs là afin de ne pas rentrer dans des détails que leur ordre de grandeur rend non pertinents pour l'analyse, voire intellectuellement sordides.

TVA sur les ventes de septembre

Si nous faisons l'hypothèse que le mois de septembre est un mois « moyen », pendant lequel est réalisé un chiffre d'affaires « moyen », nous pouvons évaluer la TVA due au 30 septembre de la manière suivante :

CA année 2000	*(1)*	6 600
CA mensuel moyen	*(2) = (1)/12*	550
TVA sur 1 mois de CA	*(3) = 18,6 % × (2)*	108

2 Éventuellement les congés payés dus au 30 septembre. En toute rigueur comptable, les congés payés sont comptabilisés en provision pour charge plutôt qu'en dettes sociales.

3 Éventuellement la taxe d'apprentissage, qui est payée en février.

Charges sociales sur salaires août

Tenons, au moins dans un premier temps, le même raisonnement sur les charges sociales dues fin septembre.

Charges sur salaires annuelles	*(4)*	740,0
Charges sociales mensuelles	*(5) = (4)/12*	61,7

Impôts et taxes

Impôts et taxes annuels	*(6)*	272,0
9 mois d'impôts et taxes	*(7) = (6) × 9/12*	204,0

Synthèse du poste « dettes fiscales et sociales »

Des trois tableaux précédents on peut déduire que l'ordre de grandeur « normal » du poste dettes fiscales et sociales devrait être de :

TVA sur 1 mois de CA	+ 108
Charges sociales mensuelles	+ 62
9 mois d'impôts et taxes	+ 204
Total	374

Compte tenu du fait qu'il y a 2,24 M€ en DFS, qu'il devrait y avoir de l'ordre de 0,25 M€, il est vraisemblable que la partie échue de la dette fiscale soit de : **2,24 M€ – 0,25 M€ = 2 M€.**

De cette constatation, on peut déduire que l'entreprise est, de fait, en cessation de paiement au 30 septembre. Il n'est guère étonnant que banquiers et fournisseurs s'en défient, et n'osent pas lui prêter : STML vit avec une épée de Damoclès au-dessus de la tête. Comme tous ceux qui n'ont pas payés leurs impôts, STML peut voir surgir l'huissier à tout instant. Tant que ces reliquats fiscaux n'auront pas été réglés, l'entreprise vivra dans l'attente des foudres du TPG local, et, en conséquence, ne peut espérer aucun concours extérieur.

8- Les dettes fournisseurs

Compte tenu de leur poids important dans le bilan, c'est maintenant vers les dettes fournisseurs que nous allons nous tourner. Nous allons tenir le même raisonnement que pour les dettes fiscales et sociales, à savoir :

- estimer le montant qu'il serait raisonnable d'avoir à ce poste ;
- déduire de la dette fournisseur, le montant précédent ;
- en déduire la partie « échue » de la dette fournisseurs.

Montant « normal » de la dette fournisseurs

Le montant de la dette fournisseurs devrait être en rapport avec le volume d'activité réalisé avec les fournisseurs. Or, le CA réalisé avec les fournisseurs se trouve au compte de résultat, pour l'année en cours. On peut imaginer, de plus, que compte tenu de l'intense activité économique traditionnelle au mois d'août en France, les volumes réalisés en août et septembre sont, en réalité, inférieurs à la moyenne. Aussi, les chiffres du tableau ci-dessous donnent une estimation qui est sans doute supérieure à la réalité.

Achats de l'exercice	*(8)*	2 553
Autres achats et charges externes	*(9)*	1 307
Volume achat aux fournisseurs	*(10) = (8) + (9)*	3 860
Volume mensuel moyen	*(11) = (10)/12*	322
Dettes fournisseurs (TTC)	*(12)*	1 855
DettesfFournisseurs (base HT)	*(13) = (12)/1,196*	1 551
Nombre de mois au poste fournisseurs	*(14) = (13)/(11)*	4,8

Le délai de paiement des fournisseurs, de l'ordre de 5 mois, est tout à fait anormal. Une PME comme STML ne saurait en aucun cas avoir de telles pratiques de règlement vis-à-vis de ses fournisseurs, essentiellement des grands groupes. Si on admet qu'une politique de règlement « normale » serait de 1,5 mois, ou encore de 45 jours, il devrait y avoir au poste fournisseurs : **322 × 1,5 mois × 1,196 = 577 K€**.

Part non échue de la dette fournisseurs

Par analogie avec l'analyse précédente, nous pouvons déduire que si le bilan comptable présente un montant de dettes fournisseurs de 1,85 M€, le montant « normal » de cette dette devrait être de l'ordre de 577 K€. La différence entre le montant constaté et le montant normal est donc un crédit de trésorerie arraché aux fournisseurs. Il est d'ailleurs vraisemblable que la situation serrée de l'entreprise ne datant pas d'hier, les fournisseurs ont coupé tout nouveau crédit, et que les 1,8 million d'euros dus sont échus depuis longtemps. Autrement dit, l'impasse financière vis-à-vis des fournisseurs est sans doute plus proche de 1,8 millions que de 1,3.

Dette fournisseurs au bilan	1 855
Montant « normal »	− 577
Partie échue de la dette	**+1 278**

9- Montant de l'impasse financière

Muni de ces informations, on peut avoir une idée de l'ampleur des besoins financiers de l'entreprise qui, comme l'indique le tableau ci-dessous, est très supérieure à la première estimation du chef d'entreprise. Pour remettre l'entreprise à flot, ce sont donc environ 4,3 M€ qui sont nécessaires !

Dettes échues auprès des organismes sociaux	+ 2,0 M€
Dettes échues auprès des fournisseurs	+ 1,3 M€
Investissement à réaliser	+ 1,0 M€
Total	**4,3 M€**

L'entreprise doit donc trouver 4,3 M€ d'argent frais. Il est évident que, compte tenu du caractère limité des fonds propres, il va falloir passer par une augmentation de capital. Mais augmentation de combien ?

Car quelle est la véritable valeur des fonds propres ? Celle qui apparaît au bilan ? Vraisemblablement non, si l'on tient compte du théorème précité. Les pertes réelles sont sûrement supérieures aux pertes au bilan. Nous allons donc les chercher là où elles ont quelques chances de se trouver, c'est-à-dire dans les stocks. De plus, il conviendrait plutôt d'estimer la valeur financière des fonds propres (à partir des flux financiers que l'entreprise sera susceptible de dégager) que leur valeur comptable, qui ne traduit jamais que le passé arrêté au 31 août.

Tentons néanmoins de cerner cette valeur « à la casse » de l'entreprise, car c'est peut-être sur cette valeur que pourra se construire un avenir qui doit, en tout état de cause, être radicalement différent du passé.

Les stocks de produits finis

Commençons par le plus important des stocks en valeur, les produits finis. Soit 1,2 M€ au bilan. Un bon moyen de les évaluer serait de les comparer au chiffre d'affaires annuel ou, mieux, au prix de revient de production. Si on considère que les prix de revient de production des produits de l'exercice est au plus égal aux dépenses d'exploitation (7,7 M€), on peut en déduire, que les stocks représentant 35 jours ouvrés de production, soit, à raison de 20 jours ouvrés par mois, près de deux mois d'avance. Ce niveau de 35 jours est à rapprocher du délai de fabrication (qui se mesure en minutes), et de la trésorerie tendue. Pour quelles raisons une entreprise a-t-elle près de 2 mois d'avance dans de telles conditions ?

Dépenses d'exploitation	*(15)*	7 709
Nombre de jours de fabrication	*(16)*	220
Dépenses d'exploitation/jour	*(17) = (15)/(16)*	35
Stocks de produits finis	*(18)*	1 210
Nombre de jours de dépenses en stocks	*(19) = (18)/(17)*	35

Vraisemblablement parce que ces produits stockés sont invendables. Il n'y a en effet aucune raison de stocker puisque la fabrication est instantanée. Par contre, l'entreprise étant étranglée n'a pas intérêt à stocker, le stockage se traduisant initialement par des achats aux fournisseurs, le stockage constituant un besoin en fonds de roulement supplémentaire qui détériore la trésorerie. Un stockage « sur le papier » présente cependant un « avantage » sur le papier : diminuer les pertes. En imaginant que les stocks réellement vendables représentent 10 jours de production, ce qui peut se constater sur une banque de données comme Dun & Bradstreet, la valeur réelle de stocks devrait être de l'ordre de 350 K€. En portant cette valeur sur le bilan, on peut en déduire que la valeur « corrigée » des fonds propres est plus proche de 830 K€ que ce qui est écrit au bilan.

Valeur comptable des stocks	1 210
– valeur réelle des stocks	– 350
Perte cachée en stocks	860
Valeur comptable des fonds propres	1 687
– perte cachée en stocks	– 860
Valeur des fonds propres n° 2	827

Les charges constatées d'avance

Ce poste du bilan, par son importance, mérite lui aussi une analyse approfondie. Monsieur Roin nous a dit que les collections nécessitaient des investissements en « cylindres » et « liasses » d'échantillons. Il n'y en a pas moins de 1 480 K€ au bilan. Ces montants s'amortissent à raison de 5 % du chiffre d'affaires de l'année, et, vous a-t-on dit, une collection n'est plus vendable plus de 2 ans.

Autrement dit, le montant au bilan devrait pouvoir s'amortir en 2 ans. Puisque la valeur brute de ces « collections » est de 1,48 M€, le chiffre d'affaires devrait permettre d'amortir 0,74 M€ par an. Le chiffre d'affaires permettant un tel amortissement est de 0,74 M€/5 % = 14,8 M€.

Or le chiffre d'affaires actuels n'est que de l'ordre de 6,6 M€. Il ne permettrait guère d'amortir sur 2 ans que 6,6 M€ × 5 % × 2 = 0,66 M€ de collections. De là à dire que les collections ne sont « amortissables » que de ce montant, il n'y a qu'un pas, que je franchirai allègrement. L'entreprise a vraisemblablement eu, dans le meilleur des cas, les yeux plus gros que le ventre... De cette constatation, on peut encore déduire que le montant des fonds propres, une nouvelle fois corrigé, doit être de l'ordre de 0,007 M€.

Collections au bilan	1,48
– partie amortissable	– 0,66
Perte sur collection	0,82
Valeur des fonds propres n° 2	0,827
– perte sur collection	– 0,82
Valeur corrigée des fonds propres n° 3	0,007

Les stocks de matières

Venons-en aux stocks de matières premières. Pour se donner une idée de leur importance relative, il conviendrait de le rapprocher des consommations quotidiennes.

Achats exercice 2000	*(20)*	2 553
Variation de stocks 2000-2001	*(21)*	484
Consommation 2001	*(22) = (20)/(21)*	3 037
Consommation quotidienne	*(23) = (22)/220 j.*	13,8
Stocks au bilan	*(24)*	557
Nombre de jours de consommation en stock	*(25) = (24)/(23)*	40,4

Il apparaît que l'entreprise a, ou plutôt aurait, 40 jours ouvrés de stocks d'avance, soit encore 2 mois de consommation. On peut une nouvelle fois se demander pour quelles raisons elle stockerait ainsi des matières premières relativement banales. Les industriels de la chimie et du textile ne sont pas en rupture de stock. De plus, constituer des stocks d'avance alourdit le besoin en fonds de roulement, donc contribue encore à « plomber » la trésorerie.

Dans le meilleur des cas, ces stocks existent, et l'entreprise a vraisemblablement oublié de les provisionner. Dans le pire des cas, ces stocks n'ont existé que dans l'imagination fertile de responsables « créatifs »[4]... Quoi qu'il en soit, l'impact de cette surévaluation des fonds propres est importante. S'il est possible de constater sur une centrale de bilan que l'entreprise « moyenne » du secteur a une semaine de stock d'avance, on en déduira que si les stocks étaient correctement évalués, le niveau des fonds propres serait plutôt de – 481 K€.

Valeur « comptable » des stocks		557
Valeur normale des stocks	5 jours × 13,8	69
Surévaluation des stocks		488
Valeur corrigée des fonds propres n° 3	+ 7	
– provisions à passer	– 488	
Valeur corrigée des fonds propres n° 4	= – 481	

4 Les deux cas pourraient relever du délit de présentation de faux bilan.

Les créances

Le montant du compte clients pourrait lui aussi être examiné à la loupe, c'est-à-dire rapporté au chiffre d'affaires quotidien. On arriverait alors à un montant représentant 50 jours de chiffre d'affaires, ordre de grandeur sur lequel, faute d'informations complémentaires, il n'y a rien à dire ni à redire. De plus, le volume de provisions sur clients (171 K€) laisse à penser qu'il y a eu une gestion active de ce poste.

Venons en au poste « autres créances », qui est passé de 108 à 615 K€ d'une année sur l'autre. L'essentiel de ces créances représente la TVA déductible sur le mois d'achat, de l'ordre de 63 k€.

Achat annuel	*(26)*	2 553
Autres achats	*(27)*	1 307
Total consommations externes	*(28) = (26) + (27)*	3 860
Consommations externes/mois	*(29) = (28)/12*	322
TVA sur un mois de consommation	*(30) = (29) × 0,196*	63

On peut imaginer que, après un mois d'août paisible, les achats de septembre ont été plus élevés. Mais, là encore, comment expliquer que l'entreprise, qui est aux abois, soit en mesure de « prêter » 615 K€, l'équivalent d'un mois de chiffre d'affaires ? Il y a fort à parier que ces 615 000 € contiennent quelques mois de TVA déductible sur achat, qui n'a pu être remboursée, la TVA sur ventes n'étant elle-même pas payée. Le bilan n'est jamais qu'un état de synthèse et il serait indispensable de connaître dans le détail ce poste d'autres créances car le solde d'un compte peut ne constituer que la partie visible d'un iceberg.

10- L'immobilier

Au bilan pour 1,1 M€ (terrain + constructions), l'immobilier peut être sous-évalué. L'histoire récente (demandez aux actionnaires de Suez, des AGF, des SCPI) a montré que ce n'était pas forcément le cas le plus fréquent. Faisons néanmoins grâce à STML de son immobilier, et imaginons qu'il soit sous-estimé de 1,9 M€ et vaille en réalité 3 M€, comme tendrait à le faire croire l'expertise réalisée. La véritable valeur des fonds propres, indépendamment de ce qui est au bilan, et n'en déplaise au commissaire aux comptes de cette société, est finalement de l'ordre de :

Valeur corrigée des fonds propres n° 4	– 481
Sous-évaluation de l'immobilier	1 900
Impôtsur les sociétés latent/vente immobilier	– 671
Valeur des fonds propres (en K€)	748

11- Synthèse

Avec un besoin financier de 4,3 M€, un bilan qui ne tient pas la route, dont l'établissement relève moins de la créativité, que du code pénal, STML doit procéder à une augmentation de capital très importante, pour peu que les actionnaires la suivent. Et acheter une conduite, c'est-à-dire un nouveau dirigeant.

Cette augmentation de capital permettra d'apurer les comptes et de présenter une situation normale. On peut imaginer qu'un banquier sympathique, voyant les actionnaires mettre 2 M€, portant ainsi les fonds propres à 2,7 M€, pourrait envisager de faire un concours de 2,3 M€ (par exemple sous la forme d'un *lease-back* sur l'immobilier). L'entreprise aurait alors un bilan à peu près équilibré.

Il restera alors à la nouvelle direction de l'entreprise de mettre en place les politiques commerciales et techniques permettant de dégager la rentabilité qu'exigeront les apporteurs de capitaux :
– des fonds propres de 2,7 M€ ne peuvent se satisfaire de moins de 15 % de résultat net après IS (soit près de 0,4 M€ après IS, soit encore [0,6 M€ × 3/2] de résultat d'exploitation avant IS puisque la part du fisc est d'un tiers du résultat courant) ;
– une dette globale de 2,5 M€ nécessite un résultat d'exploitation de 0,15 M€.

Il faudra que l'exploitation dégage au moins 0,75 M€.

Souhaitons donc à la STML que banquiers et actionnaires soient compréhensifs, et que ces dames se battent pour arracher les produits STML chez les éditeurs.

CHAPITRE

13 Un état anglo-saxon : le *tearsheet* de Disclosure

Certes, la comptabilité anglo-saxonne n'est pas identique à la nôtre. Certes, les Britanniques roulent à gauche au Royaume-Uni et les Texans portent des chapeaux de cow-boy. De là à reculer devant des comptes anglo-saxons, il n'y a qu'un pas que nous ne franchirons pas. La logique étant à la base de la comptabilité, on la trouve de part et d'autres des rives qui bordent les deux Bretagne et nous l'illustrerons à la lueur de l'analyse Disclosure de Boisset, le négociant en vins. Dans la *tearsheet* que vous trouverez page suivante, les chiffres sont exprimés en francs. Cette fiche, extrêmement synthétique, est néanmoins révélatrice des informations jugées pertinentes par les financiers anglo-saxons, qui ont une approche moins intellectuelle et plus sonnante et trébuchante que la nôtre.

JEAN-CLAUDE BOISSET SA

02/01/01

Disclosure #: C25033370 **Shares Outstanding:** 1,903,883
Exchange: OTH **Market Value:** 262,261,730

	Ticker	Recent Price	PE	Div.Yld	Tot Inv. Return	
	6076	137.75	8.81	1.48%	-38.24%	
Beta	12M High	140.31	15.06	Ann.Div.	6Months	5Year
1.13	12M Low	116.76	6.42	64.13	-16.21%	24.69%

Key Ratios	FY Date:	12/31	
OP Margin	4.21	Current Ratio	1.66
Net Margin	3.23	Debt/Equity	162.84
ROE	19.31	Int. Coverage	3.91
ROA	4.36	CF/Share	36.51

Currency: FRF **Exchange Rate:** NA

PER SHARE OVERVIEW

Date	Earnings	Dividend	Book Value
6/0	5.43	--	--
12/99	16.41	3.02	149.38
6/99	6.72	--	149.38
12/98	13.00	1.84	120.23
6/98	3.95	--	120.23
12/97	12.28	1.50	105.82
6/97	5.40	--	105.82
12/96	5.84	1.25	88.51

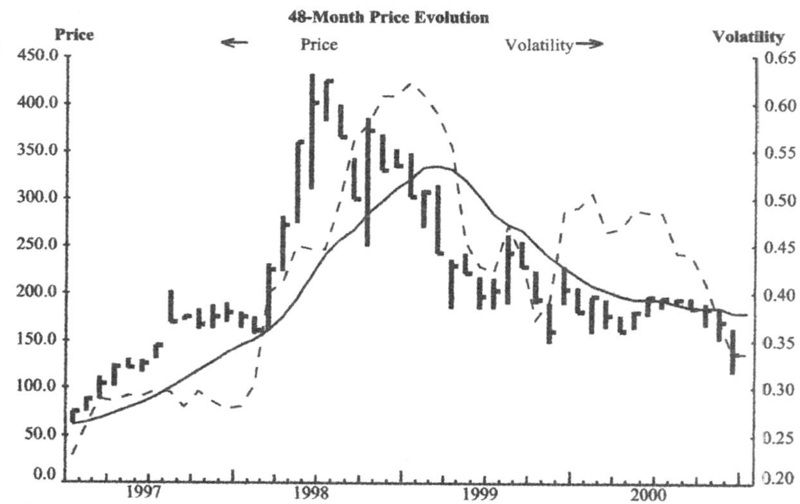

INCOME STATEMENT(Millions)

	1999	1998	1997	1996
Total Revenue(Net Sales)	1,402.41	1,440.19	954.96	568.88
Cost of Goods Sold	1,257.53	1,275.03	871.35	508.30
Selling and Admin Expenses	--	--	--	--
Operating Income	59.07	61.52	24.07	23.51
Amortization & Depreciation	35.45	36.45	27.46	22.21
Interest Expense	23.85	22.56	13.83	11.53
Pretax Income	69.38	56.86	47.96	19.84
Income Taxes	24.29	19.89	11.33	6.18
Net Income before Extraordinary Items/Prev Div	45.23	33.15	34.34	12.77
Net Income	**45.23**	**33.15**	**34.34**	**12.77**

INTERIM REVENUE: YEAR OVER YEAR*

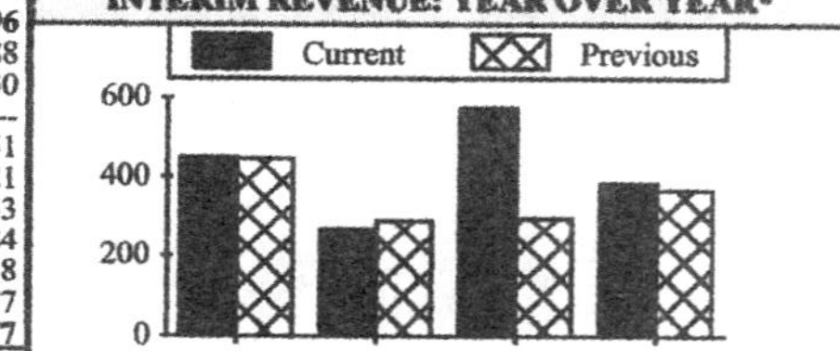

▼▼▼

BALANCE SHEET (Millions)				
ASSETS				
Cash & Short-Term Investments	39.47	32.19	40.37	9.96
Receivables - Total	287.84	318.62	279.32	173.49
Inventories - Total	719.91	711.59	522.06	277.26
Total Current Assets	1,047.22	1,082.10	850.03	462.42
Net PropertyPlant, and Equipment,	171.76	205.75	196.67	126.70
Total Assets	**1,332.60**	**1,397.27**	**1,120.49**	**639.23**
LIABILITIES AND STOCKHOLDERS' EQUITY				
Accounts Payable	344.60	437.70	313.79	164.13
Debt In Current Liabilities	278.79	268.32	242.86	146.61
Total Current Liabilities	630.87	713.85	560.96	313.61
Long-term Debt-Total	184.32	193.59	127.80	53.60
Total Liabilities	**1,040.56**	**1,112.01**	**850.88**	**445.66**
Minority Interest	4.63	41.36	53.16	9.57
Preferred Stock	0.00	0.00	0.00	0.00
Common Stock	48.89	48.89	24.45	12.22
Retained Earnings	45.23	33.15	34.34	12.77
Capital Surplus	--	--	--	--
Treasury Stock	--	2.41	2.28	0.82
Common Equity	284.40	234.31	205.62	171.88
CASH FLOW SUMMARY(Millions)				
Net Cash Provided by Operations	51.21	85.40	47.50	(13.99)
Net Cash Provided by Investments	46.68	99.85	156.75	43.33
Net Cash Provided by Financing	(8.90)	6.50	140.92	60.67

FIVE YEAR SALES TO NET INCOME

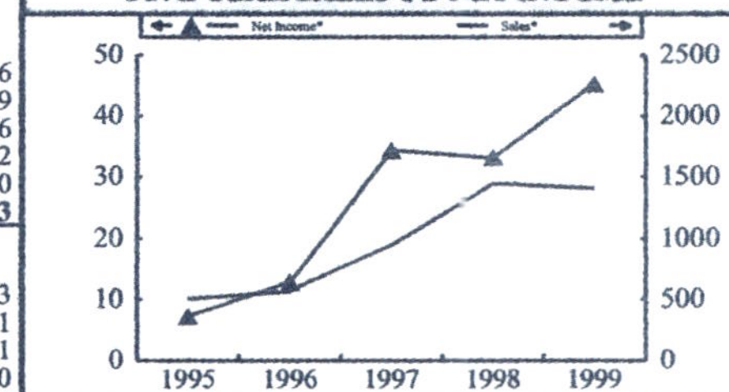

FIVE YEAR SUMMARY DATA

Year	Sales*	Net Inc.*	EPS
1995	509.77	7.26	3.73
1996	568.88	12.77	6.58
1997	954.96	34.34	17.67
1998	1,440.19	33.15	16.95
1999	1,402.41	45.23	23.13
Growth Rates	22.35	6[illegible].07	64.95

*Millions

COMPANY DESCRIPTION **PRIMARY SIC CODE: 2084**

Jean-Claude Boisset (Boisset) SA produces and distributes wines and other alcoholic drinks. Its activities span from the cultivation of grapes for wine production to the wholesale distribution of wines (such as Chablis, Bourgogne, Beaujolais, Vallee du Rhone and other French wines) and it also produces and distributes aniseed drinks, whisky, blackcurrant cream and other spirits. Boisset has operations in France, Switzerland, Belgium and the USA. Wines accounted for 86% of 1999 revenues; liqueur & spirit, 13% and other activities, 1%.

KEY FINANCIAL ITEMS(Millions US$)

FISCAL YEAR ENDING	12/31/99	12/31/98	12/31/97	12/31/96
Market Capital(US$)	59.63	116.63	58.00	23.57
Total Assets(US$)	204.73	249.61	186.31	123.17
Sales(US$)	215.45	257.28	158.79	109.61
Net Income(US$)	6.95	5.92	5.71	2.46

EXECUTIVE OFFICERS

CHAIRMAN OF THE BOARD,CEO: J.-C. BOISSET
PRESIDENT,COO,SUBS OFFICER: G. SEGUIN
SENIOR V.P.,SUBS. OFFICER: G. LEGRAND

ADDRESS

B.P. 102 **Tel:** +33 3 80 62 61 00
RUE DES FRERES MONTGOLFIER
City: 21703 NUITS-SAINT-GEORGES CEDEX **State:** **Country:** FRANCE **Zip:**

document 24

1- Analyse de l'encadré

Shares Outstanding : nombre d'actions

Les chiffres, lorsqu'ils sont exprimés en valeur absolue, ne sont pas forcément significatifs. Aussi le nombre d'actions est-il fondamental dans la mesure où les informations qui nous sont assénées commencent souvent par le cours, qui est exprimé par action.

Market Value : capitalisation boursière exprimée en francs

Il s'agit de la valeur de l'entreprise. Fondamental, car « on ne prête qu'aux riches ». *Dura lex* empiriquement constatée. La valeur de l'entreprise est la clef de voûte de son financement et de la rentabilité qu'on en attend. C'est aussi vrai en France, même si l'hypocrisie empêche une telle formulation.

PE : *Price-Earnings ratio*

C'est le rapport entre le prix de l'action et le bénéfice par action. Si le prix de l'action est une donnée instantanée, le bénéfice par action est calculé sur une année. L'année retenue pour le calcul est l'année 2000.

Dividend Yield

C'est le rendement en dividende, par opposition au rendement en plus-value ou au rendement global.

Beta

Ce ratio boursier (ici égal à 1,13, soit encore 113 %) mesure le risque de l'entreprise par rapport au risque global de l'économie. Boisset aurait un niveau de risque de 113 % du risque moyen. Autrement dit, si le CAC40 devait croître de 10 %, Boisset devrait croître de 113 % de 10 %, soit 11,3 %, toutes choses égales par ailleurs.

Total Investor Return

C'est le rendement global (dividendes et plus-values) du titre, mesuré sur 6 mois, sur 5 ans et sur l'année.

2- Les ratios clés

Operating Margin

Résultat d'exploitation/chiffre d'affaires.

Net Margin

Rentabilité nette = résultat net/chiffre d'affaires.

ROE (*Return On Equity*)

Rendement des fonds propres = résultat net/fonds propres.

Les fonds propres sont ici évalués en valeur comptable, alors qu'ils auraient pu (dû ?) l'être en valeur boursière. Il est ici de 19 %, dénotant une marge de 14 % au-dessus du rendement des bons du Trésor.

ROA (*Return on Assets*)

Rendement des actifs = résultat net/total actifs.

Current ratio

Ratio de liquidité générale = actifs court terme/dettes court terme.

Ce ratio doit être supérieur à un. Il l'est ici. Rappelons-nous qu'un négociant en vins doit avoir des stocks et que la sacro-sainte barrière de « 1 » pour la liquidité générale est plus contraignante pour lui que pour n'importe quel industriel.

Debt/Equity

Rapport entre les dettes et les fonds propres. Il serait de 163 % sur ce rapport édité en janvier 2001.

Interest Coverage

Ce ratio mesure la couverture des frais financiers par le résultat d'exploitation. Plus il est élevé, plus le résultat net semble assuré. Il est généralement admis qu'il doit être très supérieur à 4.

Son niveau de 3,9 chez Boisset traduit une rentabilité d'exploitation insuffisante pour le niveau d'endettement.

Cash-flow/Share

Cash-flow de l'entreprise/nombre d'actions.

Cette donnée est à rapprocher du prix de l'action : ainsi un *cash-flow* de 36 F pour une action récemment négociée à 138 F est presque synonyme de rendement de 36/138 = 26 %.

3- Données par actions *(per share overview)*

Dans le tableau intitulé *Per Share Overview* figurent, sur une base par action :
- les résultats sur le premier semestre, puis sur les deux semestres ;
- les dividendes (acompte, puis dividende complet) ;
- la valeur comptable par action, à comparer à la valeur de marché.

Ainsi, les actionnaires qui avaient globalement investi 149,38 F par action (la valeur comptable par action) au 31 décembre 1999, se trouvaient avec un capital de 141 F en janvier 2000 (138 F pour l'action + 3 F de dividende). Preuve que le marché boursier constate que certains investissements ont été surpayés et que de la valeur a été détruite sur l'anné 2000.

4- Compte de résultat *(income statement)*

Ce compte de résultat, extrêmement synthétique, met néanmoins en évidence les grandes lignes de la rentabilité. Rentabilité faible avec un coût de revient des ventes très élevé par rapport au chiffre d'affaires. Cependant, l'absence de quantification des frais commerciaux semble indiquer que le programme de retraitement a affecté les frais commerciaux au « coût des ventes ». Le résultat d'exploitation (59 MF) semble très faible par rapport au chiffre d'affaires (1 402 MF). Boisset est une entreprise de négoce...

5- Bilan *(balance sheet)*

Actifs *(assets)* et passif sont présentés, contrairement à la tradition française, à l'envers. C'est-à-dire avec les postes les plus liquides en haut et les postes de long terme en bas. Notez le caractère pragmatique des Anglo-Saxons. Tous les postes n'apparaissent pas. Seules les lignes les plus importantes figurent. Ainsi, si les immobilisations techniques se montent à 171 MF, d'autres immobilisations (les *goodwill* provenant des acquisitions, entre autres) ne figurent pas[1].

Extraits des bilans de Boisset (actif) au 31/12/1999		
Trésorerie et disponibilités	*Cash and Short Term Investments*	39
Clients	*Receivables*	288
Stocks	*Inventories*	720
Actif circulant	*Current Assets*	1 047
Immobilisations nettes	*Net Property Plant Equipment*	171
Total actif	*Total Assets*	1 333

La décomposition des dettes ne montrent que les dettes les plus significatives. Celles à échéance courte d'abord. Les échéances longues ensuite.

Extraits des bilans de Boisset (Passif) au 31/12/1999		
Fournisseurs et dettes fiscales et sociales	*Accounts Payable*	345
Dettes financières court terme	*Debt in current liabilities*	279
Total des dettes à court terme	*Total Current Liabilities*	631
Dettes à long terme	*Long Term Debt*	184
Total dettes	*Total Liabilities*	1 333

[1] Car 1 002 + 261 n'est pas égal à 1 452.

6- Tableau des flux *(cash-flows)*

Le tableau des flux est réduit à sa plus simple expression, puisque seuls apparaissent les soldes de chacune des trois parties : exploitation, financement, investissement[2]. Par contre, il y a tout à parier que les signes algébriques ont été mal renseignés : Boisset, jeune entreprise, s'est construite sur une stratégie de croissance externe, comme l'indique la note de bas de page. Qui dit croissance et diversification, sous-entend que les investissements l'ont emporté sur les désinvestissements. En conséquence, le solde du flux d'investissement (47) doit-il être interprété comme un flux négatif.

Extraits des bilans de Boisset (Passif)	
Exploitation/net *cash-flow provided by operations*	51
Investissement	– 47
Financement/net *CF provided by financing*	– 9
Variation brute de trésorerie	**– 5**

[2] Les variations de besoin en fonds de roulement n'ont pas été prises en compte. D'où le caractère « brut » de la variation de trésorerie.

Annexe Glossaire franco-anglais

Français	Anglais	Américain
À court terme	*Current*	*Current*
Actif	*Asset*	*Asset*
Action	*Share*	*Stock*
Amortissement	*Depreciation*	*Depreciation*
Bilan	*Balance sheet*	*Balance sheet*
Chiffre d'affaires	*Turn over*	*Sales, net sales*
Compte de résultat	*Profit and loss account*	*Income statement*
Créancier	*Creditor*	*Payable*
Débiteur	*Debtor*	*Receivable*
Dépenses	*Costs*	*Expenses*
Dépenses d'exploitation	*Operating cost*	*Operating expenses*
Dette financière	*Debt*	*Debenture*
Dettes	*Liabilities*	*Liabilities*
Disponibilités	*Cash*	*Cash*
Emprunts	*Borrowings*	*Debenture*
Fonds de roulement		*Working capital*
Fonds propres		*Stockholders equity*
Immobilisation	*Long term asset*	*Long term asset*
Partie court terme des dettes	*Current instalment of loan*	*Current portion of debt*
Prime d'émission	*Share premium account*	*Paid-in-capital*
Résultat d'exploitation	*Trading profit*	*Earnings before interest and taxes*
Stock	*Stock*	*Inventory*

Annexe Glossaire anglo-français

Anglais	Français	Américain
Asset	Actif	*Asset*
Balance sheet	Bilan	*Balance sheet*
Borrowings	Emprunts	*Debenture*
Cash	Disponibilités	*Cash*
Costs	Dépenses	*Expenses*
Current	À court terme	*Current*
Current instalment of loan	Partie court terme des dettes	*Current portion of debt*
Creditor	Créancier	*Payable*
Debt	Dette financière	*Debenture*
Debtor	Débiteur	*Receivable*
Depreciation	Amortissement	*Depreciation*
Liabilities	Dettes	*Liabilities*
Long term asset	Immobilisation	*Long term asset*
Operating cost	Dépenses d'exploitation	*Operating expenses*
Profit and loss account	Compte de résultat	*Income statement*
Share	Action	*Stock*
Share premium account	Prime d'émission	*Paid-in-capital*
Stock	Stock	*Inventory*
Trading profit	Résultat d'exploitation	*Earnings before interest and taxes*
Turn over	Chiffre d'affaires	*Sales, net sales*
	Fonds de roulement	*Working capital*
	Fonds propres	*Stockholders equity*

Du même auteur

BOURSE, JE M'INVESTIS !

En collaboration avec Yves Estrade

Un outil essentiel pour comprendre les mécanismes boursiers et gérer son portefeuille avec bon sens.

160 pages

BJM

ISBN 2-87731-179-1

22,80 €

LES NOUVEAUX DÉFIS DE LA FINANCE

(À paraître)

Ce livre rassemble les outils de l'analyse financière indispensables à tous ceux qui, non-financiers, veulent gérer leur patrimoine ou mieux piloter leur entreprise.

LNDDLF

ISBN 2-7027-1005-0

Dans la même collection

LA COMPTABILITÉ, C'EST SIMPLE !

par A. Faure

De l'écriture au bilan, les mécanismes de la comptabilité sont ici exposés de manière simple et efficace, pour appréhender progressivement et facilement toutes les techniques comptables : les opérations comptables et leurs supports, la technique comptable, les tableaux de bord, les normes comptables...

288 pages
CS05
ISBN 2-7027-1060-3
28 €

FAIRE SOI-MÊME SON BILAN COMPTABLE

par A. Faure

Un manuel « pas à pas », précis, bien structuré et facile à comprendre.

240 pages
FBC05
ISBN 2-7027-1061-1
27,50 €

LA COMPTABILITÉ GÉNÉRALE

par Marcel Duvant

Conçu à l'adresse des formations de l'enseignement supérieur, du baccalauréat au niveau bac +3, cet ouvrage sera utile également à tous ceux qui désirent se perfectionner à la technique comptable.

512 pages
CGCHI
ISBN 2-7027-0713-0
29 €

LE NOUVEAU GUIDE PRATIQUE ET COMPLET DU CRÉATEUR D'ENTREPRISE

par Hugues Billaudot et Henry Pironin

Écrit dans un souci de pédagogie et de simplicité, ce tableau de bord de l'entrepreneur expose avec clarté les enjeux, les risques, les obstacles qui jalonnent le parcours de tout créateur d'entreprise.
Il donne bien sûr les moyens de les surmonter avec succès !
Bible de la création d'entreprise, ce livre sans équivalent sur le marché donne les conseils pratiques, les renseignements utiles, les check-lists et les procédures qui baliseront votre parcours et faciliteront vos démarches.
256 pages
NGPCE
ISBN 2-7027-0795-5
23 €

ACCOMPAGNER LE CRÉATEUR : LA NOUVELLE DONNE DE L'ENTREPRISE INNOVANTE

« À la vue d'un nouvel ouvrage sur la création d'entreprise, le lecteur avisé ne pourra que réprimer un soupir. À tort ! [...] Ce guide pratique est criblé d'informations. [...] L'ouvrage commence par un diagnostic de l'environnement législatif de l'entrepreneur, des avantages fiscaux de la loi Madelin en 1994 à la loi sur l'innovation de 1999, avant de faire l'inventaire des mesures du gouvernement Raffarin. Page à page, il retrace l'implication des pouvoirs publics, des collectivités locales aux fonds d'amorçage. Mais il détaille également le rôle des financiers privés. [Un] guide à regarder et à garder. » (*Les Échos*)
240 pages
ACEI
ISBN 2-7027-0794-7
21 €

LES BASES TECHNIQUES DU CHANGE

par Francis Morel

Manuel pédagogique et pratique, avec exercices corrigés et commentés, pour acquérir de façon progressive les techniques du change.

336 pages

LBTC

ISBN 2-7027-0773-4

35 €

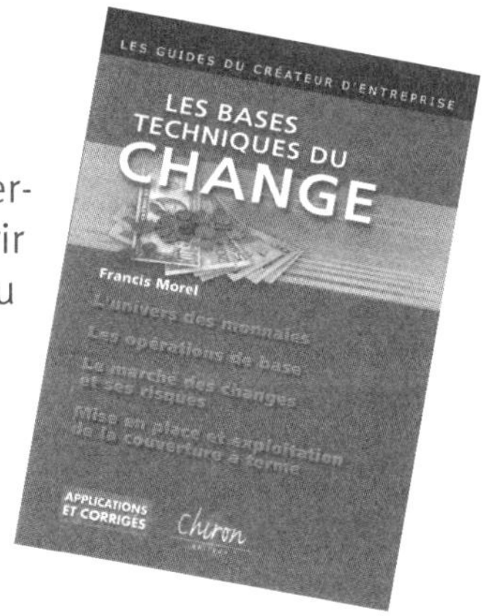

LES NOUVELLES TECHNIQUES DE MARKETING

L'environnement (culturel, économique...) change : le marketing s'adapte. Ce livre vous permet de comprendre et d'utiliser les nouveaux outils conceptuels, méthodologiques et techniques du marketing.

192 pages

NTMCHI

ISBN 2-7027-0709-2

23 €

VENDRE, C'EST SIMPLE !

par Richard Denny

Les règles d'or du vendeur professionnel pour obtenir un rendez-vous, savoir présenter un produit, faire face aux objections, conduire une vente...

208 pages

VSN

ISBN 2-7027-0718-1

19 €

« Les clés de l'éco »

LA COMPTA POUR LES OPÉRATIONNELS

par Jean-Claude Dutailly

Véritable outil d'aide à la décision, ce manuel couvre de manière exhaustive l'essentiel des thèmes importants en matière de comptabilité, ainsi que les problèmes comptables que les responsables opérationnels rencontrent dans leur vie professionnelle.

LCPLO

ISBN 2-7027-1044-1

37,50 €

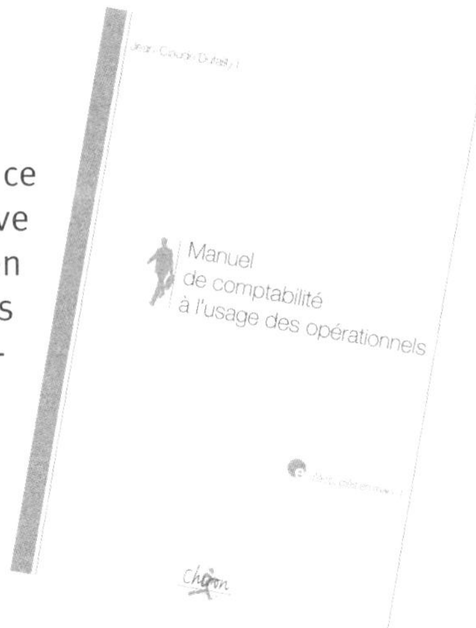

10 LEÇONS PRATIQUES SUR LES OPTIONS ET LES WARRANTS

par Pierre Gruson

10 leçons pratiques pour s'approprier progressivement ces outils essentiels dans l'environnement économique actuel : en maîtriser tous les aspects puis apprendre à les utiliser et à intervenir dessus en acquérant des stratégies d'utilisation.

192 pages

10LPCO

ISBN 2-7027-1024-7

18 €

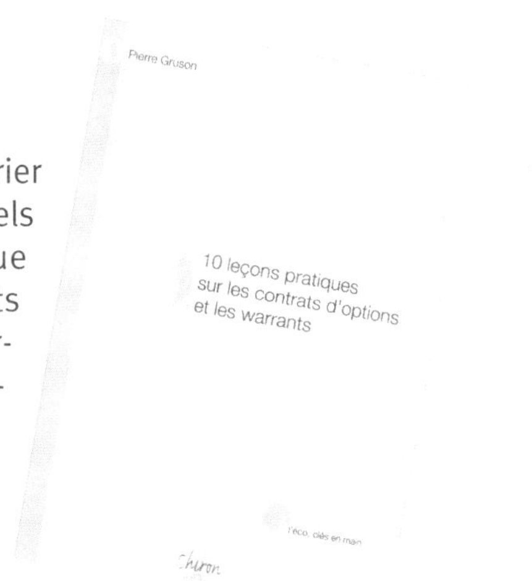

Mise en page : Graficoul'Eure (27)

Achevé d'imprimer en avril 2005
sur les presses de la Nouvelle Imprimerie Laballery – 58500 Clamecy
Dépôt légal : avril 2005 Numéro d'impression : 504062

Imprimé en France